CORRESPONDANCE

DE

P.-J. PROUDHON

TOME DIXIÈME

PARIS

LIBRAIRIE INTERNATIONALE

A. LACROIX ET Cᵉ, ÉDITEURS

13, RUE DU FAUBOURG-MONTMARTRE, 13

—

1875

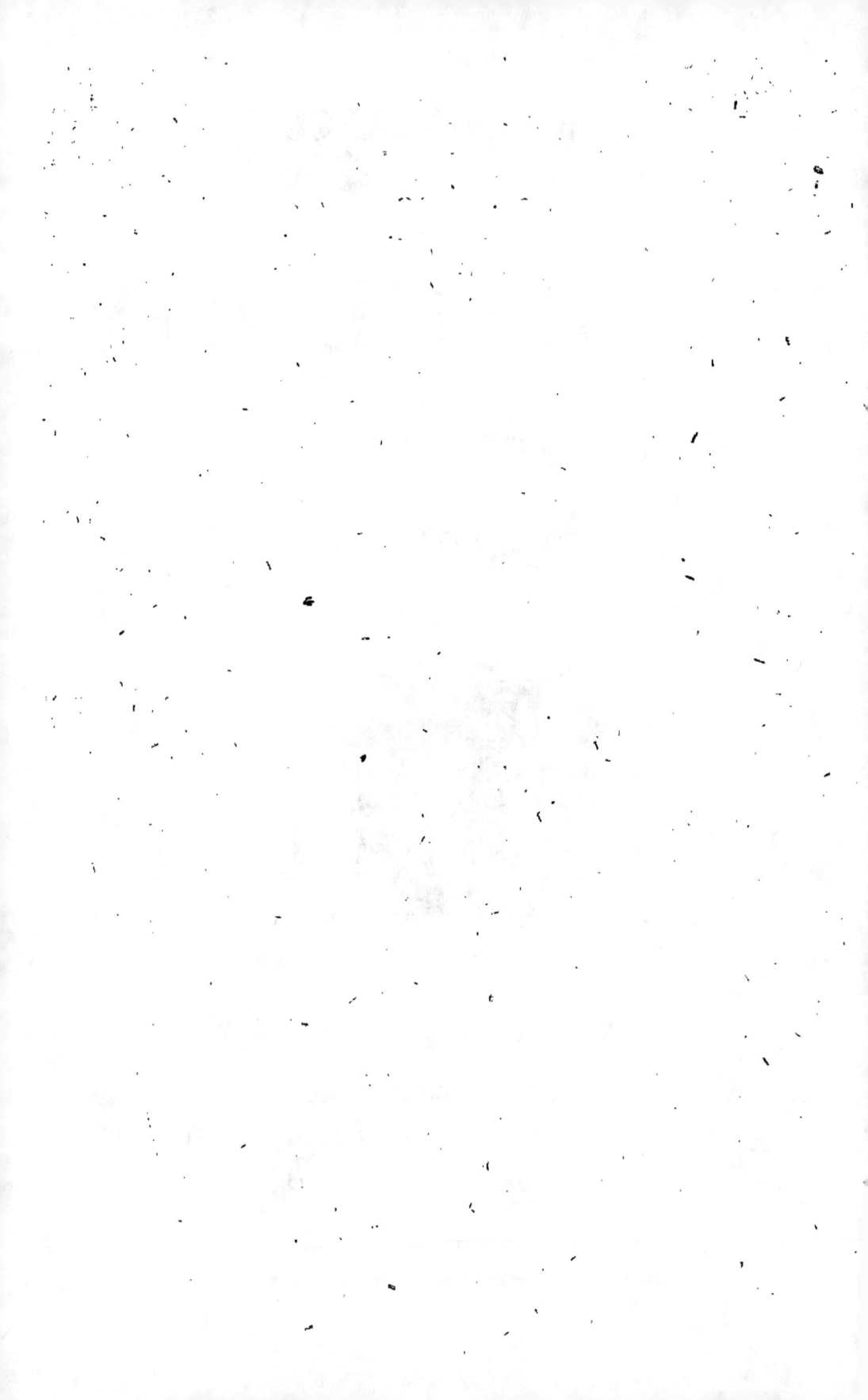

CORRESPONDANCE

DE

P.-J. PROUDHON

OEUVRES POSTHUMES & INÉDITES
DE
P.-J. PROUDHON
(Voir page 33 la Collection des OEuvres complètes anciennes)

CORRESPONDANCE	LA PORNOCRATIE
DE	OU
P.-J. Proudhon	**Les Femmes**
10 beaux vol. in-8°, à **5** fr. le vol.	1 vol. gr. in-18 Jésus **2** fr. **50** c.

LUTTE
DU
CHRISTIANISME & DU CÉSARISME
2 vol. gr. in-18 jésus : **7** fr.

HISTOIRE	VIE	HISTOIRE
de	de	de
	JÉSUS	**JÉHOVAH**
POLOGNE	*Mélanges divers, fragments d'histoire universelle*	*La Genèse de la Création* (Suite de la *Bible* annotée)
2 vol. gr. in-18 : **7** f.	1 v. gr. in-18 : 5 f. 50	1 v. gr. in-18 : 3 f. 50

CAHIERS ET CARNETS
MÉMOIRES DE P.-J. PROUDHON
Faisant suite à la *Correspondance* et la complétant
4 beaux volumes in-8° : **20** *fr.*

Le Principe de l'art. 1 vol. gr. in-18 Jésus............	3	50
La Bible annotée. — *Les Evangiles.* 1 fort vol. gr in-18 Jésus.................................	4	»
— *Les Apôtres. — Les Epîtres.* 1 ort vol. gr in-18 Jésus..............................	5	»
France et Rhin. 1 vol. gr. in-18 Jésus..............	2	50
La capacité politique des classes ouvrières. 1 vol. gr. in-18 Jésus.................................	3	50
Contradictions politiques. Théorie du mouvement constitutionnel. 1 vol. gr. in-18 Jésus..............	3	50

Paris. — Imprimerie Moderne (Barthier, d'), rue J.-J.-Rousseau, 61

CORRESPONDANCE

DE

P.-J. PROUDHON

TOME DIXIÈME

PARIS

LIBRAIRIE INTERNATIONALE

A. LACROIX ET Cᵉ, ÉDITEURS

13, RUE DU FAUBOURG-MONTMARTRE, 13

1875

CORRESPONDANCE

DE

P.-J. PROUDHON

Ixelles, 30 mars 1860.

A M. DELARAGEAZ

Mon cher monsieur Delarageaz, j'ai reçu votre bonne et amicale lettre du 7 courant, et j'ai été on ne peut plus touché de l'appel que vous faites à mes faibles lumières, ainsi que de l'intérêt que vous prenez à ma personne. J'ai reçu presque en même temps la brochure de M. Jacques Philippon, qui sans doute me vient encore de votre main, et dont je n'ai pas encore achevé la lecture.

Je connais la vieille thèse de M. de Girardin sur l'impôt du capital, et je ne demanderais pas mieux que de tirer une fois pour toutes cette question au clair ;

mais il me manque deux choses : du temps et, en ce qui touche le canton de Vaud, de plus amples renseignements.

Si votre Conseil d'État voulait ajourner le concours jusqu'après les grandes vacances, c'est-à-dire vers fin octobre ou au moins septembre, j'essaierais, au point de vue de l'instruction populaire, de répandre quelque jour sur cette question de l'impôt, et je vous prierais alors de m'envoyer quelques détails statistiques sur votre canton : population, industrie, économie, administration, etc., etc.

Comme je reçois la *Presse*, j'ai vu la singulière lettre de M. de Girardin, qui offre 1,200 francs à celui qui prouvera qu'il a raison. J'ai vu aussi l'article de M. Georges Jauret, du même journal, sur votre canton. Je vais me mettre en quête du livre de Girardin sur *l'impôt du capital* ; ce sera peut-être la lecture de son projet qui me déterminera tout à fait à entreprendre ce que vous me demandez.

Je suis depuis quatre mois exténué de besogne. Je viens de commencer la réimpression de mon gros livre *De la Justice*, auquel je dois d'être actuellement en exil. Cette seconde édition se fait par livraisons ; chaque livraison se compose d'une étude revue, corrigée, augmentée de notes et éclaircissements, le tout ensemble formant de 160 à 180 pages grand in-18 compacte. Les corrections sont fort importantes : il y a des chapitres entiers refaits. La première livraison a paru. Elle a 200 pages, un *programme* qu'on a trouvé généralement bien.

Pensez-vous que la ville de Lausanne pourrait se charger de placer une douzaine d'exemplaires de cette réimpression ?

Le prix de la livraison à l'étranger est de 1 fr. 50.

Les douze ou treize livraisons se vendent séparément.

La publication sera terminée dans six ou huit mois.

Il me serait infiniment agréable que mon livre, amélioré et augmenté comme il est, trouvât quelque placement en Suisse, à Genève, Lausanne, Fribourg. Comme je fais appel à tous les hommes de bonne volonté, à tous les amis de la liberté et du droit contre la corruption et la tyrannie qui nous envahissent, ce me serait un signe que mon appel est entendu.

J'aurais trop à faire de vous parler politique dans une lettre. Si vous tenez à ce que nous nous remettions en relations sous ce rapport, le mieux serait, mon cher monsieur Delarageaz, que vous puissiez prendre connaissance de mes livraisons qui vont former une espèce de *Revue* mensuelle. Cela vous donnerait l'envie et l'occasion de m'écrire; je profiterais de vos observations, j'en tirerais les faits curieux que vous auriez à me signaler, et la propagande libérale irait son bonhomme de chemin.

Sur ce, mon cher monsieur Delarageaz, je vous serre la main bien cordialement. Ne m'en veuillez pas du retard que j'ai mis à vous répondre. Je suis accablé sous les épreuves et la correspondance.

Tout vôtre.

P.-J. Proudhon.

P.-S. Je viens d'adresser une lettre à la *Presse* à propos de la proposition de M. de Girardin, pour demander si c'est bien sérieusement qu'il offre 1,200 fr. à qui soutiendra sa thèse ?

Ixelles, 7 avril 186

A M. CHARLES BESLAY

Mon cher ami, je reçois votre seconde, datée du 6 courant, et je vous demande bien pardon de ma négligence.

J'ai reçu votre traite de fr. 250 ; elle est encaissée, et je vous en remercie. Inclus vous trouverez mon mandat ou plutôt récépissé pour Garnier frères, cette fois signé.

Travaillez, travaillez, j'en fais autant. Gagnez de l'argent ; si je puis, je vous imiterai, bien que je n'aie pas la prétention de rivaliser sur ce point avec vous.

La deuxième livraison de mon livre a paru. Cela va assez bien. Les braves Belges me sont assez hospitaliers ; ils lisent, ils sont attentifs, ce qu'on n'est plus en France, où l'on croit tout savoir, où l'on a la prétention de tout deviner sur un mot, et où l'on retombe en enfance.

Dans six mois, je compte que je me serai fait une assez belle place dans le monde belge, flamand, hollandais, allemand et suisse.

Enfin, je me dénationalise ; que voulez-vous ? Là où l'homme trouve justice, là est la patrie.

Cependant je ne négligerai pas pour cela mes compatriotes. Tout ce que je pourrai faire en-dehors de la susceptibilité de l'Église et du gouvernement, je le destine à Garnier. En ce moment, je mets la dernière main à un manuscrit qui m'a coûté bien de la peine et dont je ne voudrais pas moins d'une vingtaine de mille francs, si j'en devais céder la propriété. Vous voyez que je deviens aussi faiseur d'affaires. C'est que, cher ami, je suis percé si bas que je ne peux m'empêcher de rêver d'or et d'argent.

Je reçois la *Presse* et je vois que les fonds sont en *hausse*. Cela prouve, d'abord, que le gouvernement veut la hausse; maintenant qu'il n'y a plus de coulissiers, la baisse ne saurait jamais aller bien loin. — Mais cela prouve aussi que le gouvernement, las de ses campagnes, de ses triomphes, de ses annexions, veut prendre un peu de répit; ce à quoi je m'attendais depuis longtemps.

Pauvre nation française! Apostate au 18 brumaire, apostate au 2 décembre 1851, insolente vis-à-vis de ses rois constitutionnels, rampante avec ses despotes, sans principes, sans dignité, sans conscience, ingrate envers une République héroïque, calomniatrice de la République la plus modérée qui fût jamais, que dirai-je encore? hostile à tout ce qui est suspect d'avoir une foi, une loi, une opinion, de l'honneur !

Si je n'avais que vingt-cinq ans, j'irais en Amérique.

Si je n'en avais que trente-cinq, je demanderais ma naturalisation en Belgique.

Vos bourgeois, vos faubouriens, vos chauvins, vos tourlourous, vos policiers, vos jésuites, vos avocats, vos journalistes, votre bohême, tout cela m'est odieux. Oh! s'il ne me restait pas parmi vous quelques douzaines d'amis, des amis qu'à mon âge on ne remplace plus, comme je vous enverrais à tous les diables!

Je vous serre la main, et vous aime à la vie et à la mort.

Tout vôtre.

P.-J. PROUDHON.

Ixelles, 9 avril 1860.

A M. BERGMANN

Mon cher Bergmann, j'ai reçu ta lettre du 2 courant. Elle ne m'apprend rien de mes deux dernières : l'une, qui t'a été réexpédiée de Strasbourg en Suisse et qui ne t'est sûrement pas revenue ; l'autre, écrite sur ta demande, en remplacement de la précédente, et qui a dû te parvenir à Strasbourg. As-tu reçu du moins celle-ci ?

Dans cette lettre, je crois t'avoir dit déjà ce qu'il y a de nouveau dans ma position et ce que j'espère pour l'avenir. C'est bien simple.

En ce moment je réimprime, *par livraisons*, mon dernier livre. Chaque livraison se compose d'une *Étude* spéciale, avec des *notes*, force *corrections*, et un petit appendice sur les faits contemporains, appréciés d'après mes nouveaux principes. Cela fait une espèce de *Revue*, qui vient à termes plus ou moins rapprochés, tous les quinze jours ou tous les mois.

La première livraison a paru : elle se compose de *mon Discours préliminaire* de la première édition ; de la *première Étude*, augmentée d'un chapitre (le deuxième chapitre entièrement refait) ; d'un *Programme* sur

L'ENSEIGNEMENT PHILOSOPHIQUE DU PEUPLE, et enfin de quelques mots et *entre-filets* politiques.

La deuxième livraison paraît aujourd'hui même.

La troisième suivra de près, dans quinze jours ; la quatrième, dans cinq semaines.

Entre temps, je mets au net divers opuscules. J'ai fait, depuis un an, de sérieuses études sur le *droit des gens*, et j'ai obtenu de bien curieux résultats. Je réserve ces publications pour Paris ; elles n'ont rien qui doive motiver une interdiction.

Tous ces travaux forment une chaîne ; tous paraîtront sous un double titre, un titre général qui revient toujours, c'est celui d'ESSAI D'UNE PHILOSOPHIE POPULAIRE, et un titre spécial, par exemple : *la Guerre et la Paix.*

Tous mes travaux de *critique* économique y passeront. A présent que je commence à bien posséder mes idées, que je suis maître de mes principes, je crois que le moment est venu pour moi de passer à l'enseignement positif, et je crois que je m'en tirerai assez bien.

Si tu te décides à faire le voyage de Belgique aux grandes vacances, je remplacerai ton exemplaire de ma première édition par un exemplaire de la nouvelle, car vraiment j'ai honte de l'état où j'ai laissé ce livre, et il me fâche de le voir ainsi aux mains de mes amis. Je sais qu'il restera toujours beaucoup à me reprocher ; mais enfin le fond emportera la forme, lorsque la forme sera trop défectueuse.

La deuxième livraison, qui paraît aujourd'hui, contient, sur *l'origine des religions*, une bonne citation de ton travail sur les Scythes.

J'en ferai encore une dans l'ouvrage que je destine à la librairie parisienne sur la *guerre.*

Le mode de publication que j'ai adopté me fait
espérer que les numéros de ma publication, qui paraissent maintenant, se vendront pendant bien des
années, soutenus par ceux que je ne cesserai de publier. C'est une *série* que bon nombre de gens tiendront
à compléter, chose que le libraire pourra toujours
faire, puisque nous *clichons*. Si je pouvais appliquer en
France ce système de publications courtes, rappro-
chées et pas trop chères, en peu d'années je me ferais,
je crois, un beau revenu. Mais je ne bâtis plus de
châteaux en Espagne ; je ne demande que ma subsis-
tance.

J'ai trouvé la Belgique hospitalière. Cela ne m'a pas
été difficile. Du bon sens, de la modestie, de la simplicité, de l'honnêteté, voilà surtout pourquoi le Français
réussit en Belgique. Malheureusement, ce n'est pas
toujours par ces qualités que se distinguent nos compatriotes. La jeunesse me lit, le public m'accorde de
l'estime. Enfin, je jouis d'une considération réelle et
que je tiens à augmenter.

D'excellentes bibliothèques sont à mon service.
N'était le climat un peu trop humide et certaines
petites habitudes du sol natal, je me trouverais bien.
J'occupe un appartement de 372 francs, un peu trop
étroit ; ma femme est, sans bonne, trop fatiguée. Dès
que nous le pourrons, nous nous donnerons un peu
d'air et un peu *d'aide*. Mes filles vont à l'école.

Que te dirais-je ? *Ubi justitia, ibi patria.* Certes, je
ne prétends pas que mes hôtes vaillent mieux que mes
compatriotes ; la contagion des mœurs françaises a
gagné la Belgique, et Bruxelles n'a pas, sous ce rapport, à se préférer à Paris. Mais enfin, je n'ai pas été
mis cinq fois en jugement par le gouvernement belge ;

je ne suis en butte à aucune haine de parti ; on ne
paraît pas avoir la moindre envie de m'expulser, et je
trouve ici, comme en Allemagne, des lecteurs attentifs
et bienveillants.

Quoi qu'il advienne, si je puis travailler seulement
cinq ans, je suis à peu près certain de laisser à mes
filles un petit héritage, ayant la certitude que certains
travaux que je prépare se vendront encore longtemps.

Tu vois, cher ami, que si je mène le travail rude-
ment, j'ai du moins la sérénité de l'esprit. Les vingt
premières années de ma carrière d'écrivain se sont
passées en polémiques ; il n'y avait pour moi pas autre
chose à faire. La critique, à la fin, a fait briller devant
mes yeux une grande idée, et je m'y attache avec
force : voilà mon avenir, voilà ma mission. Et puis, si
la fortune ennemie venait me pourchasser de nouveau,
s'il fallait fuir encore devant la persécution impériale
ou devant l'invasion française, je rentrerais dans mon
ancienne vie de commis, et je crois avoir déjà trouvé à
me caser en Angleterre.

J'espère que les choses iront mieux pour moi et pour
mes petites filles ; aussi bien je ne souhaite pas d'aventures ; mon âge ne les comporte plus. J'ai cinquante
et un ans révolus ; je commence à m'apercevoir que je
m'incline *vers la terre d'où je suis sorti ;* j'ai des rêves
d'enfance, des retours de jeunesse qui m'avertissent
que j'ai franchi mon méridien. Chaque jour je me dis :
encore un pas vers la tombe, encore une journée sur
les quelques mille, qui, selon le calcul des probabilités,
me sont accordées. Et ces pensées, loin de m'assom-
brir, ne font qu'exalter mon zèle et échauffer mon
ardeur. Je vois venir la mort comme un sommeil, et, à

la fatigue que j'éprouve par moments, je sens qu'elle me sera douce. Souvent l'aspect du régime honteux fait à la France et de l'étrange lâcheté de notre génération me fait bondir d'indignation, je retrouve alors toute la violence de mes passions; mais la réflexion si long-temps cultivée en moi calme bientôt ces transports, et, au total, je trouve mon existence à cinquante et un ans bien supérieure à ce qu'elle fut à dix-huit, vingt, vingt-cinq et trente.

Il reste à Bruxelles quelques Français qui n'ont pas cru devoir profiter encore de l'amnistie: Baune, Madier-Montjau, le docteur Laussedat, A. Roland. Nous vivons parfaitement ensemble, sans illusions comme sans désespérance.

Voilà, cher ami, le croquis de ma position. Toute ma vie repose actuellement sur ce principe, qui n'est pas nouveau, mais que peu d'hommes savent mettre en pratique : c'est que la vertu de l'homme doit s'élever plus haut que le patriotisme. Autrefois, la patrie du chrétien était partout où il y avait des chrétiens; la franc-maçonnerie a imité cela. Pour moi, je n'ai besoin de recourir ni à ma foi, ni au mot de passe de mes frères maçons; je trouve mon pays partout où il y a d'honnêtes gens.

Tu ne me dis rien de ton ménage. Es-tu content de la santé de Mme Bergmann? J'ai conclu de ton silence que tout allait bien dans ton intérieur, et que ta seule préoccupation en m'écrivant était de savoir où j'en étais. Je t'en remercie, mon cher Bergmann, et suis ton vrai et dévoué ami.

P.-J. PROUDHON.

Ixelles, 16 avril 1860.

A M. CHARLES PROUDHON

Mon cher Charles, j'attendais avec impatience des nouvelles de ton opération. Enfin, ta lettre est venue me rassurer. Remercie de ma part M. Taverdet et surtout M. Bourgoin, mon ancien camarade de classe. Te voilà encore vivant; tâche donc de nettoyer cette plaie : mets-y du sel, du poivre, du vinaigre, de l'eau-de-vie, tout ce que tu pourras imaginer de plus contraire à là putréfaction. Lave-toi sans cesse, prends l'air au soleil, agis le plus que tu pourras.

Je suis heureux d'apprendre que tes créanciers aient suspendu leurs poursuites. Je soupçonne M. Maurice de n'être pas étranger à leur résolution; si tu peux faire le voyage de Besançon, va le remercier et causer avec lui.

Dans la dernière que je lui ai écrite, je lui ai déclaré qu'il m'était impossible, pour le moment, de faire pour toi aucun sacrifice; les prélèvements sur l'avenir sont ce qui m'accable le plus. Figure-toi un malheureux père de famille entraîné par un torrent avec ses quatre enfants, qui tous les quatre s'accrochent après lui. S'il

veut les sauver tous, il périra avec eux; il est donc
forcé d'en écarter deux pour sauver les autres. Eh bien,
j'en suis là, sauf qu'il n'y va, pour le moment, de la vie
d'aucun de nous. Si je continue à me charger, je finirai
par ne pouvoir plus remuer. Aussi je prêche ma femme,
qui de son côté fait ce qu'elle peut, la malheureuse! Je
travaille bien, et je puis encore répéter ce que je te
disais il y a deux ans : Si rien de mal, du côté des
hommes, ne m'arrive, je triompherai de la mauvaise
fortune. Aujourd'hui je ne crains pas les procès; mais
mon public est bien moindre à l'étranger qu'en France,
et je dois travailler sur un nouveau plan. Tout ira bien,
j'espère, surtout si, en faisant des publications en Belgique, je parviens à en faire recevoir quelques-unes à
Paris.

Ce que tu me dis de ton second fils est très-beau ;
fais-lui-en mon compliment. Commencer par être valet
de ferme n'est pas un mal ; tout sert à celui qui a de
l'idée et du cœur. N'ai-je pas mené les vaches aux
champs moi-même? La mère Conscience s'en souvient
bien. Que Louis devienne un bon cultivateur, s'il y
prend goût, et rien ne prouve que ce ne soit pas pour
lui le meilleur parti. Il ne faut pas grande propriété
pour se tirer d'affaire et vivre libre à la campagne; il ne
faut que du nerf et de l'activité.

Tu vois donc que je ne prends pas en mal la résolution de ton fils. Si tu avais pu être toi-même un petit
cultivateur-propriétaire, comme notre oncle Louis Si-
monin ou J.-B. Gruet, est-ce que tu ne serais pas assez
riche? Depuis que tu es marié, tu as bien perdu un
avoir égal à celui de l'un d'eux.

Je ne sais que penser quant à ton aîné, si ce n'est que
tu ne le flattes pas. Tâche donc de le réveiller; sinon,

je ne vois de remède pour le dégourdir que le régi-ment.....

J'espère dans le courant de cet été te donner de meilleures nouvelles. Pour le moment, je suis accablé de travail et n'écris plus à personne.

Embrasse ta femme pour nous.

Ton frère.

P.-J. PROUDHON.

Ixelles, 25 avril 1860.

A M. LE DOCTEUR CRETIN

Mon cher ami, votre lettre du 22 mars m'a été remise le 9 avril. Que ce retard ne vous empêche pas de m'écrire, quand vous le pourrez, par la même voie. Nous n'avons pas d'affaires, et, malheureusement, les choses que vous me dites de notre pauvre pays sont toujours actuelles.

La France, chaque jour m'en apporte la preuve, est aujourd'hui dans un état pire que celui où je l'ai laissée; sa chaîne ne lui est pas lourde; et la lèpre qui la dévore ne lui cause pas la moindre honte. La France a renoncé à son initiative morale; elle ne peut plus rien pour le progrès et la régénération des sociétés; il faut la laisser pourrir et se décider à n'en attendre rien. Déjà, dans la première édition de mon livre *De la Justice*, j'exprimais à cet égard, à la fin du prologue, un doute pénible; aujourd'hui je désespère, et je dirige mes travaux en conséquence. Il faut bien vous l'avouer une fois, cher ami, je ne compte guère revoir jamais mon pays; du moins ne le reverrai-je pas tant que durera cet ignominieux régime et que régnera la dynastie des Bonaparte. Ce n'est pas moi qui, après cinq ans d'exil et sous pré-

texte que ma peine aura été prescrite, irai me mettre
sous la main de gens que je connais trop bien, qui
savent que je les connais et que je les hais, et qui
peuvent m'envoyer administrativement à Cayenne.
Mon *Manuel* sur la Bourse n'a pas été pardonné ; le
livre *De la Justice* en laissait voir encore plus qu'il n'est
gros, et ce que je publie maintenant tous les jours
achève de dévoiler mes sentiments. Ah! Sa Majesté ne
veut pas que je rentre. Vraiment, il lui serait difficile
de dire d'où je puis lui faire le plus de mal : du dehors
ou du dedans. Dans six mois, le public circumfrançais
lui en dira des nouvelles.

Les trois premières livraisons de mon livre ont paru ;
la quatrième paraîtra dans quinze jours. L'effet est
excellent, autant qu'il peut l'être sur un public res-
treint. Cependant, nombre d'exemplaires vont par toute
l'Allemagne, en Russie ; je vais organiser le service
pour la Suisse ; j'attends une ouverture pour l'Espagne.
Chaque livraison se compose de l'une de mes *Études*,
revue, corrigée, augmentée ; des chapitres entiers refaits, suivis de *notes, éclaircissements*, et d'une espèce
de bulletin politique, comme cela se pratique dans les
Revues. La réimpression du livre terminée, la publication se poursuivra indéfiniment sur toutes sortes de
sujets. Toutes mes vieilles publications de critique
pure y passeront, en devenant des démonstrations
positives de la nouvelle science économique et sociale.
C'est tout une propagande qui commence, et dont je ne
resterai pas longtemps, j'espère, le seul apôtre. Il y a ici
des gens qui achètent mes livraisons par douzaines et
les distribuent parmi les classes ouvrières. D'autres les
découpent et les expédient en France, où l'on m'assure
que certaines parties ont été réimprimées clandestine-

ment. Enfin, je puis soutenir cette entreprise quelques
années, et si je rencontre l'appui que j'espère, vous
verrez l'Empire entouré d'un cordon de flammes et
bientôt l'incendie éclater au dedans. Comptez sur ma
parole.

Avez-vous lu les deux lettres que j'ai insérées dans
le *Nord* sur l'affaire Girardin? Par une troisième réponse, il déclare qu'il persiste et refuse de s'exécuter,
ce qui fait tomber son concours. J'ai su par le rédacteur du *Nord* qu'on avait ri beaucoup de cette escar-
mouche, où le grand faiseur s'est trouvé pris comme
un oison dans un filet. Donnez-moi donc votre nouvelle
adresse, et, une autre fois, je pourrai vous adresser
directement ce que je n'ai pu envoyer qu'à Chaudey et
à Gouvernet.

La démocratie rouge est si bête encore qu'elle ne sait
plus que dire sur l'affaire de Nice et de la Savoie; il
leur semble déjà que ce monsieur va conquérir l'Europe. Une lettre de Pyat, écrite de Londres à un de ses
amis de Bruxelles, annonce son intention de rentrer!...
Après avoir dégoisé, comme vous savez, contre l'amnistie, la crainte du pauvre Pyat est d'être surpris hors
de son pays par nos héros, et, en cas de malheur, de
rentrer dans les *fourgons de l'étranger!*... Dans le même
temps, Louis Blanc, afin qu'il soit bien constaté qu'il
ne s'occupe pas de politique, et que, par conséquent, il
ne fait rien contre la France, donne à Londres des
séances sur Mesmer et Cagliostro!... Voilà les gens
qui aspirent à respecter la Révolution. Vous verrez
quelque jour de quel ton et de quel style je prends les
événements contemporains, et comment je juge les prétendus avantages de ce monsieur. Cela a fait ici sensation, et on en sait déjà en France quelque chose.

Mes compliments à votre ami Curie pour sa belle découverte. Les gens de bien et de travail, les vrais amis du droit et de la vérité sont rares en France; il y en a pourtant; le difficile est de les grouper. Cela se fera pourtant; mais, l'initiative devant venir du dehors, cela sera long.

Ma tête est bonne; je travaille comme jamais. Ma femme n'est pas encore remise, mais je compte sur l'été. Stéphanie va bien, sauf un bobo.

Faites nos amitiés à votre père, à votre sœur et aux amis. Je ne puis plus faire la conversation par lettres, je suis trop accablé; ne m'en veuillez pas si quelquefois je suis en retard.

Tout vôtre.

P.-J. PROUDHON.

Ixelles, 25 avril 1860.

A M. VALADE RÉMY

Monsieur et ami, Mme Sylvain fait son métier de propriétaire; j'espère que vous saurez, pour vous et pour
moi, défendre vos droits de locataire. Pour une truellée
de plâtre, pour un mètre carré de papier à coller, elle
voudrait faire croire à une réparation gigantesque.
A quoi servirait donc d'occuper un appartement si l'on
ne pouvait y planter un clou, s'il fallait y répondre de
l'usure et du défraîchissement du papier? Tenez ferme
et agissez pour deux.

Pour les objets qui restent dans la maison, je fais
prier un excellent noble, un M. Lenoble, menuisier,
qui a fabriqué le sécrétaire et les tablettes, de les vouloir reprendre, ainsi que le bagage, purement et simplement. Lui-même fera l'évaluation du tout, et si par
hasard la valeur dépassait une certaine somme, qu'il
fixera lui-même, le surplus serait remis à mon ami
M. Gouvernet, que vous connaissez de vue et qui vous
remettra la présente. Comme vous pourrez, à la suite
des tracasseries de Mme Sylvain, avoir à me réclamer
quelque chose pour ma part de dégât, vous vous enten-
drez pour cela avec M. Gouvernet.

Ma femme et moi avons été bien sensibles à votre souvenir, ainsi qu'à celui de Mme Valade. L'humidité du climat de Bruxelles nous a fortement éprouvés : Stéphanie n'est pas rentrée à l'école et n'y rentrera pas de tout l'été; ma femme est loin d'être remise, ce qui ne l'empêche pas de travailler suivant son habitude. J'espère que l'été qui s'approche achèvera toutes ces guérisons. Pour moi, après un affreux catarrhe, je me sens plus fort que je n'ai été pendant les deux dernières années de mon séjour à Paris. Je travaille comme jamais; les livres ne me manquent pas, et jusqu'à présent la Belgique ne m'a point été inhospitalière. Je réimprime mon gros livre *De la Justice*, dans lequel je trouve bien des choses à refaire; décidément le premier volume, écrit pendant cette maladie cérébrale que vous savez, laissait fort à désirer pour la rédaction; vous ne le reconnaîtriez plus. Cet ouvrage paraît par *livraisons*, composées chacune d'une ÉTUDE, avec *notes*, *éclaircissements*, bulletin politique en manière de Revue, sans compter les passages du texte refaits. L'ouvrage épuisé, la publication se continuera indéfiniment.

L'exclusion dont j'ai été honoré à propos de l'amnistie, et la guerre un peu plus vigoureuse que je commence contre le régime clérical et impérial, ne me laissent aucun espoir de revoir la France tant que durera ledit régime, ou tout au moins tant que la dynastie régnante existera. Je ne m'exposerai pas, après avoir prescrit ma peine par cinq ans d'exil, à me faire envoyer à Cayenne administrativement. Du reste, cet exil me touche peu; hors mes amis, je ne vois pas en ce moment ce que je puis regretter de la France. Et puis mon œuvre, en prenant une extension européenne, devient plus sérieuse et plus haute. J'espère que dans six mois elle aura fait assez de progrès pour que mes compatroites en entendent parler.

Vous n'avez pas cru devoir me dire un mot de votre fils. Il doit avoir terminé ses études. Que deviendra-t-il? De père à père, vous me deviez de m'en parler, d'autant que vous voulez bien me traiter d'*ami*. Dans une prochaine, j'espère, vous réparerez cette omission.

Mes salutations bien respectueuses, s'il vous plaît, à Mme Rémy; mes amitiés aux diverses personnes que vous m'avez procuré l'occasion de connaître, si vous les voyez, M. Huet, par exemple, etc.

Votre tout dévoué.

P.-J. PROUDHON.

Ixelles, 25 avril 1860.

A MM. GARNIER FRÈRES

M. Beslay a dû vous présenter dans ces derniers
temps un reçu de moi d'une somme de 250 francs pour
laquelle il m'avait envoyé sur Bruxelles un mandat. Ce
mode de négociation ne me coûtant rien, j'ai cru devoir
m'adresser à M. Beslay pour les traites que j'aurai à
faire sur vous ; à ce propos, je vous serais très-obligé de
faire honneur au récépissé qui vous sera présenté de ma
part, prochainement, par le même M. Beslay.

Mon livre, je parle du livre que je vous destine, s'ar-
rondit et devient fort intéressant. Ce sera, j'espère, ce
qu'on appelle un ouvrage *classique*, tout à fait en dehors
des hommes et des faits actuels. Qu'il m'a coûté de
peine !... Aussi, je vous préviens que j'en veux *beaucoup
d'argent*, chose que je ne vous ai jamais dite ; mais
beaucoup d'argent, attendu qu'il doit se vendre dans
trente ans comme aujourd'hui.

Quel dommage aussi que vous ne puissiez mettre en
vente ma deuxième édition DE LA JUSTICE, *revue, corrigée, augmentée, annotée*, etc. Combien le tome Ier
est amélioré, et combien je regrette qu'il ait paru avèc

toutes ses taches!... Mais le sujet était neuf et je ne le possédais pas comme aujourd'hui.

Voici, incluses, deux lettres : une pour M. Sainte-Beuve, qui m'a envoyé son gros livre sur Port-Royal.— Comment ne l'avez-vous pas publié ? — et l'autre pour M. Gouvernet, qui demeure près de chez vous, rue de Verneuil, 40. Je n'ai pas l'adresse de M. Sainte-Beuve. Quant à M. Gouvernet, il est trop votre voisin et trop connu de vous pour que vous ne me permettiez pas de lui adresser quelquefois mes lettres par votre entremise. Vous seriez bien bons, messieurs, de lui faire parvenir celle-ci sans retard.

En attendant le plaisir de voir M. Hippolyte, je vous salue, messieurs, bien affectueusement.

P.-J. PROUDHON.

Ixelles, 25 avril 1860.

A M. SAINTE-BEUVE

Cher monsieur, j'ai reçu votre cadeau, bien précieux pour moi, et dès le soir même je me suis mis à la lecture. J'ai achevé la discussion de l'*Augustinus*, le livre de la *Fréquente Communion*, et j'ai assisté à la mort de l'abbé de Saint-Cyran. Je ne connaissais que bien en gros l'histoire de Port-Royal; je savais mieux à quoi m'en tenir sur le jansénisme. Je vous devrai de connaître à fond tout ce monde, tout un monde, tout un côté du dix-septième siècle et du règne de Louis XIV. Ce qui m'a fait surtout plaisir a été de voir que nos jugements sur les hommes et sur les idées coïncident généralement, si toutefois je ne me méprends pas sur le sens de votre narration toujours réservée, quoique, selon moi, assez transparente.

Dans mon opinion, les jansénistes se trompaient, autant au point de vue philosophique qu'au point de vue chrétien, et leur condamnation, de quelque côté qu'on l'envisage, me paraît juste.

Mais les jésuites, leurs adversaires, n'en valent pas mieux pour cela; — mais il n'en est pas moins vrai que les cinq Propositions sont de saint Augustin, et

que si saint Augustin, après lui Bossuet, l'Église de
Rome, etc., affirmant, par une heureuse contradiction, la liberté en même temps que la grâce, sont plus
dans le vrai, les jansénistes ont du moins le mérite de
la logique et de la franchise; — mais on ne saurait leur
refuser, enfin, que si leur morale n'est pas d'une *sanité*
parfaite, elle a coulé bas les turpitudes jésuitiques et
opéré une révolution dans la direction spirituelle des âmes
qui, grâce à la Société, tournait alors au gamaïsme.
Du jansénisme, on n'a guère écarté que l'idée pure, la
métapyhsique; la pratique est demeurée, et l'on peut
dire que le christianisme en a prolongé son existence.
Que serait-il arrivé, je vous le demande, si, au lieu de
Pascal, ç'avait été Voltaire qui eût écrit les *Provin-
ciales?*...

Je pourrais, je crois, si c'était le lieu dans une lettre,
tirer au clair cette fameuse question de la Grâce et de
la Concupiscence, question qui, jusqu'à notre siècle,
devait rester un mystère, mais qui se résout comme
toutes les antinomies de notre nature et de notre raison.
J'aime mieux vous faire mon compliment sur le courage
qu'il vous a fallu pour écrire ces cinq énormes volumes,
si consciencieux, si modérés, si pleins de faits et de
choses. Peu de gens, je le crains, vous suivront dans
ce dédale théologique; quelques fanatiques, — il y en
a encore, — trouveront, les uns que vous êtes trop jan-
séniste, les autres que vous ne l'êtes pas assez, et qu'il
ne vous appartient pas, à vous littérateur profane, de
sonder ces mystères. C'est comme si l'on venait me dire
que je n'ai pas le droit d'assister à une représentation
de *Don Juan* ou du *Barbier de Séville*, attendu que je
ne sais pas la musique.

Au surplus, comme vous le dites quelque part dans

une note, ces prétendues profondeurs ne sont souvent que dans le langage; *tirez le rideau*, et vous vous retrouvez avec Hobbes, Jean-Jacques et Mandeville.

Recevez donc, cher monsieur, mes félicitations bien sincères, et croyez-moi, sous les réserves que vous savez, tout à fait de votre communion en Saint-Cyran, Jansénius, Lancelot, Pascal, Nicole, le grand Arnauld, — la famille Arnauld, un cran plus bas. Ils ont erré par excès de vertu, au moment même où ils se défiaient le plus de la vertu humaine; nous tombons par notre lâcheté, en nous croyant supérieurs à nos pères et à tous les hommes.

Je vous serre la main.

P.-J. PROUDHON.

25 avril 1860.

A M. GUSTAVE CHAUDEY

Cher ami, compatriote et compère, j'ai reçu en son temps la vôtre du 18 mars, et vous suis très-obligé de penser encore quelquefois à moi. Vous ne doutez pas que je ne vous le rende; mais je ne puis vous le dire aussi souvent que je le voudrais, et décidément il faut, à mon grand regret, que je renonce aux conversations épistolaires.

Je suis avec intérêt le *Courrier du Dimanche*, et vous félicite du succès de vos articles. Qui sait si notre pauvre France ne reviendra pas à la justice par la voie de l'intérêt. — Il y a dans vos réponses aux *questions* du dernier numéro un passage qui fait mal et qui peint bien le degré de couardise profonde et *d'indignité* où nos compatriotes sont tombés : c'est celui où vous répondez à ces gens qui vous demandent si le gouvernement *permettra* la discussion des actes d'administration. Quel peuple sommes-nous devenus, bon Dieu ! Il faut la permission du gouvernement aujourd'hui pour revendiquer et exercer son droit ! Comme cela vient à l'appui de ce que j'ai dit dans mes dernières livraisons.

Quelques remarques sur le *Courrier du Dimanche* :

J'aime les articles de M. Prévost-Paradol. En général, je me rencontre avec lui dans l'appréciation des hommes et des choses. Ce qu'il a dit des affaires du Pape, de M. Dupanloup, de la Savoie, avait été imprimé par moi, bien entendu avec l'accent que me permet d'y mettre l'air libre de la Belgique.

Le roman de M. Pelletan est discutable, la donnée usée, enfin tout m'en déplaît. Je ne vous donne mon impression que pour ce qu'elle vaut.

Les articles de M. Frédéric Morin ont un peu les défauts que l'auteur signale chez les autres : c'est léché et dénué de rondeur et de simplicité, et son éreintement de Sainte-Beuve, à propos de l'*Histoire de Port-Royal*, m'a déplu. Je possède cette histoire, elle laisse fort à désirer comme précision, mais il ne se peut rien de plus complet et de plus consciencieux. Ajoutez que si l'auteur n'adore pas les jansénistes il leur est extrêmement sympathique et on ne peut plus favorable. Mais M. Fredéric Morin est un catholique atrabilaire, bâtard d'Arnaud ou de Saint-Cyran, qui ne s'est encore manifesté que par des imprudences commises en compagnie de jeunes gens des Écoles ; cela suffit pour qu'il dise pis que pendre de Sainte-Beuve, à qui l'on ne pardonne pas de s'être rallié à l'Empire, mais qui vaut mieux, je vous assure, que son patron.

Que vous dirai-je de moi ?

Demain paraît ma troisième livraison ; dans quinze jours, la quatrième.

Vous savez que mon livre se réimprime et paraît par livraisons, composées chacune d'une *Étude, de notes et éclaircissements*, et d'un bulletin politique intitulé : *Nouvelles de la Révolution.*

Chaque Étude est *revue, corrigée et augmentée;* des chapitres entiers sont refaits, des paragraphes ajoutés. Enfin, c'est un livre à nouveau. Si ma bonne fortune vous amène un jour par ici, vous verrez cela.

C'est en me relisant que j'ai pu juger tous les défauts de l'œuvre primitive. Il y avait de vigoureuses pages ; mais vraiment, le premier volume laissait trop à désirer. Cependant il me semble, à mesure que j'avance dans cette révision, que le style et la composition s'améliorent.

Saluez les amis qui vous parleront de moi.

Remerciez ceux de vos collaborateurs qui, à diverses reprises ont bien voulu m'accorder un bon souvenir. Dites-leur que je suis tout à fait dans le sens de *l'union*, quoi qu'il advienne. L'union dans la réprobation, voilà le terrain sur lequel j'appelle tout le monde, jusqu'au clergé.

Mes hommages, s'il vous plait, à Mme Chaudey, un *becco* à Georges, et mille bons souvenirs à Barbier et à toute la famille.

Tout vôtre.

P.-J. PROUDHON.

Ixelles, 26 avril 1860.

A M. DELARAGEAZ

Mon cher monsieur Delarageaz, j'ai reçu la vôtre du 20 courant.

Sur votre demande, j'ai fait expédier par mon éditeur Lebègue, de Bruxelles, *trois exemplaires* de chacune des trois premières livraisons de ma publication qui ont paru. Vous les recevrez par la poste, *voie d'Allemagne*, attendu que si on essayait la route de France il y aurait saisie.

Je vous ai prévenu déjà que le texte de la première édition était beaucoup amélioré ; dans la première Étude, un chapitre a été ajouté, des paragraphes entiers ont été refaits, etc. Mais, si vous jetez les yeux sur le *Programme philosophique* tout nouveau, qui commence la première livraison, notamment le paragraphe intitulé : *un Mot sur la situation*, puis les *Nouvelles de la Révolution*, placées à la fin de chaque livraison, vous verrez de quelle manière je commence à envisager la situation générale. Ces bulletins ne vous paraîtront, j'espère, pas trop vieux, en ce sens qu'ils ont beaucoup plus pour but d'*expliquer* les faits que de les rapporter. Je me

propose de soigner de plus en plus cette partie de ma
publication; mais il faut pour cela que le public
ait commencé à connaître les *principes;* qu'il sache où
on le mène, et que, de mon côté, j'aie posé mes points
d'attache et organisé ma correspondance.

J'espère que ces premiers numéros vous montreront
déjà quelle ligne je pense suivre dans ce gâchis de politique internationale qui menace d'engloutir toute liberté et toute nationalité. — Les numéros suivants seront de plus en plus explicites. C'est une réaction énergique, haute et forte de toute la raison de droit, d'histoire, d'Économie politique, contre l'esprit napoléonien,
bancocrate et rétrograde, qui domine à Paris, à Pétersbourg, et, il faut le dire, un peu partout.

Le moment est venu pour tous les hommes libres
de s'unir, de quelque nation et de quelque langue qu'ils
soient.

Nos ennemis ont pour eux la fortune publique, la
force des armes, l'organisme gouvernemental, la haute
bourgeoisie, le clergé. Nous n'avons que nos idées, notre
droit, et les masses ouvrières qui, malheureusement,
sont dans l'ignorance et capables à l'occasion de se conduire comme vous avez vu faire, en 1851, le peuple de
Paris, et aujourd'hui le peuple savoyard.

Mon cher ami, nous sommes en *travail révolutionnaire;*
la lutte sera longue, elle durera peut-être plus que nous;
mais il faut faire notre devoir. Je calcule pour ma part
que je dois avoir encore quinze ans de bon travail : c'est
assez pour que je dise tout ce que j'ai dans l'âme et que
je rende encore plus d'un service.

Puisque notre connaissance est déjà ancienne consentez, je vous prie, à être mon correspondant. Il ne
s'agit que de me marquer à l'occasion, une fois tous

les trois mois, l'état vrai des choses et des esprits autour de vous.

S'il y a lieu, vous pourrez faire faire dans les journaux de votre localité quelques citations de mes livraisons et aider à la propagande de la liberté et du droit, dont je prends seul encore l'initiative. Toutes les nations, toutes les patries y sont intéressées.

Les choses iraient à merveille si je parvenais à avoir en Suisse 100 à 150 abonnés, 5 à 7 en moyenne par canton.

J'avais compté sur la Savoie et Nice; maintenant ce sont pays perdus pour la Révolution. Mais il s'y formera, j'espère, des centres de réflexion; on y apprendra que les républicains français ne sont pas très-honorés de voir la servitude impériale s'étendre sur leurs voisins du Nord, de l'Est et du Sud, et l'on comprendra que l'on peut trouver au cœur même de la France des appuis contre le despotisme qui trône aux Tuileries.

Je ne vous en dis pas davantage; j'attendrai que vous m'ayez lu et je ne doute pas que l'approche du péril ne rallie à mon œuvre tous les esprits.

N'avez-vous pas reçu les numéros du *Nord* que je vous ai envoyés par la poste.

J'attends vos documents sur la question de l'impôt, et je tâcherai de faire pour vous quelque chose, quoique je sois accablé de travail.

Tout vôtre.

P.-J. Proudhon.

P.-S. Envoyez-moi, puisque vous l'avez, l'opuscule de Girardin sur l'impôt; je suis trop mal avec lui pour le lui demander:

Lamoricière, ainsi que MM. de Mérode et de Corcelles,
qui prennent aujourd'hui le gouvernement du Pape,
sont les organes du parti catholique européen qui se sé-
pare de Bonaparte. C'est une diversion au mouvement
unitaire italien et un échec à la politique impériale. Ce
ne sont pas mes hommes, mais en ce moment il ne faut
pas les attaquer.

3 mai 1860.

A M. CHARLES BESLAY

Cher ami, je n'ai pas de vos nouvelles depuis cinq ou six semaines. Allons-nous donc faire assaut de négligence ?

J'ai eu avant-hier la visite de Garnier jeune ; il a vu lui-même combien je travaille ; il sait que, tôt ou tard, je serai en mesure de leur fournir en manuscrits la contre-valeur de leurs remises.

Mais, cher ami, chaque jour m'oblige à apporter quelque modification au ton général de mes études.

La vieille Europe se précipite vers la ruine ; l'immoralité et le scepticisme dissolvent à l'envi la société, et nous pouvons nous vanter d'assister à la décadence des nations chrétiennes.

Quelle chute pour la France, surtout après une révolution comme celle de 1789 ! Nous voilà donc tout à fait revenus au régime du sabre, à la servitude des nations, à l'affaissement de tous les principes, à l'orgie !

La campagne de Lombardie aura donné le branle. L'Italie veut être unitaire, devenir un grand empire. La conséquence pour nous est d'assurer davantage

notre frontière et d'annexer deux petites provinces; —
la Russie, qui ne s'y oppose pas, songe à prendre un
équivalent en Orient; l'Autriche fera de même sur le
Danube; l'Angleterre *idem* quelque part ailleurs; la
Prusse se constituera en empire d'Allemagne.

Nous marchons à une formation de cinq ou six grands
empires, ayant tous pour but de défendre et restaurer
le droit divin et d'exploiter la vile plèbe. Les petits
États sont sacrifiés d'avance, comme le fut autrefois la
Pologne.

Alors il n'y aura plus en Europe ni droits, ni libertés,
ni principes, ni mœurs. Alors aussi commencera la
grande guerre des six grands empires les uns contre les
autres.

Que voulait la Révolution?

Que voulait la République?

Conjurer cette ère de malheur et d'ignominie, et
assurer, avec le droit, la liberté, la paix, le règne
fécond des idées, du travail et des mœurs.

L'Europe coupable sera châtiée par l'Europe armée.
Que l'exécution vienne donc tôt et passe vite!

Je ne sais plus, cher ami, quand nous aurons le
plaisir de nous revoir. Je ne sais plus si je reverrai la
France; ce qui est certain, c'est que je ne serai nulle
part plus triste que je le suis à Bruxelles, et que je l'ai
été pendant sept ans, depuis le 2 Décembre, à Paris.

Il faut que le vieux monde, avec ses utopies, ses préjugés, ses pauvretés, meure, et qu'il meure ignomi-
nieusement. Nous vivrons assez l'un et l'autre pour
assister à cet enterrement.

Je vous écris à tort et à travers. J'ai vécu, j'ai travaillé, je puis le dire, quarante ans dans la pensée de
a liberté et de la justice; j'ai pris la plume pour les

servir, et je n'aurai servi qu'à hâter la servitude générale et la confusion.

Donnez-moi la main, cher ami, et envoyez-moi un
franc bonjour.

Tout vôtre.

P.-J. PROUDHON.

Ixelles, 3 mai 1860.

A M. BUZON JEUNE

Monsieur, d'après l'avis de M. E. Ballande, votre ami et le mien, qui vient de m'écrire que je puis accepter une barrique de vin, venant de vous, en toute sécurité de conscience, ce qui veut dire en *toute amitié*, je m'empresse de vous informer, monsieur et ami, que M. Larramat s'est acquitté vis-à-vis de moi de votre gracieuse commission, et que je suis tout disposé à faire honneur à votre récolte.

Soyez seulement assez bon, monsieur Buzon, pour m'écrire quelques mots sur ce que j'aurai à faire pour soutirer et mettre en bouteilles ce vin; si l'on peut boire de suite, ou s'il convient d'attendre quelques mois. Le vin, surtout quand il vient de Bordeaux et qu'il doit être bu en Belgique, mérite toujours qu'on fasse pour lui quelques façons, et c'est une cérémonie à laquelle j'aime à me conformer. Un mot donc, s'il vous plaît, monsieur, ne fût-ce que pour servir de commencement à notre correspondance.

Quand les amis de France m'envoient du vin de France, c'est comme s'ils me disaient : « Ne devenez pas Flamand, ne vous mettez pas à la bière, l'usage de la bière vous donnerait un tout autre esprit. » Je vous comprends à demi-mot, chers amis, vous ne voulez pas que je suspende mes études, vous voulez que je reste ce que j'ai été et que je poursuive quand même l'œuvre commencée.

Je n'y suis que trop bien disposé, et je puis dire, grâce au ciel, que je n'ai jamais eu besoin d'exhortation. Moins que jamais je songe à capituler, à céder d'une ligne. S. M. l'Empereur, à ce qu'on me mande, *ne veut pas* que je rentre en France : c'est pousser loin la haine de l'idéologie. Mais, que je rentre ou ne rentre pas, mon sillon ne restera pas interrompu; non, quand même je devrais abandonner mon asile et reculer encore de Bruxelles à la Haye ou à Londres.

Hélas! qui peut dire que ce ne sera pas bientôt? Qui sait si j'aurais le temps de goûter votre vin? Le désordre moral et matériel commence pour l'Europe, et ce qu'il y a de pis, c'est que les peuples et les gouvernements, en s'accusant les uns les autres, sont tous complices. Le règne du droit, des principes est fini, et nous assistons à la décadence des nations chrétiennes. Celui qui, depuis dix ans, n'a vu que la France, s'imagine peut-être que ce choléra moral n'appartient qu'à elle ; l'étranger qui, du dehors, entend ce bourdonnement de guerres, d'annexions, de révolutions, attribue ce bruit à Napoléon III. Tous deux se trompent. Les causes de la dissolution politique et sociale sont partout les mêmes; ces causes, en l'absence d'une opinion publique libre et forte, poussent fatalement les nations aux conflits; les chefs d'État ne sont dans tout ceci que de simples chefs d'orchestre qui jouent un opéra dont ils ne comprendraient pas les paroles. D'immenses misères sont réservées à notre génération, à moins que quelque brusque événement ne vienne changer le cours naturel des choses.

J'espère donner de temps en temps à mes amis quelque souvenir de ma façon ; le temps où je vis est trop instructif pour que je néglige de bien observer et de bien réfléchir. Un homme de cœur et de tête qui ne cherche que le vrai et le juste peut toujours faire un peu de bien : que ce soit avec le suffrage de mes amis, avec le vôtre, monsieur, et celui de M. Ballande, ma récompense et ma consolation.

Je suis, monsieur, en attendant votre réponse, votre tout dévoué et reconnaissant.

P.-J. PROUDHON.

3 mai 1860.

A M. GOUVERNET

Mon cher ami, je vous ai adressé dernièrement, il y a une huitaine, deux paquets : l'un pour Garnier frères, l'autre directement.

Ces deux paquets contenaient chacun plusieurs lettres à l'adresse de nos divers amis.

Je regrette fort de vous avoir envoyé toutes ces lettres par la poste.

En ce moment, la Belgique est inondée d'agents secrets, mâles et femelles, qui pratiquent l'embauchage et préparent l'annexion belge, comme ils viennent de faire celle de Nice et de la Savoie. Une grande effervescence règne dans le pays, et nul doute que le cabinet noir ne fonctionne avec une extrême activité.

Décidément, il faut nous borner dans notre correspondance au strict nécessaire, à moins d'occasions sûres. Vous ferez bien de temps en temps de m'adresser quelques exhortations à la prudence, et de me dire tout ce qui vous passera par l'esprit pour m'engager à me tenir dans une scrupuleuse indifférence politique. Cela vous fera bien noter.

Tenez aussi mes lettres en sûreté.

Pour moi, je suis décidé à agir comme je l'entends, à
front découvert et sans aucune considération; mais
rien ne m'est plus désagréable que de me savoir lu,
épié, travesti et enregistré aux archives du cabinet noir.
Il y a là une sorte d'outrage qui m'est on ne peut plus
sensible. Surtout, je serais désolé d'avoir été pour mes
amis cause de quelque désagrément.

On vous dit que la Belgique ne demande qu'à devenir
française. C'est un mensonge aussi gros que le mont
Blanc. La Belgique frissonne en ce moment à l'idée de
l'annexion; malheureusement, c'est comme l'oiseau
qui se débat sous la fascination du serpent.

La corruption qui sévit ici comme partout, le préjugé, l'affaissement moral feront les trois quarts de la
besogne.

Le peuple, négligé, couve des vengeances, et, en s'y
prenant d'une certaine façon, pourrait bien, pour premier essai du suffrage universel, passer à Bonaparte.
La classe moyenne se fond comme en France et par
les mêmes causes; l'aristocratie n'a rien à craindre; s'il
importe peu au peuple quel bât il porte, il n'importe
guère plus à la haute bourgeoisie sous quel gouvernement elle garde ses délices. C'est ainsi, mon cher ami,
que les nationalités se décomposent et s'écroulent.

Guerre aux petits États! c'est le mot d'ordre aujour-
d'hui. L'Italie veut être *unitaire;* pour obtenir cette
unité, Cavour sacrifie Nice et la Savoie! Combien ces
gens-là ont le droit de déclamer contre les traités de
1815!

La pauvre Savoie ne savait à quel saint se vouer.
Les Piémontais la traitaient dès longtemps en pays con-
quis et, pour adieux, l'ont jetée aux pieds de Napoléon.
Les Suisses, qui déjà se conduisaient en futurs pro-

priétaires, lui étaient antipathiques, surtout à cause de la religion. Que restait-il à faire ? Ils se sont jetés entre nos bras; mais s'ils ont quelque sympathie pour notre nation, ils ont d'autant moins de goût pour le régime impérial.

Nous sommes en pleine dissolution européenne.

L'annexion de la Belgique ne se fera cependant qu'avec la complicité des grandes puissances, et cette complicité me paraît en train de se faire.

La France est dégoûtée de l'Orient, où tendent toujours les efforts des Russes. L'Autriche convoite une compensation sur le Danube la Prusse vise à l'empire d'Allemagne.

Voilà bien des convoitises contre la pauvre Belgique et les pays rhénans. Déjà même le gouvernement de Pétersbourg est entré dans cette voie de filous ; le parti de la noblesse a repris le dessus, l'émancipation des serfs est ajournée, l'alliance avec Napoléon caressée.

La conséquence de tout cela, c'est une annexion pour chacune des grandes puissances continentales. C'est, par conséquent, l'immolation de la Belgique.

On adoucira le coup par les pratiques de l'embauchage et par la comédie du suffrage universel.

De tout ceci il résulte, mon cher ami, que je dois m'attendre à déguerpir de Bruxelles comme j'ai fait de Paris, et à chercher un autre asile, peut-être même à renoncer à mon œuvre de propagande justicière et à rentrer dans la vie industrielle. Je m'attends à tout. Peut-être même ne reverrai-je plus la France, car tout ceci nous dénote une réaction illimitée.

Nous marchons à grands pas à la formation de cinq ou six grands empires, tous armés pour la défense du droit divin et l'exploitation de la vile plèbe. Ces grands empires une fois formés, rien ne remuera plus; d'autant moins même que, tôt ou tard, ils devront se faire la guerre.

Vous n'avez eu jusqu'ici que le pain blanc du système, comptez sur une progression accélérée dans l'immoralité et la misère.

Toutefois, j'espère avoir le temps d'achever la réimpression de mon livre et de publier, en outre, quelques opuscules dont j'attends quelque bien. Mais il ne faut plus se faire d'illusion, l'Europe est lasse d'ordre et de pensée; elle entre dans l'ère de la force brutale, du mépris des principes et de l'orgie. Nous, gens simples, de mœurs douces, de conscience droite, nous avons trop vécu, nous n'avons plus qu'à pleurer en assistant à la décadence *des nations chrétiennes*.

Écrivez quelquefois de ma part au voyageur.

Redites-lui que le mal arrive au comble, que le déluge des impuretés modernes nous dépasse la tête de cent coudées, que nous ne pouvons plus rien ni par l'action ni par la publicité, et que tout ce qui nous reste est de confier à la fortune les quelques germes qui éclosent dans notre esprit.

Vous êtes le *sel* qui conserve la terre, disait Jésus-Christ à ses apôtres; si le sel se perd, que deviendra le genre humain. Donnons donc toute notre pensée, donnons-là avec calme et sérénité, et puis laissons faire. Nous ne pouvons rien de plus.

Oh! qui aurait cru que cette génération fût si lâche, si infâme! Oh! combien ils se trompent lourdement ceux qui ne voient que dans un seul homme, dans l'homme des Tuileries, le principe de toute cette ruine!.....

Regardons ce qui se passe, tenons-nous à l'écart, et si nous rencontrons un homme de bien, serrons-lui la main du fond du cœur.

Bonjour au docteur Cretin, à M. de Jonquières et à tous les amis connus et inconnus qui sont sur le pavé de Babylone.

Tout vôtre.

P.-J. PROUDHON.

P.-S. Si vous voyez M. de Jonquières, demandez-lui donc, s'il vous plaît, par qui il m'a fait écrire une lettre signée *P. Picard*, concernant Mᴵˡᵉ Rigolboche.

En attendant, je le remercie de ses bons renseignements et des deux brochures qu'il m'a fait parvenir concernant *ces dames et demoiselles.*

Puisque je fais tant que de moraliser, il est de toute convenance que je me tienne au courant des choses.

J'ai un peu pris lecture, et je trouve cette littérature bien triste, d'une tristesse affreuse.

La joie de la bohême n'est pas joyeuse. Les gens de plaisir sont gais comme des déterrés.

Je vous envoie la présente par Mᵐᵉ Madier-Montjau. Si cette dame vous donne son adresse, vous pourrez profiter de son obligeance pour m'écrire tout ce que vous voudrez.

7 mai 1860.

A M. FÉLIX DELHASSE

Cher monsieur Delhasse, j'oublie toujours, chaque fois que je vous rencontre, de vous dire que j'ai trois petits renseignements à vous demander :

1° Sur la Société des *affranchis* pour l'enterrement sans le secours des prêtres. Quelle est la date de son institution, comment est-elle établie et organisée, ses statuts, s'il y en a, combien de morts passent par ses mains ?— Une petite note positive, précise, me serait agréable. J'en ferai la matière d'une insertion dans ma publication.

2° La réfutation qui a été faite en Hollande de l'ouvrage anglais, traduit par MM. Jotterand fils et C⁰, sur la Belgique (à propos de ce que dit cet Anglais de l'opposition entre la Hollande et le pays Wallon).

3° Une note, à la façon des notes de police, sur M. Delescluze, dont vous m'avez déjà raconté les faits et gestes; si toutefois il ne vous répugne pas de me fournir, pour le cas de ma légitime défense, un argument *ad hominem* dont je prévois que je puis un jour avoir besoin. Il va sans dire que votre nom ne figurerait pas là-dedans.

Comme depuis longtemps vous me faites espérer une promenade du soir, je vous attendrai un de ces jours, après sept heures, qui est, je crois, le moment où vous êtes libre.

Tout vôtre.

P.-J. PROUDHON.

Bruxelles, 13 mai 1860.

A M. GUSTAVE CHAUDEY

Cher ami, le *Courrier du Dimanche* m'a apporté la nouvelle de la mort si imprévue de votre excellent père. J'en ai été affligé, non-seulement pour la sympathie qui nous rend communes nos joies et nos douleurs, mais encore plus pour je ne sais quel vague espoir que j'avais de serrer un jour la main à ce brave homme, dans un voyage que nous eussions fait ensemble en Franche-Comté. Ainsi nos rêves les plus innocents s'évanouissent; ainsi, dans cet affreux temps, la réalité devient de plus en plus pour nous une réalité de deuil et de regrets. Nous vivons de notre désespérance. Embrassez pour moi votre Georges et rendez-lui en caresses la poignée de main que je me promettais de donner, dans notre bonne et grasse Haute-Saône, à son grand-père.

Notre ami Gouvernet a dû, peu de temps avant ou après la funèbre nouvelle, vous remettre une petite lettre de moi. Je ne sais plus ce que je vous disais, ni à quoi je répondais; avons-nous donc besoin pour nous écrire de répondre à quelque chose ? Soutenir en nous l'affection même, cela ne suffit-il pas à une correspondance ? Servez-moi, cher ami, sous ce rapport, comme je voudrais pouvoir vous servir, et tout ira au mieux dans notre mutuelle amitié.

Je viens de lire votre dernier article, écrit depuis votre retour de Vesoul. J'en ai reçu une impression excellente. Je me suis dit, après avoir lu : Voilà un homme qui goûte le plaisir de servir le droit et de vaincre par le droit; — qui, en défendant la Justice, se trouve plus heureux qu'il ne le serait en recevant les décorations du pouvoir et l'or du privilége. Je me suis dit : Mon ami Chaudey a pris goût au fruit de la science du bien et du mal, à la pomme de la Liberté et au vin des saintes colères. Il n'en reviendra plus; buvons à sa santé ! C'est pendant le déjeûner que je lisais votre article, et j'ai vidé un petit verre de petit bourgogne de satisfaction. Vous ai-je senti, compris, dites ?

Mais vous êtes encore plus heureux que je ne le dis : déjà vous pouvez enregistrer vos succès; vous voyez le revirement se prononcer, vous constatez dans cette tourbe d'actionnaires, d'encaisseurs de dividendes, de courtisans de la prime, vous constatez le goût des comptes fidèles, des garanties sociales, l'ombre du véritable ordre. Cela va loin. Oh! cher ami, vous êtes un vrai révolutionnaire.

Qu'est-ce que devient le barreau de Paris? Les bons s'en vont l'un après l'autre : Bethmont, Liouville, par qui remplacés? Eh bien! cher ami, me voudriez-vous voir dans ce tombeau des libertés publiques, qui s'appelle *Corps législatif*, et pourriez-vous vous y sentir ?

Mes amitiés bien sincères à l'excellente Mᵐᵉ Chaudey, à Barbier, à Mᵐᵉ Renard, toute la famille d'Aulnay. Il y avait autrefois une bien jolie personne qui avait nom

Josèphe; je la croyais raisonnable, elle s'est mariée comme les autres, qu'est-elle devenue ?

Bonjour, cher ami, et quand vous vous sentirez le besoin d'un épanchement de cœur, écrivez à votre

P.-J. PROUDHON.

Ixelles, 13 mai 1860.

A M. CHARLES BESLAY

Cher ami, j'ai reçu votre bon de fr. 250 sur la banque de Bruxelles et je vous en remercie. — N'oubliez pas d'encaisser de votre côté mon bon sur Garnier frères ; de cette manière nous serons en règle, et bien que je tremble de me voir quelque jour votre débiteur, — pardon de ce que je vous dis, non pas pour vous, mais pour moi, — nos comptes seront encore en balance.

Je travaille tant que je puis ; mais, malgré mes efforts, j'avance peu au gré de mes souhaits. Ma besogne est trop divisée, mon esprit trop harcelé, et c'est ce qui, au lieu de féconder ma veine, la paralyse.

Je vous félicite du succès de vos découvertes ; ma femme elle-même est heureuse de ces bonnes nouvelles. Déjà, si mes filles avaient eu dix ans de plus, je vous aurais prié de les occuper dans vos ateliers. Mais cela viendra.

Toute la frontière belge, Bruxelles même sont inondés d'agents secrets annexionistes. Les Belges sont peu enchantés de l'honneur qu'on veut leur faire, mais, malgré la liberté dont ils jouissent, ils ne savent ni manifester leur opinion, ni organiser la résistance,

ni faire justice des embaucheurs. Les grands propriétaires de mines, Rothschild et Cie, la plupart vivant en
France, sont tout prêts, par intérêt de commerce, à
applaudir; le gouvernement de Léopold n'a pas le courage de déclarer les mines propriétés publiques. C'est
partout que les caractères tombent; tout se dissout; à la
place des sentiments généreux de la liberté, l'intrigue
vénale et de basses haines. Quel temps !...

Je voudrais bien que toutes vos affaires fussent terminées, que vous eussiez recueilli quelques beaux millions, et apprendre que vous vous reposez. Mais non,
il vous faut des affaires pour les affaires.

Courage donc et succès, vieil et infatigable entrepreneur. Inventez, innovez, gagnez ; je sais que vous
faites part de vos biens.

Tout vôtre.

P.-J. PROUDHON.

Bruxelles, 26 mai 1860.

A M. MAURICE

Mon cher Maurice, j'apprends que mon frère est à
l'extrémité. Les médecins l'abandonnent ; à la date du
22 courant, il ne parlait plus ; à l'heure où je vous
écris, il a probablement cessé de vivre. Un de ses amis
de Lavernay m'écrit pour me faire part de la détresse
de la veuve et des enfants ; vous comprenez ce que cela
veut dire. Je ferai de mon mieux, eu égard aux circonstances ; mais ce n'est pas de cela que je veux vous
entretenir aujourd'hui.

Vous êtes, je crois, le principal créancier de mon
frère. Lui mort, les autres créanciers qui n'ont suspendu leurs poursuites qu'en considération de son état,
vont exiger leur remboursement, exproprier, faire
vendre. La veuve est incapable de prendre une décision ; je doute même qu'elle sache où en sont les
affaires de son mari. Le soin de vos intérêts vous obli-
geant d'intervenir dans cette liquidation, je viens donc
vous prier, mon cher Maurice, de vouloir bien, pour
moi, examiner d'un peu près toute cette misère ; de
me dire, d'après votre appréciation, dans laquelle j'ai
toute confiance, ce qu'il y a à faire, afin que comm

oncle, conseil, tuteur légal, etc., je prenne une résolution, que je l'intime à la famille, et qu'on en finisse une
bonne fois.

Voilà, cher ami, dans un temps où j'ai besoin de
toutes mes forces, quelles tribulations viennent m'as-
saillir. Je travaille ferme, ma santé n'est point mauvaise; j'amassse en études de quoi faire face à toutes
mes charges; sans trop me presser de publier, j'accu-
mule les matériaux et j'espère bien prendre un jour ma
revanche de toutes mes mésaventures. Si j'ai eu bien
du mal, ma position d'écrivain, en somme, n'est pas
mauvaise; et comme les jours se suivent, mais ne se-
ressemblent pas, j'ai lieu de croire que l'avenir me sera
beaucoup moins dur que n'a été le passé.

J'ai tenu la bride haute à mon frère dans ces dernières années; ma condamnation de 1858 m'y obligeait.
Vous excepté, je n'ai guère de dettes que celles de mon
compte courant chez mon éditeur, et comme j'ai en main
de quoi payer, je suis sans inquiétude. Mais voici une
mort, dès longtemps prévue, je dois le dire, — qui
m'oblige à me relâcher de ma rigueur; puisse-t-elle
ne m'occasionner pas d'autre ennui!... Je donnerais
bien quelques centaines de francs pour savoir la liquidation faite, les dettes payées, la veuve à Salins, et les
fils en apprentissage!

La vie est dure à l'époque où nous sommes. Il me
semble qu'il y a quarante ans on vivait avec beaucoup
moins; que l'aisance était plus répandue, et ces détresses
domestiques, dont chaque jour nous apporte des
exemples, plus rares. Un employé de 100 francs par
mois pouvait passer pour un petit bourgeois; il avait
femme et enfants, et chez lui régnait l'abondance.
Aujourd'hui, une famille qui n'a pour vivre que 100

francs par mois est dans la misère. Est-il étonnant que des êtres maladroits et malheureux en tout, comme fut mon frère, tombent en une si grande désolation? La gêne générale, le déficit universel atteint d'abord les plus attardés; c'est ce que je remarque depuis une dizaine d'années avec effroi. En 1830 nous étions chez mon père plus à l'aise avec 1,500 francs que je gagnais, que je ne le suis en ce moment avec ma femme et mes deux petites filles avec 3,000.

Ces réflexions me ramènent à mon malheureux frère, dont je n'ignore certes pas les fautes, mais qui depuis plus de six ans, à ma connaissance, ne peut plus travailler de son état. Que n'a-t-il pas dû souffrir quand il s'est vu condamné à la vie d'oisif.

Au total, ses dernières années ont été les plus courageuses et les plus honorables. C'est pourquoi je ferai pour les siens un dernier effort, quoi qu'il m'en coûte en ce moment; c'est pourquoi aussi je supplie votre bon cœur de vouloir bien consacrer à l'examen de ses affaires, qui sont en partie les vôtres, quelques minutes qui me seraient à moi d'un grand soulagement. Voyez, jugez, agissez; s'il vous faut une procuration de tuteur légal je vous l'enverrai; s'il est besoin, après que vous aurez parlé, que je commande, je le ferai. Mais pour Dieu, qu'on en finisse, et que ces pauvres enfants sortent de là. Un bon conseil de vous, mon cher ami, nous sera plus précieux à tous qu'un secours d'argent. C'est ce conseil que j'attends de vous.

Dans l'espérance de vous lire bientôt, je vous serre la main.

Tout vôtre.

P.-J. Proudhon.

Bruxelles, 2 juin 1860.

A M. BOUTTEVILLE

Mon cher Boutteville, vous savez ce qu'on appelle en logique *cause déterminante* ou *cause occasionnelle :* c'est justement ce qu'a été pour moi votre bonne et amicale lettre du 29 mai. Depuis quelque temps, je ruminais de vous écrire, et, ce que vous trouverez méritoire, sans me souvenir le moins du monde de votre lettre de décembre, pas plus de ce que vous m'y disiez à propos de mon exil et de M. de Bastard. Je voulais vous écrire, parce que je tenais à ne pas trop laisser sommeiller votre amitié, parce qu'ensuite je voulais vous remercier de vos petites notes.

Que n'êtes-vous près de moi pour me nourrir de votre érudition, et, ce qui vaut encore mieux, de votre philosophie! Combien je profiterais de vos critiques, moi si étourdi, moi qui ignore tant de choses! moi qui devine plutôt que je n'apprends ce que je sais! Enfin, il est écrit que ma position comme écrivain et comme citoyen doit toujours empirer. Encore si je languissais dans une prison glorieuse, si je me consumais d'un martyre éclatant, si mes efforts réveillaient dans le monde de puissantes sympathies! Je serais trop payé de mes sacrifices. Au lieu de cela, c'est l'étouffement et l'oubli!...

Mais parlons par ordre.

Je vous remercie encore une fois de votre dévouement à ma personne et de la peine que vous vous êtes donnée pour utiliser M. de Bastard. Mais je crois que vous ferez bien de laisser là cette affaire, et pour toutes sortes de raisons.

D'abord, je tiens de plusieurs sources que Sa Majesté Impériale est personnellement opposée à ma rentrée : il y a en haut lieu une hostilité puissante, cléricale? bancocrate? ou dynastique? Je ne sais; peut-être tout cela à la fois. Sa Majesté, priée d'accorder le bénéfice de l'amnistie à M. *Erdan*, condamné pour délit de presse et offense à l'Église, a répondu que si M. Erdan rentrait, il faudrait me permettre de rentrer aussi, ce qu'on ne voulait pas du tout. Voilà ce qui se passe, et vous comprenez que devant une volonté arrêtée, je me refuse à toute imploration. Est-ce que d'ailleurs la demande n'a pas été faite dès les premiers jours par le prince Napoléon?... Non, vous dis-je, c'est chose décidée, on ne veut pas que je rentre, et moi je ne le veux pas non plus. Ce n'est pas la première fois d'ailleurs que j'ai eu l'honneur des attentions de Sa Majesté. En 49, condamné pour *offense à la personne du Président*, j'eusse dû être mis en liberté le lendemain de mon arrestation, si cet homme avait eu tant soit peu de cœur. J'étais condamné, emprisonné, justice était faite. Est-ce que jamais homme en puissance a tenu à jouir de sa vengeance? En me rendant à la liberté il m'eût cassé les bras. Au lieu de cela, il m'a laissé *trois longues années* en prison ; il m'a fait faire *deux autres procès ;* aujourd'hui il me laisse en exil. Me le ferai-je dire une quatrième fois? L'empereur et l'Empire ne m'amnistient pas.

Ajoutons à cela que, de mon côté, je fais juste le contraire de ce qu'il faut pour obtenir mon absolution. La seconde édition de mon livre est en cours d'impression. Elle paraît par livraisons, composée chacune d'une *Étude,* avec notes, etc., formant en tout 160 à 200 pages. Le texte est soigneusement revu, corrigé, amélioré. Des chapitres entiers sont ajoutés ou refaits ; des paragraphes transformés, remplacés ; le style expurgé à fond et rendu plus clair. Ce travail me prend un temps fou et ne me produira peut-être jamais rien. Mais enfin, mon travail est devenu plus présentable ; ceux qui le lisent et m'en rendent compte sont bien autrement satisfaits qu'à la première lecture ; le premier volume surtout a gagné énormément. Un nouveau *programme,* mis en tête de la première livraison, donne la clé de l'ensemble et explique toute cette philosophie. Les livraisons publiées sont au nombre de quatre. La cinquième et la sixième sont terminées. Ce qui ajoute à l'intérêt de la publication, outre les *notes* et *éclaircissements* que je joins à l'ancien texte, c'est une espèce de *bulletin* politique dans lequel je fais servir les nouveaux principes du *droit* à l'appréciation des événements et de la situation de l'Europe. La France et son gouvernement sont le thème habituel de ces démonstrations. Vous sentez qu'il y a des choses peu agréables à notre souverain. Le public goûte fort ces petits morceaux, qui produiraient encore plus d'effet si l'attention n'était tout entière attachée à Garibaldi. Enfin, j'aurai eu le plaisir de nettoyer mon gros livre, d'en faire un ouvrage vraiment sérieux, et qui, avec le temps, le paraîtra de plus en plus.

A mesure que j'avance, je trouve vos observations et j'y fais droit. Si je ne vous suis pas toujours, au moins je réponds à vos scrupules, et c'est ainsi que vous m'avez fourni l'occasion de plusieurs *notes* dont je suis content.

Tout cela n'arrête pas mes autres études ; j'ai sur le chantier une douzaine au moins de brochures, dont deux ou trois fort avancées. Ce sont d'excellents matériaux qui trouveront toujours leur emploi. Mes journées sont remplies ; l'ennui ne me gagne point, et je vous jure que si je souffre dans mon cœur de cet ignoble régime (je parle toujours comme si j'étais en France), ma douleur n'emprunte rien à l'exil ; elle est la même que si j'habitais la rue d'Enfer. De la France impériale, je ne regrette que mes amis. En ce moment, il y a près de deux ans que j'ai quitté la France ; il m'en faut encore trois pour purger ma contumace. Cela passera comme trois jours ; croyez-vous que je sois disposé à abréger mon exil par aucune démarche ?...

Parlons d'autre chose.

La situation politique vous apparaît, ainsi qu'à tout le monde, fort sombre. Elle n'est pas belle, en effet ; cependant elle m'inquiète peu, et ma première raison, c'est parce que tout le monde est dans l'alarme. Il y a concert pour conjurer le péril, et c'est déjà une grande force que ce concert de l'opinion contre le génie du mal qui vous persécute. Je remarque d'ailleurs que cette terreur répond assez bien à l'esprit des conclusions les plus importantes que j'aie tirées de mes études dernières sur l'histoire ; c'est que le dix-neuvième siècle, siècle palingénésiaque autant que celui qui vit naître

Jésus-Christ, doit, entr'autres choses, terminer l'ère
guerrière, laquelle coïncide avec l'ère religieuse. Vous
voyez que je suis lancé fort avant dans l'art de la divi-
nation historique. J'en aurais trop à vous dire à ce
sujet; sachez seulement que les esprits frappeurs n'y
sont pour rien. Je ne suis pas plus illuminé ou mys-
tique que je ne l'étais il y a vingt ans.

Je ne nie pas l'influence personnelle de Napoléon III;
mais je la crois beaucoup moindre qu'il ne semble à la
plupart, surtout quand je considère que ses ministres
sont sans cesse occupés à réparer ses bévues.

Le traité de commerce avec l'Angleterre a été un
petit coup de tête de l'empereur, un sacrifice à la *secte,*
une tentation à l'adresse des Anglais, et une occasion
pour les républicains français de faire éclater une fois
de plus leur platitude. Ce traité amènera quelques ré-
ductions de tarif, cela va sans dire; mais la suppression de tout tarif, c'est impossible, ne le croyez pas. Le
rapport de MM. Baroche et Rouher est là qui vous le
garantit. Comment voulez-vous que des producteurs,
dans les frais de revient desquels entrent, d'une manière directe ou indirecte, des contributions de toute
espèce, puissent être forcés par l'État de vendre au-
dessous du prix que leur fait coûter l'impôt?... Tout
cela est absurde. Relisez mon chapitre de la *Balance du
commerce,* dans mes CONTRADICTIONS ÉCONOMIQUES, et la
petite brochure publiée récemment par Duchêne. Ici,
tous les commerçants ont apprécié la chose comme
moi.

Si Napoléon III ne peut rien sur la balance du commerce, il ne peut pas davantage contre l'équilibre européen. Je ne voudrais pas à toute force jurer que
l'annexion de la Belgique n'aura jamais lieu; mais elle

est peu probable, d'autant moins probable qu'elle serait sans cause et sans résultat (chacune des grandes puissances exigeant pour elle-même une compensation équivalente); et comme tout le monde sait cela, on n'y verrait qu'une fantaisie injurieuse contre laquelle les réclamations ne manqueraient pas. Vous avez déjà la preuve de ceci dans l'article du *Moniteur* d'hier, 1er juin, article par lequel le gouvernement impérial daigne rassurer l'Europe; article d'une insigne impudence sans doute, puisqu'à l'heure où je vous écris une nuée d'agents français travaillent les populations belges · et rhénanes; mais article qui n'en prouve pas moins l'existence de la protestation à peu près universelle.

A ce propos, vous désirez savoir au juste ce qu'il en est des sentiments des Belges à l'égard de la France. Je puis vous satisfaire au mieux.

Dire qu'il n'y a pas ici des gens prêts à applaudir à l'annexion de la Belgique à la France serait mentir ; les Belges eux-mêmes n'en disconviennent pas. Mais quels, et combien? Voilà d'abord la question. Quelle peut être ensuite l'influence de ces défectionnaires sur la masse, c'est ce qu'il s'agit ensuite d'apprécier.

La corruption dont jouit la France depuis quinze à vingt ans existe ici au même degré. Tel négociant, exploitant de houillière ou marchand de fer, vendra son père et sa patrie pour un traité de commerce ; tel fonctionnaire, tel magistrat, tel officier, pour une augmentation de traitement, pour une promotion. Je ne crois pas cependant aux pétitions dont vous me parlez, bien que, dans certaines localités, telles que Liége, Mons, Charleroi, les faiseurs d'affaires se sentent assez forts pour dire tout haut qu'ils verraient sans regret une annexion. Quant à la plèbe, elle est comme partout assez ignorante pour croire que l'annexion ferait hausser ses salaires, et assez négligée du pouvoir et de la bourgeoisie pour se croire honorée d'un despote qui, en lui ôtant la nationalité, la liberté et toutes les garanties, lui demanderait ses *suffrages*. Oui, il y a de tout cela en Belgique par la faute du gouvernement, par la faute de la bourgeoisie, par la faute de la presse et de l'éducation politique.

Mais ne croyez pas que tout cela fasse majorité et qu'il y ait réellement péril en la demeure. D'abord, ces faits sont relatifs à la partie de la Belgique de langue française, Hainaut et pays Wallon, qui forme environ le tiers de la population totale ; quant à la Flandre, il n'y faut pas songer. Puis, dans cette province wallonne même, tout ce qui est bourgeoisie moyenne, tout ce qui est quelque peu éclairé, en majorité immense, est profondément hostile à l'Empire et le déteste.

La nation belge, il est vrai, est fort divisée ; elle contient un parti clérical et un parti libéral ; un parti libéral vieux et un parti libéral jeune ; un parti orangiste, ou de la réunion à la Hollande, et un parti de la séparation ; un parti des villes et un parti des campagnes ; enfin, un parti bourgeois et un parti du prolétariat. Tout cela, c'est possible, ajouterait aux probabilités d'une réussite, au cas où l'on ferait voter les Belges sur leur incorporation à la France. Mais tout cela est aussi le fait d'une nation qui, depuis 1815, n'a cessé d'aller *en avant*, et à qui l'Empire apparaît comme la plus honteuse des reculades. Le tempérament belge répugne aux manifestations bruyantes : on voit les embaucheurs faire leur triste métier, voler l'argent de leur patron, et l'on ne s'émeut pas le moins du monde. Mais que la question se pose, et il n'y aura qu'un mot pour les

traîtres : la corde ! Il y a un an, le parti clérical aurait été
moins opposé à une réunion, comme le clergé savoyard ;
l'idée que Napoléon était le protecteur du Saint-Siége,
un nouveau Charlemágne, avait séduit bien des gens.
Aujourd'hui, ce parti a fait volte-face ; ce qui se passe
à Rome nous le prouve. En somme, je ne crois pas qu'il
y ait plus du tiers de la population wallone, c'est-à-dire
un neuvième de la Belgique, que l'on parvînt à entraîner,
et je crois exagérer en posant ce chiffre. Je crois la Bel-·
gique tout entière plus près de se rallier à la Hollande
qu'à la France, cela même serait déjà fait, non quant à
l'administration, mais quant aux intérêts, si les deux
pays ne tenaient par-dessus tout, en ce moment, à ne
pas s'aliéner l'Angleterre, à qui cette réunion ferait un
tort immense. Tout ce que peut espérer Napoléon III,
avec ses intrigues et ses conquêtes payées, c'est d'obtenir une lisière de territoire, de Tournai à Luxembourg, à titre de rectification de frontière ; jamais il
n'aura les Flamands ; en sorte que le Rhin reste toujours à une distance énorme.

Aurons-nous ou n'aurons-nous pas la guerre ? C'est
à l'Allemagne, à la Prusse, que nous faisons maintenant des grimaces. Une guerre, pourquoi ? les causes
manquent ; l'Allemagne est plus libérale que la France,
et le Rhin n'a nulle envie de couler sous les drapeaux
d'un despote. L'irritation commence à devenir vive en
Europe contre toutes ces démonstrations insolentes de
notre empereur, et, si je ne trompe pas, cette irritation
commence à gagner le peuple français. Notez, en outre,
que Napoléon III n'est point un guerrier, il a fait ses
preuves ; elles sont toutes négatives ; il ne peut goûter
ces entreprises où il ne brille pas, où il se produit des
héros qui le dépassent d'un demi-pied. Ce qui convient·

à Napoléon III, c'est de faire des revues et de publier des livres sur l'artillerie ; hors de là : néant.

Par toutes ces raisons et d'autres, je ne crois pas de sitôt à la conquête de la Belgique ; en tout cas, cher ami, je n'aurais qu'à passer en Hollande, où vécurent Bayle, Descartes, Spinoza ; ou bien en Suisse : partout je trouverais des amis et des connaissances. Mais, je vous le répète, l'entreprise serait chanceuse ; ce qui me rassure, c'est que les Belges commencent à l'envisager de sang-froid et ne s'en alarment guère. Je ne vous dis rien de la question d'Orient. Elle ne peut se résoudre, selon moi, que par une occupation commune de toutes les Puissances et une organisation d'un nouvel État. Cette question, la plus grosse de toutes, insoluble en tant qu'il s'agissait de partage, arrête de ce côté-ci toute entreprise. La méfiance de l'opinion est éveillée sur tous les points ; personne, hormis les chefs d'État, ne souhaite de conquêtes, personne ne veut de guerre ; tout le monde demande liberté et diminution d'impôts. Que de chances contre une conflagration !

Ce qui brûle, mon cher ami, ce qui rend le ciel si noir et l'atmosphère si puante, ce sont les vieilles dynasties, c'est la papauté, c'est le catholicisme, c'est le gâchis napoléonien, c'est le servage russe, c'est le droit divin et apostolique de l'Autriche ; c'est, enfin, mais à un degré de combustion moins avancé, la bancocratie.

Tout cela s'agite, s'effraie, et, peut-être avant de mourir, fera encore bien du mal au monde ; mais je ne vois que cela qui soit vraiment un danger, et j'espère que l'incendie s'achèvera lentement, doucement, jusqu'à consomption du dernier poil de la Barbe de Charlemagne et du Saint-Père.

Nos amitiés à Mme Moulin, à Mlle Anna, que je suppose près de vous, et à Mlle Marie quand elle vous sera revenue.

Tout vôtre.

P.-J. PROUDHON.

Samedi 2 juin 1860

A M. X***

Mon cher ami, vous m'avez écrit et j'ai encore appris d'autre part que vous étiez souffrant. La température n'est pas assez chaude pour que nous allions au bois; le plaisir du bois, vous le savez, est d'autant plus grand que le soleil est plus ardent. Par l'humidité et le froid, il ne faut y mettre le pied.

Si vous le désirez, j'irai donc, sur le coup de deux heures, à l'heure où vous prenez votre demi-tasse, vous joindre aux Mille-Colonnes. Si vous préférez grimper jusqu'ici, je vous attendrai à mon bureau, et nous irons faire un tour à travers champs. S'il pleut, enfin, nous jouerons aux dominos.

Avez-vous lu la déclaration pacifique du *Moniteur* d'hier? — Ce MONSIEUR daigne rassurer l'Europe tandis que *M. Jourdan* la menace. Que d'impudeur!... Tous les hommes me paraissent être foncièrement des gredins au temps où nous sommes; pour que j'accorde une exception, il me faut sept fois sept garanties. Je suis dégoûté, je me dégoûte moi-même.

Cependant, notre ami L***, qui vient de faire un voyage de quinze jours à Paris, m'a rapporté de très-

bonnes nouvelles. Il y a *réveil*, assure-t-il. On cause
tout haut (on *ose* parler), on est las. Un signe plus
significatif se trouve dans l'avant-dernier numéro de la
Presse, qui, d'une seule fournée, n'annonce pas moins
de *dix-neuf* brochures sur des sujets de politique,
d'administration, etc., par des hommes d'opposition,
tels que *Paradol*, *Rémusat*, *Berryer*, *O. Barrot*, *J.
Simon*, *Lasteyrie*, *d'Haussonville*, *D. de Hauranne*,
F. Morin, etc.

Une vraie levée de boucliers.

La plus intéressante de ces brochures, par le titre,
paraît devoir être celle de M. de Rémusat : *Rapports de
la Politique et de la Morale.*

Ah! si les républicains, depuis le coup d'État, avaient
saisi cette veine!... Mais non! vous feriez plutôt d'un
âne un Bossuet qu'une intelligence politique d'un républicain.

Vous voyez que le vieux parti parlementaire s'occupe
seul de relever la France. La République est muette.
Que trouverait-elle à dire? Demandez à vos amis des
Mille-Colonnes, L***, J***, etc. Ils admirent Garibaldi, ils envient l'annexion de la Savoie, ils poussent
à celle de la Belgique. Je donnerais tout ce que je puis
perdre de sang, sans en mourir, pour voir enfin le
comte de Paris sur le trône, et la vieille République
huée. J'achèterais un sifflet de locomotive.

Bonjour.

P.-J. PROUDHON.

Bruxelles, 13 juin 1860.

A M. GOUVERNET

Mon cher ami, j'ai reçu en son temps votre lettre du 26 mai; depuis cette époque, il ne m'est rien parvenu de vous.

En revanche, j'ai reçu de Besançon et de Burgille des nouvelles de mort. Mon frère, que vous avez vu, je crois, chez lui, est mort le 25 mai, des suites de ses infirmités. Il laisse plus de dettes que de bien; une veuve sourde, vieille, et d'un entendement encore plus faible que les oreilles; deux garçons de seize et dix-huit ans, mais sans profession... C'est moins désolant que s'il y avait sept orphelins en bas-âge, sans père ni mère; mais enfin, vous voyez que ce n'est toujours pas gai.

L'autre décès est celui d'un parent du même nom que moi, ancien prêtre défroqué, puis marié, ancien président du club des jacobins, ancien vénérable de la loge maçonnique de Besançon, et qui est mort le 13 mai, à quatre-vingt-treize ans deux mois. Jusqu'à l'année dernière, il avait tenu ferme contre les suggestions du clergé, qui tenait à le convertir. La décrépitude a fini par avoir raison du vieux philosophe; il s'est confessé, il a communié; bref, il est mort avec édification.

Mon pauvre forgeron de Burgille a été plus solide; comme mon père, il est mort sans peur et sans reproche, quoique non sans regret. Il regrettait de ne rien laisser à ses enfants.

Tout cela m'a un peu remué l'âme dans ces derniers temps; mais je fais face à tout avec mon remède : le travail.

A travers mes ennuis, j'ai quelques adoucissements. Toujours quelques amis se découvrent, qui me dédommagent de mon rude labeur. Un brave Bordelais, M. Buzon, de la connaissance, autant que je puis croire, de notre voyageur, m'a expédié une pièce de vin de sa récolte, ne voulant pas, me dit-il, que je m'exposasse à perdre mon ardeur en ne buvant que de la bière. J'ai été prendre des informations, il m'a fallu accepter. J'ai donc payé le port, les droits, etc.; c'est du vin qui me reviendra à 40 *centimes* le LITRE. Avec ce que m'a expédié, sur ma demande, l'ami Daventure, je me trouve en ce moment à la tête d'au moins 400 bouteilles de bon vin. J'en ai pour trois ans.

Je travaille toujours beaucoup; mais j'avance lentement. La deuxième édition de mon livre sera fort bonne; elle vaudra 40 % de plus que la première; mais elle me prend un temps fou, et, à moins qu'un jour elle ne puisse rentrer en France, elle ne me produira pas 1,000 francs.

Ce que vous me racontez de J*** me désole. Il ne m'a rien écrit, preuve que sa vue ne s'améliore pas. C'est un très-excellent jeune homme, pour qui je ferais bien un sacrifice de mon sang et de ma santé, quoiqu'il ne m'en reste guère.

Je ne vous dis rien des affaires ; voilà Garibaldi maître de la Sicile, Cavour quelque peu décontenancé, J'espère bien qu'un jour nous verrons le héros sicilien venir nous redemander Nice sa patrie. Je suis curieux de savoir ce que lui répondront les chauvins qui l'applaudissent.

Adieu, cher ami, maintenez-vous comme je fais, et j'espère que nous pourrons encore deviser plus d'une fois autour d'une bouteille de vin rouge.

Tout à vous.

P.-J. PROUDHON.

Bruxelles, 13 juin 1860.

A M. CHARLES BESLAY

Cher ami, je suis chagrin ; j'ai beau travailler, ma
réimpression me prend un temps fou, ne me rapportera
presque rien; en sorte que pour cette année encore je
suis condamné à voir la dépense aller plus vite que la
recette. J'ai annnoncé depuis longtemps à MM. Garnier
un et même plusieurs manuscrits, que le travail de
mes épreuves et mes nombreuses améliorations, ainsi
que mes notes, etc., me mettent dans l'impossibilité de
livrer. Quoique j'aie toujours trouvé ces messieurs plus
empressés encore de m'aider que moi de réclamer leur
assistance, ce retard forcé me désespère; je crains qu'à
la fin ils ne me trouvent par trop prometteur et pas assez
exact à tenir; c'est pourquoi je viens vous demander,
non-seulement si vous voulez, comme d'habitude, être
mon banquier, mais aussi mon prêteur !... J'ai aussi
d'autres ennuis qui, probablement, requerront de moi
un peu d'argent. Mon frère vient de mourir, laissant
plus de dettes que de bien, une veuve vieille et sourde
et deux fils, heureusement forts, mais encore sans
profession. Les amis de Franche-Comté m'aideront à
les caser, si toutefois ils ont envie de bien faire. Un
autre se charge de la liquidation, et la mère retournera
dans sa famille. Ma malheureuse race, comme vous

voyez, ne fait pas fortune, et j'ai à me reprocher de leur avoir donné de belles espérances que je n'ai pas tenues. Le talent, la célébrité même, ne m'ont pas manqué. Qu'en ai-je fait? Me voilà à Bruxelles, acharné à une réimpression qui certainement fera honneur à ma mémoire, mais qui, si l'ouvrage ne peut pas rentrer en France avant dix ans, ne me rapportera pas 1,000 francs!...

Tout cela, cher ami, est pour vous dire que si vos brillantes affaires vous permettaient de mettre à ma disposition une somme de 5 à 600 francs, dont je ne parlerais pas d'abord à MM. Garnier, vous m'obligeriez réellement.

> Je vous rendrai, lui dit-elle,
> Avant l'août, foi d'animal,
> Intérêt et principal.

Pardonnez-moi toute cette diplomatie pour arriver à vous demander un prêt d'argent. Avec vous, je me confesse, je vous fais juge; admonestez-moi si je le mérite. Je n'ai pas le droit de travailler, comme je le fais en ce moment, *pour la gloire, pas même pour l'idée;* je devrais gagner mon pain honorablement et ne rien demander à personne. C'est bien aussi ce que je me propose de faire aussitôt que j'aurai vu le succès de mes nouvelles publications; malheureusement, le temps marche plus vite que mes opérations, et je me trouve au fond du fossé quand je me flattais de l'avoir franchi.

Ma femme et mes enfants demandent toujours si elles ne vous verront plus. Stéphanie me paraît devoir se guérir radicalement; elle est superbe.

Tout vôtre.

P.-J. PROUDHON.

Ixelles, 17 juin 1860.

A M. DELARAGEAZ

Mon cher monsieur Delarageaz, j'ai reçu en temps
normal votre lettre du 29 mai, contenant une petite
notice manuscrite de quatre pages sur le cadastre vaudois. Quelques jours après, j'ai reçu par Lebègue un
paquet d'imprimés, entr'autres le compte-rendu de votre
administration pour 1858. Je vous suis reconnaissant
de ces envois et de la peine que vous vous donnez non-
seulement pour me procurer une occasion de me rendre
utile, mais pour me fournir tous les renseignements
dont je puis avoir besoin. — Depuis plus de six semaines
j'ai mis votre question d'impôt à l'étude, et comme je
ne puis tout faire seul, je me suis adjoint un collaborateur fort capable qui m'a rendu de signalés services,
à la satisfaction du public, M. G. Duchêne.

M. Duchêne, à qui j'ai commencé par envoyer un
plan développé de mes idées, va de son côté se livrer
à de fortes et utiles lectures et rassembler la quintes-
sence de ce qui a été publié sur les impôts. J'ai pour
cela à Paris de plus grands secours encore que je n'en
ai à Bruxelles. De mon côté, je ne néglige rien et je
suis tout à la fois le mouvement des idées en même

temps que je jette un dernier coup-d'œil sur les écrivains.

C'est vous dire assez que nous comptons apporter, M. Duchêne et moi, tous nos soins à cette composition que je tiens à rendre aussi populaire que concise; mais pour cela il faut du temps, et, dès à présent, je puis vous dire que nous n'arriverons pas fin juillet comme le désire votre Conseil.

Si, pour nous encourager dans notre œuvre et nous obtenir plus aisément une remise de concours, quelques-uns de vos amis désiraient savoir dans quel esprit sera fait notre travail, voici en substance ce que vous pouvez répondre : Je ne conclurai ni à l'impôt progressif, ni à l'impôt sur le capital, ni à l'impôt unique. Tout cela me semble désormais, quant à présent, impraticable. Je compte le montrer surtout pour l'impôt sur le capital.

Je me propose de chercher, d'abord, la *théorie vraie* de l'impôt, dans une société NORMALEMENT établie; puis, de cette théorie, qui mettra à néant bien des préjugés, je viendrai à l'application dans notre société actuelle, laquelle, par une foule de causes dont on ne peut accuser personne, n'est évidemment pas normale.

Alors, je ferai voir que *l'inégalité de répartition* de l'impôt tient essentiellement à l'anomalie de notre organisation économique; en sorte que, tout en cherchant autant que possible à adoucir et diminuer ce qu'il y a de trop violent dans l'inégalité de l'impôt, je conclurai qu'il faut surtout s'attacher à régulariser l'état économique général, ce qui doit se faire par de tout autres voies que par l'impôt.

L'impôt normal dans une société normale serait l'impôt sur le PRODUIT BRUT, comme l'ont enseigné les physiocrates qui, du reste, n'ont pas saisi toute la profondeur de l'idée. Dans une société irrégulière et où règne l'inégalité, l'impôt devrait être établi SUR LE PRODUIT NET, comme cela a lieu en Angleterre, toutefois dans une mesure modérée; mais cette dernière forme ne suffit pas encore, elle serait désorganisatrice dans la société actuelle; en sorte que, bon gré, mal gré, jusqu'à ce que vienne une réforme radicale, nous devons nous contenter d'approximations et de palliatifs...

Vous pouvez maintenant tirer la conclusion tout seul. Dans la thèse que je prépare, je garderai une position de publiciste démocrate et radical; seulement, comme il ne s'agit pas d'une révolution économique, mais d'alléger le fardeau des contributions qui pèsent sur les masses et en même temps de les éclairer, je montrerai en toute franchise que, selon moi, on peut faire mieux; quand je ne réussirais qu'à calmer un peu les esprits, à donner des idées plus justes, à montrer où est le véritable mal, j'aurais fait, je crois, une œuvre utile.

M. Lebègue a dû vous expédier l'exemplaire manquant sur le premier envoi. Quant à la poste, les frais, qui s'élèvent, je crois, à 35 centimes par chaque livraison, il n'est guère possible de les réduire. Il faudrait pour cela passer par la France, où l'on arrête les brochures à destination de la Suisse, ou bien s'adresser aux Messageries qui mettent un temps infini et ne sont pas plus sûres.

En attendant, je vous remercie de la recommandation que vous voulez bien faire, parmi vos amis, de mon livre. Lisez le bulletin politique qui termine la quatrième livraison, qui vient de vous être expédiée, et tâchez de le faire insérer, au moins par fragments, dans les journaux suisses. Cette appréciation toute nouvelle des traités de 1815, surtout par une plume française, serait la plus grande nouveauté du moment, si l'on était autant disposé à s'éclaircir qu'on est avide de nouvelles qui n'apprennent rien. Vous y verrez combien nous sommes d'accord sur tout.

L'annexion de la Savoie et de Nice me paraissent, à moi, plus qu'une faute, c'est ce que j'appellerai un *rapt de séduction*. Voilà donc à quoi sert le suffrage universel ; à faire abjurer la patrie ! Les Savoyards pouvaient garder leur souveraineté et entrer dans une confédération de républiques : ils se sont suicidés ! Dans quel intérêt ? Cela ne se peut dire. — Et nous, Français, nous chantons des *Te Deum* en réjouissance de cette nationalité enterrée !... Ah ! mon cher monsieur, combien j'aime à vous entendre dire *que vous feriez de fort mauvais Français !*

Autant en pensent la grande majorité des Belges et toute la population rhénane.

Mais comment accuser la nation française ? Il n'y existe plus une seule plume libre, et les affaires y vont à la dérive : le peuple dans les privations, la classe moyenne en déficit et le gouvernement en banqueroute.

La France a été lâche au 2 Décembre ; maintenant elle est châtiée. Elle n'est pas à la fin.

Bonjour, cher monsieur. Tâchez de me dire bientôt si nous pouvons, mon collaborateur et moi, compter sur un ajournement. Il n'y a péril en la demeure pour personne, et si j'étais assez heureux pour être couronné par le Conseil d'État de Vaud, ce serait un événement qui aurait sa signification.

Tout vôtre.

P.-J. PROUDHON.

Ixelles, 23 juin 1860.

A M. GOUVERNET

Mon cher Gouvernet, reçu la vôtre d'hier 21.

Voilà donc ce que devient notre pauvre ménage! Tout en loques! Amusez-vous donc à vous expatrier et à changer de mobilier!...

Puisque vous êtes parvenu à tout loger, vous voilà délivré d'un grand embarras. Le bureau peut retrouver son emploi; la planche! une planche se case toujours. Mais les poêles? des poêles en morceaux. Ah! cher ami, faites-en ce que vous pourrez; mais n'en embarrassez pas l'excellent M. Journet, à qui je vous prie d'aller bien serrer la main de ma part.

Ces déplacements sont tellement ruineux, que si demain j'avais la faculté de rentrer à Paris, je crois que j'y regarderais à deux fois et prendrais mes mesures avant de me mettre en route.

Si vous voyez M. Rémy, remerciez-le également pour moi de sa bonne volonté et de ses bons offices.

Ce matin, le facteur m'a présenté une lettre non affranchie que j'ai refusée. Plusieurs fois déjà j'ai été ainsi ennuyé par des indiscrets que je connais peu ou point du tout, et qui me mettent en frais; j'ai résolu de tout refuser. Puis, après avoir pris lecture de votre lettre, j'ai réfléchi que cette missive non affranchie, dont je n'ai pas reconnu l'écriture, pouvait bien être de M. Rémy, qui m'aurait avisé de tout ce que vous me faites connaître. Je serais fâché qu'il prît la chose en mauvaise part, si ma conjecture était vraie. Naturellement il ne doit pas, en s'occupant de mes intérêts, payer encore des frais de port; mais il comprendra que je me tienne sur la réserve vis-à-vis des importuns.

Dans deux jours, le docteur C***, un ami du voyageur avec qui vous vous serez sans doute rencontré, quittera Bruxelles et portera à Duchêne les documents relatifs à l'impôt vaudois.

On nous dit ici que la fête du 16 juin, relative à l'annexion, a été froide; est-ce vrai? Quoi qu'il en soit de l'enthousiasme français pour les annexions, il est bien certain que le gouvernement impérial est de plus en plus insupportable à l'Europe. L'Angleterre en est à la haine ouverte; toute l'Allemagne est coalisée; la Prusse et l'Autriche d'accord; l'Espagne garde son armée marocaine, je veux dire revenue avec les lauriers du Maroc; le Portugal se met sur pied de guerre. Les souvenirs de 1808 sont tout chauds en Espagne et en Portugal. Je ne sais qui a fait courir de l'autre côté des Pyrénées un bruit d'annexion de la Catalogne; quant aux Portugais, ils ont sur le cœur l'affaire de ce bâtiment dont j'ai oublié le nom. En Belgique, on fait des meetings contre l'annexion; la jeunesse des deux langues flamande et wallonne, se prononce énergiquement contre l'Empire; et les rives du Rhin retentissent hourras contre les Français. Mais la fatalité pousse, et comme nous sommes menacés de mauvaise récolte et de disette, nous le sommes aussi de nouveaux massacres. Personne ne dit à la nation française la vérité vraie ; il n'y a plus que les sycophantes impériaux qui aient la parole. Un immense gâchis se prépare, dont la conclusion, j'en ai peur, pourrait bien être un châtiment sévère comme en 1815, à notre aveugle et malheureux pays.

Serrez la main aux amis.

P.-J. Proudhon.

Ixelles, 24 juin 1860.

A M. GUSTAVE CHAUDEY

Mon cher ami, la présente vous sera remise par
M. le docteur Cooke, espagnol de naissance, dont j'ai
fait, il y a onze ans, la connaissance à la Conciergerie,
où il avait été jeté à la suite du 13 juin, et aujourd'hui
un de mes... de *nos* bons amis. Faites-lui donc accueil
et causez avec lui en toute confiance. M. Cooke vous
dira à quoi je m'occupe, ce que j'espère faire, et sur
quoi reposent nos espérances. Tout cela peut vous intéresser, surtout pour votre *Courrier du Dimanche*, qui,
parmi de bonnes choses, en contient trop souvent de
faibles et parfois de très-mauvaises.

Puisque j'ai lâché le gros mot, expliquons-nous.

Quel est donc cet écrivain qui signe *Weiss* et qui,
dans l'avant-dernier numéro, à propos de l'annexion,
nous a donné une tartine si chauviniquement enthou-
siaste? Comment, dans le *Courrier du Dimanche*, journal
orléano-républicain, on promet une grande *popularité*
à l'Empire pour cette conquête! On applaudit à un fait
qui, bien considéré, fait monter le rouge au front des
amis de la liberté! Qu'est-ce que cela signifie? Avez-

vous parmi vous des faux frères? Devez-vous subir un collaborateur bonapartiste? M. Weiss a conquis toute mon antipathie, au même degré et au même titre que les La Guéronnière et les Granier de Cassagnac.

Est-on donc si aveugle à Paris que l'on méconnaisse le caractère odieux de cette annexion?

Ignorez-vous d'abord, ou feignez-vous d'ignorer, qu'à Nice le suffrage a été falsifié; qu'à cette heure, les Niçois ou Niçards partagent les sentiments de leur compatriote Garibaldi, et qu'à la haine pour M. de Cavour se joint déjà la haine de la France?

Je ne dis rien de la Savoie qui, maltraitée dès long-temps par le Piémont, abandonnée, livrée par son roi, pourchassée brutalement par les Suisses, s'est laissée aller à voter pour l'empereur. La pauvre Savoie n'a pas eu le courage de dire qu'elle entendait rester elle-même; avant qu'elle pût répondre un mot, le rapt était accompli. — Mais, est-ce donc là le fruit de ce suffrage universel qui devait régénérer les na-tions! A Paris, il débute par se donner un autocrate; à Nice et en Savoie, si l'on devait croire à la sincérité des votes, il aurait abouti à l'abjuration de la patrie, à l'abdication de l'indépendance, de la souveraineté, de la nationalité! Voilà, sous l'initiative du peuple fran-çais, ce que produit le suffrage universel. Le suicide, et toujours le suicide!...

Et de quel front maintenant accusons-nous le con-grès de Vienne d'avoir *parqué* les nations comme de vils troupeaux? Est-ce que Napoléon III et Victor-Emmanuel, qui s'en servent comme de marchandises, qui se payent de leurs services réciproques et liquident leurs affaires avec une nation pour appoint, est-ce que ces libérateurs de l'Italie n'ont pas fait pis que le congrès? Comme nous avons lieu d'être fiers, n'est-il pas vrai, de voir entrer dans la famille française ces Piémontais du Nord et du Sud, dont les uns, ceux qui ont voté l'annexion, ne peuvent être considérés que comme des lâches et des traîtres (*Vendidit hic auro patriam dominumque potentem imposuit!*) Les autres ont subi en gémissant la violence. Et personne en France pour comprendre que toute cette honte rejaillit sur le nom français!

Maintenant, il se répand que le gouvernement impérial va contracter un nouvel emprunt de 300 millions, dont la majeure partie servira à payer au Piémont les provinces qu'il nous a cédées! Conquêtes dignes de Caligula, de Domitien, de Commode!

Et le *Journal des Débats*, si avisé d'ordinaire, qui, de peur d'être accusé d'incivisme, étale plus haut que les autres son admiration; qui, voyant l'empereur brouillé avec le clergé et avec Rome, ne sait rien de mieux que de tendre les bras au pape et de se faire le champion de l'Église!... Que de bêtise! que de lâcheté! que d'hypocrisie!...

Méfiez-vous, cher ami, de la petite opposition. Ne discutez pas avec le despotisme, ne laissez pas croire que vous prenez sa légalité au sérieux et que vous songez à vaincre par la loi impériale. Vous vous rabaisseriez, et un beau jour, à votre insu, vous vous trouveriez pris au piége et humilié. En l'état où est la France, si l'on se met pour tout de bon à attaquer l'Empire à armes égales, il y en a pour cent ans. D'ici là, comme dit le fabuliste, tout le monde sera mort et le pays en pleine décadence. Ce qu'il faut, c'est une guerre énergique, c'est la presse clandestine, c'est la réprobation rendue manifeste ; ce serait au besoin la conspiration; c'est, enfin, quand il n'y a pas moyen de faire plus, le silence.

Oui, le silence : quel silence n'en dirait cent fois plus que les harangues des Ollivier et des Jules Favre? Le premier, qui, à propos du traité où Napoléon III traite des intérêts nationaux sans les consulter, trouve que ce chef d'État n'a pas fait encore assez d'autorité, ne s'est pas montré assez libre-échangiste; qui, ensuite, à propos de l'annexion, a fait éclater son enthousiasme plus haut que les Baroche et les Morny! Le second, J. Favre, qui accuse l'empereur de se contenter d'une levée de 100,000 hommes, quand, selon lui, il en faudrait 140,000 !...

Hélas! hélas! la pauvre nation française est maintenant hébétée, assotie, affolée. Si vous saviez quel triste effet produit la lecture des journaux français sur l'esprit d'un homme qui voit monter au dehors le mépris et la colère des étrangers! On vous corne aux oreilles là-bas que les populations du Rhin et de la Belgique ne demandent qu'à voter leur annexion, et tout le monde en est dupe. Que ne voyez-vous, comme moi, les regards irrités des Flamands, les meetings de la jeunesse wallonne et les exclamations ironiques des Allemands du Rhin! Certes, les voisins de la France ont tous eu le tort d'acclamer le coup d'État; mais, vous pouvez m'en croire, ils en sont revenus. Tout hait l'Empire aujourd'hui et l'empereur et la France elle-même : Suisse, Autriche, Allemagne, Prusse, Belgique, Hollande, Angleterre; l'Espagne garde sous les armes son armée du Maroc; le Portugal se crée une armée. Et les sycophantes de Paris qui soulèvent ces méfiances et ces colères par leurs insolentes revendications, vous feront croire encore que l'Europe se coalise contre la Révolution ! La Révolution, elle a ses organes partout aujourd'hui, excepté en France; et s'il y a un nom qui soit synonyme aujourd'hui de servitude, de corruption, de rétrogradation, c'est le nom français.

Pensez-vous faire le voyage dont vous m'avez parlé? Nous verrons-nous par ici? Je vous destine un exemplaire de ma nouvelle édition, *revue*, *corrigée*, augmentée, enrichie de *notes* et de *bulletins politiques*.

D'ici à quinze jours, le docteur Cooke reviendra en Belgique et me rapportera de vos nouvelles. Causez avec lui, et, s'il est possible, donnons une meilleure allure au *Courrier du Dimanche*.

Adieu, cher ami.

Je vous serre la main.

P.-J. PROUDHON.

Bruxelles, 30 juin 1860.

A M. CHARLES BESLAY

Mon cher ami, j'ai reçu votre lettre datée du 28 courant et contenant un bon à vue, à mon ordre, de fr. 400, daté du 29 et endossé le 30.

Ainsi que je vous l'ai dit dans ma dernière, je vous ai fait cette demande à titre *d'avance* ou *prêt*, n'osant pas en ce moment fournir coup sur coup sur MM. Garnier frères, auxquels je promets depuis longtemps un manuscrit que je n'envoie pas.

Il est bien entendu que vous serez couvert par moi en la forme accoutumée, c'est-à-dire par des *reçus* adressés à MM. Garnier ; seulement je resterai un peu plus longtemps votre débiteur.

Les années 1858, 1859 et 1860 seront pour moi calamiteuses : la première par ,la condamnation de mon livre et par mon exil volontaire, la seconde par la maladie, et la troisième par la réimpression de mon livre condamné, réimpression qui me prend un temps considérable et me procurera fort peu de chose. Mais, je vous le répète, il le faut ; dans dix ans, mon livre rentrera en France, et plus tard il se lira encore.

Je n'ose plus tant vous féliciter de la prospérité de vos affaires, comme je le faisais autrefois ; j'aurais l'air maintenant de prêcher pour mon propre intérêt et de

vous adresser une manière de remerciement. Voilà ce
que c'est que de recourir à l'obligeance de ses amis; le
sentiment, n'étant plus aussi désintéressé, n'est plus
le même. Je ne ménagerai rien, je vous le proteste,
pour me rétablir vis-à-vis de vous sur le pied d'une
plus parfaite égalité; mais, en ce moment, j'ai cédé à
un besoin réel que vous-même, j'en suis certain,
m'eussiez reproché de vous dissimuler.

Je n'espère pas plus que vous des petits moyens de
nos ex-hommes d'État, pas plus que de la petite coalition orléano-démocratique. Il n'y a ni assez d'intelligence ni assez de vigueur d'aucun côté. L'orléanisme
dont les chances se faisaient belles, a donné la preuve
de sa pauvreté politique en se rapprochant du Saint-
Siége et chantant plus haut que les autres la gloire de
l'annexion (qui nous coûte déjà *cinq à six cents millions*).
En ce moment, je crois entrevoir que ce même parti de
prétendus sages laisse user tout à fait l'idée républi-
caine, afin d'avoir, le cas échéant, moins de concessions à faire à la liberté. Ils se glorifient, j'en suis sûr,
de tenir ainsi d'une main le parti du désordre, et de
l'autre d'être prêts à saisir le gouvernement. Ce serait
beau, en effet, d'avoir enterré simultanément et la
République et l'Empire. Mais ils se font gravement
illusion : à la première éclaircie, le monde sera étonné
du chemin qu'ont fait les idées nouvelles.

Du reste, tout marche à cet unisson, je n'en excepte
pas même les Mémoires de Guizot.

Travaillez, faites des affaires, gagnez des millions ;
vous viendrez nous voir quand le médecin vous l'or-
donnera.

Tout vôtre.

P.-J. PROUDHON.

Ixelles, 2 juillet 1860.

A M. PENET

Mon cher ami, vous avez toute espèce de torts envers moi et je le prouve, d'abord, par votre lettre du 29 expiré.

Puisque vous m'appelez votre ami, et que je le suis, comment pouvez-vous, pendant trois mortelles pages, vous lamenter sur l'offense, de vous inconnue, qui a pu vous faire perdre mon amitié ? Est-ce qu'un homme qui aime a de ces idées-là ? Est-ce qu'avec un peu de caractère, parlant à un homme de quelque caractère, vous deviez en être à demander de pareilles explications ? On suppose tout plutôt que d'admettre la possibilité d'un refroidissement ou d'une infidélité.

Je vous accuse ensuite d'un autre tort non moins grave, c'est, lorsque vous vous êtes aperçu que je ne répondais pas à votre dernière lettre, dont j'ai oublié la date, de ne m'en avoir pas adressé une seconde, puis une troisième, dans lesquelles, au lieu de me demander une réponse à la première, vous eussiez continué à me parler de vous, de votre fils, et de tout ce qui vous intéresse. Pourquoi vouloir que nos lettres s'entre-croisent et se répondent avec l'exactitude des demandes et des réponses d'un questionnaire. En vous arrêtant à la première, vous vous êtes fait à vous-même une peine de cœur, et vous m'avez fourni le prétexte de vous dire aujourd'hui que vous n'êtes pas encore tout à fait pour moi un bon et véritable ami, mais un excellent homme qui meurt d'envie de le devenir.

Voyez ce que.c'est que d'être susceptible et d'avoir le cœur trop tendre, avec un esprit aussi retors que le mien ! En dernière analyse vous voilà confondu.

Cependant, afin de ne pas vous laisser tout seul dans la peine, je veux bien vous dire que je n'ai pas tout à fait raison non plus, et que si vous vouliez être aimable, comme vous savez l'être, après avoir entendu ma confession, vous m'absoudriez de mon péché, et ne m'en parleriez plus.

Ces trois années, 1858, 1859 et 1860 sont pour moi désastreuses; et quand je souffre ou geins, j'ai l'habitude de n'en parler à personne et de ne rien répondre à qui m'interroge. Ce n'est pas parfaitement raisonné. Mais tel est mon tempérament sauvage, misanthropique et bourru.

En 1858, j'écris et je fais imprimer une brochure; quand l'impression est terminée, je n'en suis plus content et la supprime; c'est une perte d'un millier de francs. Après quoi je tombe malade et garde le lit trois mois.

En automne, la même année, c'est le tour de ma femme et de mes deux filles; la scarlatine s'abat chez moi; la plus jeune de mes filles a été aux portes de la mort; elle n'est pas encore radicalement guérie, elle ne le sera, me dit-on, que vers l'époque de la puberté. La mère a été non moins éprouvée; chez elle la maladie a subi, comme chez l'enfant, plusieurs transformations,

si bien que pendant plus de six semaines j'ai eu sous
les yeux la fièvre scarlatine, la paralysie, l'épilepsie, le
rhumatisme suraigu, polyarthritique, erratique, et je
ne sais encore combien d'autres monstres gréco-latins,
dont les noms sont consignés au dictionnaire de médecine.
Ma femme n'est pas guérie : elle travaille comme un
forçat; c'est à peu près son unique remède et toute sa
consolation. Pendant que j'avais mes malades dans
deux lits, je faisais le service de cuisinier, infirmier,
femme de ménage, et, je l'avoue, j'oubliais tous les
amis. Sans doute, cela a eu une fin; j'ai, depuis le commencement de l'année, repris mes occupations; mais
j'ai commencé de contracter une habitude déplorable,
c'est de ne plus répondre aux trois quarts des lettres
qui me viennent.

En ce moment, je suis occupé de la réimpression de
mon livre condamné, qui paraît en douze livraisons,
avec de nombreuses et larges corrections, augmentations, etc. Cela me prend tout mon temps et ne me
rapportera presque rien, parce que l'ouvrage n'entre
pas en France. Mais il le faut : cet ouvrage, revu, élu-
cidé, amélioré, joint à tout ce que j'ai de meilleur et
ferai plus tard, est l'œuvre de ma vie; c'est moi-même.

Je ne vous parle pas de la mort d'un frère qui laisse
une veuve et deux garçons à peu près sans ressources,
ni de quelques autres petits désagréments. — Vous
savez qu'à l'occasion de l'amnistie, le gouvernement de
l'empereur a jugé à propos de m'exclure, si bien que,
d'après les renseignements qui me sont parvenus, j'ai
lieu de me croire aujourd'hui en butte à l'animadversion particulière de Sa Majesté et de ses ministres.

Voilà, cher ami, un croquis de mes tribulations,
dont la plus grande, je vous supplie de le croire, est

encore pour moi la négligence où je tombe vis-à-vis de mes meilleurs amis. Vous n'êtes pas le seul qui ayez à vous plaindre de moi. Mais qu'y puis-je ? Je travaille avec lenteur; je suis cloué du matin au soir sur mes corrections et mes rédactions; quand vient le soir, j'ai besoin de respirer, et la correspondance m'achève. Si je me laissais aller aux lettres, trois jours par semaines n'y suffiraient pas; alors que deviendrait mon ménage? qui nourrirait ma femme et mes enfants ?

Cependant ma santé s'est assez bien rétablie. Je travaille beaucoup; j'ai amassé d'excellents matériaux, dont j'aurais déjà fait part au public français, sans cette malheureuse réimpression qui me mange tout mon temps. Mon intention est de tenter encore une fois la fortune de la librairie. Si le public me fait accueil, je poursuivrai mon œuvre; sinon je briserai ma plume et chercherai un emploi quelque part dans les affaires.

Voilà, cher ami, ma position et mon histoire. Si vous le pouvez, sans vous gêner, accusez-moi réception de ma lettre, et dites-moi beaucoup de choses de vous, de votre famille, de l'état des affaires et de ce qui se passe.

Je tâcherai de me relever du péché d'inexactitude. Si vous étiez à Paris, cela irait mieux : je mets toutes mes lettres dans un même paquet, à l'adresse d'un ami qui en fait la distribution. Comme c'est à Paris que j'ai affaire, je suis bien forcé d'écrire; alors un carré de papier sous l'enveloppe ne semble pas me coûter. Mais Lyon, Dijon, la Franche-Comté, Bordeaux, Toulon, tous les lieux où j'ai des amis, sont négligés et j'en suis très-malheureux.

J'oubliais de vous remercier de la lettre de recommandation que vous m'avez fait parvenir pour un personnage de la cour du roi Léopold. N'ayant pas eu besoin d'en faire usage, j'ai cru qu'il n'y avait non plus lieu pour moi de me présenter à ce monsieur, dont je n'ai par conséquent pas la moindre connaissance.

Je n'ai du reste pas à me plaindre de l'hospitalité belge. J'ai été parfaitement accueilli de plusieurs citoyens honnêtes, dont l'amitié m'est précieuse et qui se sont empressés de mettre leurs bibliothèques à mon service. Il reste aussi quelques Français à qui leur situation de fortune a permis de ne pas profiter de l'amnistie, et qui continuent d'habiter la Belgique, où ils ont trouvé à utiliser leurs talents. Naturellement, mes prédilections sont à ces braves compatriotes.

En somme, ma condition serait tolérable si je parvenais à tirer parti de mes études, ce dont je ne désespère point encore. Une seule chose m'énerve et me mine, c'est de voir le travail de décomposition qui se fait dans la nation française. Jamais, je crois, peuple ne fit preuve de moins de dignité et d'une plus profonde ineptie. Après toutes ces tragi-comédies de Crimée, de Lombardie, d'annexion, etc., voici que le journal d'hier me raconte les prouesses de *deux ou trois mille orphéonistes* qui sont allés à Londres régaler de leurs talents nos voisins les Anglais. La France est représentée maintenant par des *chanteurs !* A Paris, des centaines de milliers de curieux vont voir la chapelle ardente du prince Jérôme. Est-ce qu'il y a l'étoffe de Citoyens dans cette race-là ?...

Mais je m'aperçois que je retombe dans mes amertumes. Ce que je viens de vous dire vous donne le secret de mon humeur taciturne : j'assiste à la décadence de ma nation; j'en mourrais bientôt de chagrin, si je ne trompais ma douleur par le travail.

J'ai lu votre lettre à ma femme. Elle m'a bien grondé

et elle m'enjoint de vous bien assurer qu'elle n'est pour rien dans ma négligence.

Bonjour et santé, cher ami, mettez-moi aux pieds de tous les vôtres.

Tout à vous.

P.-J. Proudhon.

Bruxelles, 4 juillet 1860.

A M. MAURICE

Mon cher Maurice, j'ai bien tardé de répondre à votre affectueuse et obligeante lettre du 9 juin, la dernière que j'aie reçue de vous. Je suis, pour le moment, tellement écrasé, ennuyé, que je n'ai de courage à rien et que les forces me manquent par moments pour ma besogne quotidienne.

Je vous remercie d'abord de tout ce que vous avez fait déjà pour la liquidation de mon frère; j'ai reçu des lettres de Burgille, j'y ai répondu et je viens d'écrire encore.

Je vous remercie des renseignements que vous m'avez donnés sur les derniers moments du père Proudhon. J'espérais qu'il tiendrait bon contre les prêtres jusqu'à la fin; la décrépitude lui a ôté ses moyens. Beau triomphe pour l'Église que la conversion d'un défroqué, tombé en enfance à quatre-vingt-quatorze ans. J'aurais voulu savoir cependant quelle impression a produite dans la ville et parmi les frères maçons cette réconciliation *in extremis?* A-t-il joui des honneurs de l'Église et de la franc-maçonnerie? Si vous voyez notre vénérable Pernot, informez-vous donc pour moi. Et si M. Pellicier a recueilli les papiers du défunt et qu'il en puisse détacher quelque chose qui intéresse un amateur de curiosités révolutionnaires tel que moi, je lui serais obligé de m'en faire part. Le père Proudhon avait promis de me léguer, avec ses papiers, ses portraits de famille. Je n'ai pas de place pour ceux-ci; mais j'aurais peut-être quelque chose à tirer de vieilles paperasses.

La mystification éprouvée par Faine est de bon exemple. Il faut la porter à la décharge de la conscience du défunt.

Je suis toujours occupé de la réimpression de mon livre. Si vous alliez à Genève ou Lausanne, vous en trouveriez chez quelque libraire; cette édition, *augmentée et corrigée*, vaut 50 % de plus que la première. Il y aura au moins la valeur d'un volume d'augmentation. Elle ne me rapportera presque rien, mais j'ai dû la faire; on la cliche, et j'espère que dans quinze ou vingt ans on lira encore cet ouvrage, plein de choses neuves, bien écrit, et que mes enfants y retrouveront quelque bénéfice.

J'ai d'autres manuscrits que je prépare pour Paris. Mais les Garnier frères ont autant de peur que d'envie de m'imprimer, et je suis occupé à trouver un moyen qui les rassure et me permette de faire ma rentrée.

Le public français devient de plus en plus dissipé, inintelligent et mauvais. La nation change en mal à vue d'œil.

Le gâchis européen augmente tous les jours, autant et plus par la faute des gouvernants, tous déroutés, que par celle des populations, qui n'ont plus ni mœurs ni

principes. Mon cher ami, nous vivrons encore assez
l'un et l'autre, je le crois, pour voir énormément de
mal.

Mes respects à Mlle Maurice.

Tout vôtre.

P.-J. Proudhon.

Bruxelles, 17 juillet 1860.

A M. GOUVERNET

Mon cher Gouvernet, j'ai appris d'Arles la mort de notre malheureux de Jonquières : il a rendu le dernier soupir le 28 juin. Encore un vide dans nos rangs; encore un brave cœur de moins. Ils s'en vont les bons, et comme je ne suis pas en position de juger si de nouveaux les remplacent, je reste avec ma douleur sans compensation.

J'ai reçu la vôtre du 9 juillet.

Garnier frères m'ont écrit; ils ne veulent pas se risquer à publier rien de moi, bien que je leur propose de soumettre mon manuscrit à un conseil de censure; ils ne croient même pas que je trouve un imprimeur. J'écris à ce sujet à Duchêne; tâchez de le voir.

Si je pouvais trouver à Paris *imprimeur* et éditeur, j'irais frapper à la porte de la rue Saint-Sébastien, 52, pour les fonds, et je ferais ma rentrée dans la publicité parisienne.

La Belgique est dans une grande fermentation. Les manifestations commencent contre les *annexions;* en résultat, je puis vous dire que les traîtres seraient fort peu nombreux et que la très-grande majorité du pays crache sur la France impériale. Parmi les villes les plus montées contre l'envahissement français, il faut noter Liége, capitale du pays wallon, ville que l'on répute d'ordinaire la mieux disposée pour nous.

La raison en est simple : Liége est une ville plus que monarchique constitutionnelle; c'est une ville quasi-républicaine. Il ne faut pas parler de la Flandre qui, par sa population et son territoire, forme les deux tiers de la Belgique : la Flandre est énergiquement anti-française.

Les places que l'on suspecte sont Mons et Char-leroi; en un mot le Hainaut. Cette suspicion se fonde sur ce que l'industrie minière et métallurgique croirait peut-être avoir intérêt à l'annexion; mais ce n'est qu'un raisonnement. Il n'y a pas de preuves suffi-santes.

Du reste, le cordon sanitaire se forme au dehors contre le débordement du bonapartisme ; toute l'Alle-magne est prête à se lever comme un seul homme et à suivre le prince de Prusse. L'Autriche suivrait, la Russie également, et l'Angleterre par derrière.

Voilà où nous en sommes.

Quant à l'Italie, toutes les affaires sont enrayées. Les Toscans ne veulent pas de la conscription;

Les Siciliens repoussent le service militaire;

La bourgeoisie italienne ne prête ni ne souscrit pour le million de fusils; tel Anglais a plus donné à lui seul que toute la ville de Florence; le paysan lombard, romagnol, etc., se moquent des citadins et de Victor-Emmanuel; la France ne veut pas de l'unité; le Pape se réconforte, etc.

En résumé, l'affaire de l'émancipation, faite par un autocrate, ne pouvait réussir, et les Italiens portent la peine de leur faute.

A vous de cœur.

P.-J. PROUDHON.

Bruxelles, 23 juillet 1860.

A M. GOUVERNET

Mon cher ami, voici une pacotille de lettres ; mais j'ai beau faire, plus j'écris, plus il me reste à écrire. Je vais au plus pressé ; le reste attend, quelquefois n'arrive plus.

Avez-vous vu M. Boutteville, rue de Tournon, 17 ?

Depuis longtemps j'oublie de vous demander des nouvelles du docteur qui ne m'a pas encore, que je me souvienne, envoyé sa nouvelle adresse.

Avez-vous enfin des nouvelles du voyageur ? Vous pouvez lui dire que tous ses vœux seront remplis, et s'il ne devait faire le voyage de Bruxelles que pour presser les expéditions, ce serait de sa part tout à fait inutile. Qu'il nous réserve sa visite pour le temps froid, quand il fait bon cuisiner, bon manger, bon boire et bon dormir. Je lui promets une des plus fines bouteilles de Bordeaux qui se puisse offrir à un palais de commis-voyageur.

Insensiblement, la situation générale se dessine : l'Europe entière est foncièrement amoureuse de la paix et elle préfère les affaires à tout. Comme le seul perturbateur du repos public est actuellement Sa Majesté

Impériale, le cordon sanitaire se forme autour de lui : Autriche, Prusse et Allemagne, Angleterre, Belgique, Hollande, Suisse, Espagne, Portugal, la Russie même, tout est hostile. Je ne dis pas que la coalition soit reformée ; mais on est las de ce tapage et l'on s'irrite. A la première insolence, tout se ruerait sur nous en masse.

Certes, Napoléon III voudrait bien pouvoir ralentir le mouvement italien qui menace de gagner la Hongrie et la France, mais il est tenu en respect par la crainte de l'opinion qui, en France, est toute favorable à l'Italie.

Que de maladresses ! Que de mécomptes ! Et tout cela pourquoi ? Dans quel but ?... Comme si l'ère des conquêtes n'avait pas fini à Napoléon Ier !...

Maintenant, nous allons partir pour le Liban sauver nos *frères* les Maronites. Or, notez que les Maronites sont deux fois plus nombreux que les Druses, qu'ils ont été les agresseurs, que les Druses ne sont pas mahométans, que tout le mal est arrivé malgré la Porte, etc. N'importe, il faut chasser les Turcs : c'est maintenant le refrain. Belle réclame auprès de l'Église !

Adieu, je vous serre la main.

P.-J. Proudhon.

Ixelles, 23 juillet 1860.

A M. CHARLES BESLAY

Mon cher ami, vous ne voulez pas même que je vous remercie. C'est certainement d'une grande générosité à vous et d'une vraie amitié, mais il faudrait pour cela que vous pussiez m'ôter en même temps le sentiment du service que vous me rendez, ce que, dans l'immensité de vos affaires, dans la sécurité de vos succès, vous ne soupçonnez seulement pas.

Je vous ai dit que ces trois dernières années, 1858, 1859, 1860, étaient pour moi désastreuses : la première, par la condamnation de mon livre qui me force à l'exil, à un déménagement onéreux, et me prive du produit légitime, assuré, d'un grand travail ; la seconde, par les maladies et la perte sèche d'un millier de francs, causée par une tentative de publication que j'ai dû supprimer ; la troisième, par la réimpression de mon ouvrage, réimpression qui me coûte un temps considérable, et ne me rendra, au moins quant à présent, que fort peu de chose. Ce que je fais en ce moment, je l'ai dû faire pour l'honneur de mon ouvrage, pour le temps même où il pourra se revendre publiquement en France et rentrer dans la circulation. Il y a là une foule de choses qui, je le crois, resteront, et qui, par conséquent, feront durer le livre : ce sera peut-être un petit patrimoine pour mes enfants.

Puis, je suis dans un autre embarras. Il est évident que la publicité étrangère, le marché étranger, veux-je dire, ne me suffit pas. Il faut que je me remette à publier en France même. MM. Garnier frères m'y invitent, mais ils n'osent se charger d'un manuscrit que je leur propose; ils me disent de le faire imprimer à Bruxelles, et qu'ensuite on l'introduira en France *si le gouvernement de l'empereur le permet*. Moi, qui me méfie du gouvernement de l'empereur, je réponds qu'il faut imprimer à Paris, et j'offre de soumettre mon travail à un conseil de censure, afin qu'on voie quels retranchements je devrai avoir à faire. Rien ne peut rassurer ces messieurs, qui persistent dans leur système.

Je serai peut-être obligé de m'adresser à un plus hardi, ou bien de chercher un éditeur *homme de paille* et de faire moi-même les avances de l'impression. Mon travail est un livre de *Droit*, en-dehors de la politique, de la religion, et de tout ce qu'il n'est plus permis de discuter aujourd'hui : c'est absolument comme un traité de métaphysique ou un essai de critique littéraire.

Une fois le premier pas fait, naturellement j'en ferai d'autres, et peut-être, quoique absent et en restant dans la pure philosophie et la pure littérature, trouverai-je moyen de ne pas passer tout à fait pour mort aux regards de mon ancien public. J'ai prié Duchêne de voir s'il pourrait me trouver un éditeur et de se consulter à cet effet avec notre ami Chaudey. La chose ne presse point; j'ai à terminer ici ma réimpression, puis à rédiger un travail pour le concours de Lausanne : cela fait, je prendrai une résolution définitive.

Ah ! cher ami, que n'êtes-vous entrepreneur de librairie, comme de photographie et d'étamage ! Vous n'auriez pas peur pour avoir été échaudé une fois, et vous croiriez à ma parole d'ami quand je vous dirais que mon livre n'offre pas le moindre danger.

Lebègue me demande des articles pour sa *Revue;* enfin, le travail ne me manque pas, les matériaux abondent, la tête est bonne. Mais je suis dans une mauvaise passe, et si l'on ne m'aide à en sortir, je serai obligé de donner ma démission d'écrivain et de chercher un emploi dans les affaires. Je le regretterais, je vous l'avoue, car enfin mon indépendance m'est précieuse; puis je regarde mon œuvre comme non encore achevée, et comme je ne vois personne qui s'en veuille charger et la poursuivre, je me dis que, même au point de vue du gain, il y a là une petite mine à exploiter dont je possède à peu près seul la concession. Pas de concurrence à craindre pour moi et de longtemps.

Soignez votre mère et donnez-lui tout le temps que vous mettriez à un voyage à Bruxelles. Je sais par expérience combien l'amour pour les vieux parents augmente à mesure qu'on les voit vieillir, et je m'en voudrais de vous ôter une seule des minutes qui lui sont dues et qui pour vous sont si douces. Redoublez, redoublez donc vos voyages : vous ne pouvez pas désormais avoir de plus grande volupté que d'embrasser votre mère. Si la mienne eût vécu, je ne me serais jamais donné de famille.

Le succès de vos autres affaires me console un peu de l'état où est votre procès suisse ; mais, quand vous aurez du temps à y donner, achevez-moi encore cette liquidation et bousculez un peu avocats, juges et parties.

Derré est un excellent cœur et une tête malade. C'est

un des signes du temps. L'esprit humain souffre ; tout ce qui a quelque délicatesse d'âme, quelque lueur d'intelligence, est en peine ; il n'y a de ressource contre ce tourment que dans un travail opiniâtre ou une complète imbécillité.

Salut bien cordial à l'excellent ami Huet. J'avais, il y a déjà longtemps, commencé pour lui une longue lettre que j'ai supprimée, faute de temps et de courage pour l'achever. Puisque l'occasion s'en présente, serrez-lui la main. Tôt ou tard, je l'espère, nous rétablirons nos relations. J'aime bien Huet, et ma femme aime encore plus Mme Huet.

Mes filles vont bien ; Stéphanie a toujours un léger tremblement à la main gauche. La mère n'est pas guérie ; la semaine dernière, elle a encore passé d'atroces journées de rhumatisme névralgique. Elle fait comme moi, elle travaille comme une furie.

Je ne suis pas pressé pour cette fin de mois, grâce à vous ; vous en userez comme il vous plaira pour le suivant. Voulez-vous que je vous envoie mes manuscrits en gage?...

Tout vôtre.

P.-J. PROUDHON

Bruxelles, 23 juillet 1860.

A M. GUSTAVE CHAUDEY

Mon cher ami, je viens en consultation auprès de vous.

MM. Garnier frères, de plus en plus effrayés de l'attitude du gouvernement à l'égard de la presse, refusent de se charger de la publication à Paris d'un manuscrit que je leur destine; ils exigent que je le fasse imprimer pour leur compte à Bruxelles, après quoi on l'introduira, avec la permission du gouvernement, bien entendu, mais au moins sans danger.

La loi de 1810 mettant à la discrétion du pouvoir la permission d'introduire, je crains, moi, que la permission ne soit purement et simplement refusée, et j'insiste pour l'impression à Paris, offrant de soumettre mon manuscrit à un conseil de censure. MM. Garnier refusent absolument.

Je songe donc à chercher, pour cette fois, un autre libraire; mais il est un moyen qui m'irait encore mieux, ce serait de trouver un *éditeur de paille*, comme l'on dit, quelqu'un qui voulût pour moi se charger nominalement d'éditer, comme cela est, je crois, facultatif à tout citoyen. On mettrait sur la couverture : Se

vend *chez l'éditeur* et CHEZ TOUS LES LIBRAIRES. Il va
sans dire que les frais me regarderaient.

Il était autrefois permis à tout auteur de se faire
l'éditeur de son propre ouvrage : c'est ce qu'a fait récemment Michelet pour son livre sur *l'Amour*. Il me
semble également, mais je n'en suis pas sûr, et c'est
sur quoi je vous demande avis, que tout le monde, le
premier venu, sans brevet de libraire, a le droit
d'éditer, de vendre *chez lui* et par l'entremise des
libraires. Cette manière d'arriver à la publicité est celle
qui me conviendrait le mieux, à défaut du concours
des frères Garnier, d'autant qu'il ne s'agit que de les
guérir de leur panique et que je ne me soucie point de
les remplacer.

Voilà, cher ami, sur quoi j'aurais besoin d'être édifié
par vous. Du reste, je puis vous le dire, mon ouvrage
est un ouvrage purement littéraire ou plutôt de Droit.
Je vous enverrais le manuscrit en communication, et
vous seriez mon premier témoin.

Ma réimpression avance lentement : j'achève la révision de la neuvième Étude, une des plus difficiles par la
nature de la question ; près de vingt pages ont été
ajoutées ou complétement refaites. Mon ouvrage avait
besoin de toutes ces améliorations qui, j'espère, seront
les dernières. En somme, je suis content de mon
œuvre, tout en regrettant la première édition, pleine de
négligences, d'obscurités, de défaillances, œuvre de
malade, enfin, vous vous en souvenez.

J'ai en même temps à mettre au net un petit travail
pour le concours ouvert par le canton de Vaud, après
quoi je reviendrai sérieusement à de nouvelles et plus
grandes études. Mais il me faut la publicité parisienne
à tout prix, et, sans qu'il se mêle à ma résolution ni

peur, ni faiblesse, je puis dire que j'ai eu mon dernier procès de presse. Je n'ai plus besoin de courir cette chance.

Je continue à recevoir le *Courrier*. L'avant-dernier numéro contenait encore quelque chose qui m'a fait peine, c'est l'espèce de réclame faite aux *orphéonistes*. Voilà où en est réduit le peuple français ! Pour toute manifestation en un temps pareil, on envoie trois mille soi-disant artistes donner une sérénade aux Anglais, et ils n'osent pas même chanter la *Marseillaise!* Ils étaient *trois mille!*

J'aime mieux ce que le *Courrier* dit des Maronites. La mode est de tomber sur les Druses et d'attaquer les Turcs ; mais ces *chrétiens* valent-ils mieux? Encore une manifestation catholique pour le gouvernement!...

Pour le surplus, je sais bien, cher ami, que le *Courrier* est obligé à bien des concessions, à bien des précautions ; je ne doute même presque pas que la *résignation à la légalité impériale*, qui fait le fond de votre tactique, ne soit aujourd'hui tout à fait de saison. La France est si bas tombée que je doute qu'elle se relève jamais. Ce qui se publie par les Simon, les Villemain, etc., est frappé au même coin. Mais, tout en vous rendant justice, je n'en suis que plus désolé : c'est fini de la France de 89 et bien fini. Il n'y a que la banqueroute, l'invasion, le choléra, la famine et tous les fléaux qui puissent nous délivrer. Et encore!...

Avant-hier, lundi, grande manifestation anti-française en Belgique. Le mouvement a très-bien pris ; la haine de l'Empire est très-vive : Bruxelles, Gand, Anvers, Liége, Namur, se prononcent énergiquement. On soupçonne Mons, Charleroi, tout le Hainaut : je crois qu'il y a calomnie. On rend mal à propos la population *hainuyère* solidaire des intérêts houillers (la plupart parisiens). L'éveil est donné, les *nationalités* vont se prononçant : c'est tout le fruit qu'on aura retiré de ce principe si hypocritement évoqué par Napoléon III lors de la campagne d'Italie.

L'Allemagne tout entière est furibonde ; la haine de l'empereur, le mépris de la France sont au comble. Si le prince régent de Prusse obéissait à l'impulsion nationale, la guerre serait dès longtemps déclarée. On est profondément irrité de cette insolence française qui force, par ses armements, l'Europe à se tenir en armes et à se ruiner par la crainte d'une subite attaque. Tout ce que Napoléon III a perdu dans l'opinion, le prince régent de Prusse l'a conquis. L'Autriche se rapproche de celui qu'elle regardait comme un compétiteur et un rival, et vous pouvez juger par l'ivresse que vient de provoquer en Belgique le roi Léopold, par les paroles du prince Albert, par le mécontentement des Suisses, par l'attitude de la Russie inquiétée par la Pologne, qu'à la première insolence du gouvernement français une coalition serait vite formée.

Je suppose que vous savez ce qui s'est passé à Nice il y a quelques semaines. Insurrection contre la France, des postes forcés et désarmés, les annexionistes poursuivis et menacés de mort, les membres du conseil municipal en ce moment même forcés de donner leur démission. Tristes conquêtes, ou plutôt tristes acquisitions. Nous ne les conserverons pas ; le régime impérial n'est pas fait pour consoler les douze mille voix qui, dans le Chablais et le Faucigny ont voté comme un seul homme ; et ce n'est pas quand Garibaldi enthousiasme l'Italie que les Niçards apprendront à aimer leur nouvelle famille.

Donnez-moi de vos nouvelles, et songez qu'en l'absence de mes amis et en présence de l'abaissement de ma patrie ma désolation est double : *Tristis est anima mea usque ad mortem.*

Amitié à tous les vôtres.

P.-J. PROUDHON.

Bruxelles, 23 juillet 1860.

A MM. GARNIER FRÈRES

Messieurs, pourquoi refusez-vous de vous charger
de l'impression de mon ouvrage à Paris? Car, enfin, il
faut bien qu'un jour ou l'autre je me remette à publier
à Paris, non à l'étranger, ce qui sortira de ma plume.

Avez-vous un avis positif du gouvernement qui vous
le défende? Je vous prierais de me le faire savoir.

Est-ce, au contraire, par méfiance de ma pensée
toujours un peu passionnée, trop énergique, trop auda-
cieuse, que vous en usez ainsi avec moi? Dans ce cas,
je vous ai proposé un conseil de censure qui prendrait
connaissance de mon travail et vous dirait s'il y a ou
s'il n'y a pas risque pour vous.

Dans le cas, enfin, où, sur votre refus péremptoire,
je serais obligé de chercher un autre éditeur, un *éditeur
de paille*, comme l'on dit, qui vendrait pour moi *à son
domicile* et CHEZ TOUS LES LIBRAIRES, est-ce que, comme
tout autre libraire, vous refuseriez de prendre cet
article? Votre avant-dernière lettre semble le dire,
cependant je ne vois pas en quoi vous pourriez être
recherchés pour avoir mis à votre étalage, en même

CORRESP. X.

temps que les autres libraires, un ouvrage de M. Proudhon sur lequel votre nom ne se trouverait pas.

Lorsque, sur le conseil de M. Sainte-Beuve, vous me proposiez de faire de la *critique littéraire*, il est évident que dans votre pensée il n'eût point été question, pour des publications de cette nature, d'imprimer à Bruxelles. Vous eussiez été parfaitement rassurés par la nature même du contenu. Eh bien ! messieurs, ce que je vous propose est de la littérature, ou, si vous aimez mieux, du *droit pur*, un véritable article fait pour la librairie Ladrange.

Remarquez, d'ailleurs, que ce travail est fait depuis longtemps, qu'il était fort avancé quand vous me parlâtes de critique littéraire, et que je ne puis pas consentir à le perdre. S'il y a quelque chose de plus inoffensif encore que la littérature, c'est le *droit*. D'où pourrait donc venir encore votre méfiance ?

J'ai chargé un ami de se renseigner auprès de mon avocat sur ce qui concerne la publication d'un livre par un *éditeur* libre ; je préférerais ce mode, si je devais me passer pour cette fois de votre concours, à l'ennui de chercher un autre libraire. Pendant que je me renseigne de ce côté, j'achève ma réimpression ; je rédigerai en outre un petit travail pour le concours du canton de Vaud, après quoi je m'occuperai sérieusement de mon livre. Je ne me résignerai à l'imprimer à Bruxelles qu'à la dernière extrémité.

Je vous salue, messieurs, bien cordialement.

P.-J. PROUDHON.

Bruxelles, 24 juillet 1860.

A M. MAURICE

Mon cher Maurice, votre dernière lettre m'a plus embrouillé qu'elle ne m'a apporté de lumière. Ce n'est pas votre faute, mais la mienne, qui, tout entier à mes occupations, ne comptant que sur mon travail, ai depuis longtemps oublié ces affaires de Cordiron, Lantenne et Burgille, ne m'en souciant qu'autant qu'il pouvait y aller de vos propres intérêts. Vous comprenez cette négligence de ma part; mon frère m'a toujours plus coûté que ma part d'héritage ne m'eût rapporté jamais; le plus court pour moi était de lui laisser le tout, bien heureux encore si j'eusse pu en être quitte à ce prix.

Je crois vous l'avoir dit, ces trois années seront pour moi mauvaises; mais je travaille, j'amasse des matériaux, j'ai des manuscrits prêts pour l'impression, et mon livre réimprimé avec d'innombrables et immenses corrections, vaut 70 % de plus. Ce sera quelque jour pour mes filles un petit héritage; car tôt ou tard il rentrera en France, et dans vingt ans il se vendra comme aujourd'hui. Avant la fin de l'année, je l'espère, il y aura un nouveau tirage.

Mon estampille d'écrivain n'est pas usée, et ce que je pourrai faire sera toujours d'autant mieux accueilli que l'ordre d'idées, la méthode critique que j'ai inaugurés en France sont devenus un besoin pour le public et que je ne rencontre pas de concurrence. Dernièrement un entrepreneur d'affaires parisien disait encore que si j'étais là il m'offrirait bien 20,000 francs par an pour lui faire un *bulletin de la Bourse*. On a besoin aujourd'hui de probité encore plus que de talent, et j'ai heureusement la réputation d'un homme probe.

Mon cher ami, je ne périrai pas, je me relèverai au contraire, et vous aurez quelque jour la joie de me voir tel que vous me souhaitez depuis longtemps; mais il y avait pour cela du chemin à faire, bien des luttes à soutenir, bien des défaites à subir. J'en suis hors; le plus difficile est fait; on ne jette pas impunément dans le monde des flots d'idées dans un style enflammé comme le mien; ce qui est arrivé était inévitable, et je me tiens heureux de n'avoir pas éprouvé pis. Maintenant, je vous le répète, c'est fini : les principes courent le monde, l'homme est connu, l'écrivain jugé; il y a pour moi un public; c'est comme si vous disiez un petit monopole, une concession de mine ou brevet. Si depuis quinze ans j'avais vécu sous un gouvernement intelligent, on eût encouragé le développement de ma pensée; je n'aurais attaqué personne, un grand pas serait fait, il n'y aurait contre moi ni méfiances gouvernementales ni irritations d'amour-propre. Il m'a fallu marcher sur tout le monde, frapper les célébrités, me ruer sur les puissances. Que voulez-vous? Rien de plus libre, en apparence, que l'homme qui tient une plume, et rien parfois de plus esclave de la fatalité.

Allons! croyez-moi, cinq ou six bonnes années de

travail, et je suis au-dessus. L'année ne se passera pas sans que je publie, à Paris, quelque chose. Vous verrez alors.

Je ne compte pas rentrer moi-même en France avant la prescription de mon jugement; c'est une période de trois années encore à courir. Du côté du gouvernement impérial, je n'attends rien; mon exclusion de l'amnistie a été voulue par trop de gens, y compris l'empereur, et, dans ce moment, les additions que je fais à mon livre sont trop peu faites dans le but de me concilier la clémence pour que je compte sur un changement de politique à mon égard. Subissons notre sort, c'est le plus simple et le plus honorable.

Du reste, je commence à prévoir la fin de ce régime. Malgré la lassitude profonde de notre pays, l'espèce de terreur qui plane encore, la désaffection marche partout. Napoléon III est jugé, compris. Depuis qu'il est le maître, il a fait faute sur faute; toute l'Europe est indignée; la Belgique fait des manifestations, le gouvernement en tête, contre lui; l'Allemagne est furieuse; la Prusse et l'Autriche sont réunies. La Suisse, la Hollande, l'Italie même, tout est mécontent. On le surveille en Orient; bref, il ne peut plus guère, si tant est qu'il puisse encore quelque chose. Forcé bientôt, je l'espère, de compter avec l'opinion, il faudra bien qu'il change de régime ou qu'il disparaisse.

Bonjour, cher ami.

P.-J. PROUDHON.

Ixelles, 28 juillet 1860.

A M. VICTOR PILHES

Cher ami, j'ai reçu vos deux lettres, l'une venue par Cologne, l'autre directement de Paris par la poste. Celle-ci a été taxée deux fois, c'est-à-dire que le premier timbre à 20 centimes a été annulé pour insuffisance, et que j'ai dû payer un deuxième port à 40. — Ainsi, une autre fois, ou ne payez rien ou ayez l'obligeance de mettre un timbre de 40 centimes. En tout cas, comme je connais votre écriture, vous n'avez point à craindre que vos lettres soient rejetées par moi faute d'affranchissement.

Quoi ! cher ami, vous voulez que j'aille à votre noce ! Morbleu ! je ne demanderais pas mieux ; mais le moyen que vous me conseillez me répugne et est d'ailleurs impraticable. On peut accorder un sauf-conduit à un banni sans jugement, à un proscrit, mais à un réfractaire, à un homme qui s'est soustrait à la justice, non ! Votre discernement politique s'est fourvoyé, cette fois, entraîné par l'amitié. Ainsi, n'en parlons plus ; c'est partie manquée, une belle occasion de visiter la

Bretagne que je perds. Mais il est des retours aux
choses d'ici-bas, et je n'ai jamais désespéré de visiter
un jour nos quatre-vingt-six départements.

Que je vous fasse compliment d'abord sur votre
succès. D'après vos confidences, Mlle G*** m'avait
paru si prudente et si sage, que j'osais à peine compter
pour vous sur son consentement. Enfin, le *oui* est prononcé; la discrète jeune fille se donne à un *déporté politique*, à un homme qui n'a pas dit encore adieu aux
agitations de la politique. Puisse-t-elle ne jamais s'en
repentir! Puissiez-vous la bien convaincre qu'il ne
s'agit pas pour vous d'une vaine fantaisie, mais de vos
plus sincères et plus intimes convictions! Qu'elle sache
que telle est désormais notre religion à nous autres
républicains, religion toute de désintéressement et de
sacrifice, à laquelle nous ne tenons que parce qu'elle
satisfait notre conscience et notre vertu!....

Ceci dit pour la nouvelle épouse, permettez-moi,
cher ami, d'ajouter quelque chose pour vous. Je suis
en veine de prêcher, et je sens que je ne pourrais en
trouver plus belle occasion. Mon droit d'aînesse et
mon expérience de bientôt dix ans m'y autorisent.

D'après ce que vous m'avez dit, votre future est une
femme laborieuse, de profond jugement et toute d'intérieur. Cela posé, je vous dirai, en ma qualité de vieux
mari, que tout honnête homme, quelle que fût sa
valeur intellectuelle, trouverait son compte à laisser
une large part d'initiative et d'administration à une
pareille femme. Elle n'en abusera pas, et vous êtes
toujours là d'ailleurs, armé du terrible *veto* marital.
Dans votre position d'ex-condamné et de négociant,
je crois qu'il vous convient, plus qu'à tout autre, de
faire de votre femme un second vous-même; je veux

dire de la prendre sérieusement pour votre conseil, votre Égérie. C'est le moyen de vous l'attacher, de la rendre heureuse et, je vous le répète, d'assurer votre repos à tous les points de vue. Vous, l'homme de passion (prenez ceci très-sérieusement pour un éloge), laissez-vous tempérer le plus qu'il se pourra par le calme et la raison de votre femme. Vous n'en serez pas moins le maître à la maison; vous serez doublement maître, car vous vous posséderez vous-même, et pour la confiance que vous aurez témoignée à une femme digne, vous la verrez se dévouer corps et âme. Faites ce que je vous dis, mon cher ami; accoutumez-vous à vivre chez vous, avec votre femme; ce sera dans les commencements un peu difficile, mais avec de la patience, vous y parviendrez, et vous y trouverez mille avantages. Une femme est un ange pour un homme. Souvenez-vous de ce que je vous ai dit: que j'ai gagné au mariage de *travailler une fois plus que je ne faisais dans le célibat.*

J'ai fini et je passe à ce qui me regarde.

Sur les choses que vous savez, cher ami, je ne puis que vous confirmer ma dernière. Il ne faut pas compter sur un service d'introduction en France; partant, rien à faire. Remboursez les sommes perçues et remerciez pour moi ces braves amis; c'est la seule chose à faire. Quant à moi, oublié du public français et de la démocratie, comme tous les morts et tous les exilés, je me tourne d'un autre côté. Ce que je pourrai publier en France, il est entendu que je le publierai; mais pour cette année et la suivante, ce ne sera pas grand'chose. Je vais commencer, si je puis, la grande attaque. Je m'attends, comme toujours, à bien des cris d'improbation, de désaveu; je n'en irai pas moins mon chemin. Pourvu que je subsiste, je n'en demande pas davantage. Que si le public extérieur à la France ne suffit pas à me soutenir, eh bien! je compte du moins que j'aurai acquis assez d'estime pour obtenir quelque part un emploi de porte-ciseaux dans un journal, ou de commis dans une maison de commerce, et je me résignerai. Tant que ce régime durera, je ne rentre pas ; je ne veux pas m'exposer à la loi de sûreté générale, ni m'attirer de nouveaux procès. Enfin, le sort en est jeté ; je n'ai peut-être pas réussi à me faire comprendre de mes compatriotes ; peut-être n'étais-je pas à la hauteur de ma cause ; peut-être mon œuvre doit-elle mourir avec moi ; dans tous les cas, je suis prêt à supporter cette dernière déception et à mourir dans l'obscurité qui m'a vu naître. Je ne demande qu'une chose : échapper à la misère comme je suis sûr d'échapper aux souffrances de la vanité et aux angoisses du crime. J'aurai bien travaillé, je n'aurai guère ambitionné, je me sens exempt de remords ; il y aura bien du mal si je ne parviens, avec ce qui me reste d'énergie, à surmonter l'indigence.

Dans les dispositions de cœur où je me trouve, un homme est encore bien fort. Je serais capable de bien des élans encore si je trouvais un public ; le trouverai-je ? Question qui ne peut être résolue avant six mois.

Continuez, mon cher ami, à me donner de vos nouvelles. Présentez mon témoignage respectueux à Mlle G***, votre future. Si elle vient à Paris cet automne, et que je puisse y envoyer ma femme pour une quinzaine, elles pourront faire connaissance.

Et vous, cher ami, du calme plus que jamais ; de la prudence, de la résignation. Enterrez-vous dans le travail, soyez à votre femme; oubliez pour un temps le reste. Quant à moi, je vous le répète, je vais essayer une nouvelle marche.

Je vous serre la main.

P.-J. Proudhon.

Bruxelles, 4 août 1860.

A M. DELHASSE

Cher monsieur Delhasse, je mets à la poste, en même temps que la présente, deux exemplaires de ma septième livraison : l'une pour vous, l'autre pour M. Dommartin, votre beau-père.

Il y a quelque temps, quinze jours environ, je vous ai envoyé de la même manière quatre exemplaires : deux de la cinquième et deux de la sixième livraison. Ne connaissant pas votre adresse, je les ai adressés, comme les présents, chez M. Dommartin. Si j'ai tant tardé à vous faire cet envoi, c'est que j'attendais la sixième livraison, qui m'avait paru devoir suivre de près la cinquième, et qui, au contraire, a éprouvé un peu de retard. Dorénavant, je vous servirai au fur et à mesure de la publication.

Vous m'avez dit un jour que vous faisiez circuler mon livre. Je suis on ne peut plus touché de cette propagande, et je vous remercie. Cependant, comme je désire que vous conserviez, par amitié pour moi, l'exemplaire *en bon papier* que je vous donne, et qu'il est à craindre que je ne puisse m'en procurer d'autre, je vous prie de me dire si la circulation de votre exemplaire l'endommage par trop : j'aimerai mieux dans ce cas vous en donner un qui servirait spécialement pour cet objet.

Depuis votre départ, les événements en Belgique, en France et partout, ont continué de marcher leur petit train-train. Nous avons eu ici une manifestation superbe, et je m'en réjouis, considérant tout ce qui est antibonapartiste comme éminemment libéral, juste, républicain, humanitaire et même français. Seulement, je me suis abstenu de paraître à la cérémonie, ne croyant pas qu'il convînt que je pousse jusque là les choses.

Napoléon III vient encore d'écrire une lettre à l'adresse des Anglais, qui paraissent cette fois peu décidés à se laisser enjôler. Quand ce monsieur ne sait plus que faire, il écrit. Rien de plus clair que sa lettre : il ne sait que faire de l'Italie, et laisse aller les choses, sans toutefois quitter Rome; il ne peut rien en Orient, ni procéder au partage, ni faire la police en Turquie, ni se fier à la modération russe, et, bon gré, mal gré, il est forcé de rechercher l'alliance anglaise. Il avoue qu'il ne sait quel parti tirer de l'Algérie..... Que d'autres naïvetés dans cette lettre, bien peu digne d'un chef d'État!...

Et *mon* armée, et *ma* marine!... Il faut que nous, républicains de 48, dont les pères ont vu 93, nous entendions de pareilles insolences.

Cependant, on commence à juger l'homme et le système; on est mécontent, on est las. Mais il n'y a pas de colère, pas d'indignation vertueuse; les apostasies continuent et l'aplatissement reste le même.

Ah çà! savez-vous bien, chez monsieur Delhasse, que depuis que j'ai commencé la réimpression de mon livre, j'en ai assez fait pour me faire expulser à perpétuité? Savez-vous qu'il existe une loi en ·France, en vertu de laquelle, si je rentrais après la prescription de ma peine, on pourrait me poursuivre pour crimes et délits commis à l'étranger?... Je me tiens donc pour exilé aussi longtemps que durera l'Empire; aussi me proposé-je d'en user en conséquence. Je ne vous en dis pas pour le moment davantage.

Dans huit ou dix jours, je pense pouvoir vous envoyer ma huitième livraison; la neuvième suivra de près. Cette réimpression me fatigue au delà de tout ce que je puis dire. Enfin, je travaille pour l'honneur de ma pensée et avec l'espoir de la faire accepter un jour, si le jour de la *justice* se lève pour le monde et pour moi !

Quel temps fait-il à Spa? Ici nous avons une température incroyable. Avant-hier matin, il y avait un gros brouillard; toutes les nuits, il fait froid ; tous les jours, de la pluie, plus ou moins; depuis le printemps, j'ai vu un JOUR de plein soleil, pas davantage. Les blés sont verts, et je crains une mauvaise récolte. A Mâcon, il est tombé de la neige.

Quand vous rentrerez à Bruxelles, vous trouverez un peu de nouveau; toutes les barrières sont enlevées; on comble les fossés, si bien que le boulevard se trouve maintenant singulièrement élargi. On pourrait en faire une magnifique promenade.

On poursuit la chaussée en avenue de la *Porte-Louise* au bas de La Cambre. Le Petit-Parc, près de l'*Arbre-Béni*, sera coupé par une tranchée de plus de soixante mètres de large et de quinze ou dix-huit de profondeur. Il disparaît presque tout entier.

Je me prépare à rédiger un Mémoire pour le concours du canton de Vaud ; j'attends de Paris les documents et matériaux. Ce travail, joint au courant de ma réimpression, m'occupera jusqu'à fin septembre et probablement fin octobre. Je ne compte pas cette année pouvoir prendre un peu de repos pendant la belle saison, ce qui me chagrine fort; j'en aurais tant besoin !

J'oubliais de vous dire que mon libraire de Paris, Garnier, se refuse absolument à publier rien de moi; il a peur, et il me conseille de publier à Bruxelles, promettant de se charger de tout ce que le gouvernement de Sa Majesté laissera passer.

Mes amitiés, s'il vous plaît, à M. Nauregard, à M. Paul, ainsi qu'à M. et Mme Dommartin. Mes respects à ces dames.

Je vous serre la main.

P.-J. PROUDHON.

Bruxelles, 4 août 1860.

A M. GOUVERNET

Mon chèr Gouvernet, j'ai la vôtre du 31 juillet.

Je vous suis toujours on ne peut plus obligé de toutes vos petites commissions pour moi; si je comptais le nombre d'affranchissements dont votre bonne volonté me dispense, je suis sûr d'arriver à la somme d'au moins 60 francs par an. Mais ce n'est pas tant l'économie que je considère que l'avantage que j'ai de savoir, lorsque vous me répondez, que toutes mes lettres sont parvenues et que les destinataires vus par vous se portent bien. J'aime bien recevoir des nouvelles directement de mes amis et connaissances, mais j'aime bien aussi quelquefois d'indirectes, Cela n'a pas du tout la même physionomie.

Dans mon dernier paquet, il y avait une lettre pour Chaudey; vous avez oublié de m'en rien dire. Va-t-il répondre à ma question? J'aurais cependant besoin de le savoir. Puisque vous êtes voisins, tâchez donc de lui souhaiter pour moi un petit bonjour. Une autre affaire, quelque peu embrouillée, est celle de mon ami Daventure. Je vous ai envoyé pour lui, *par une occasion*, une lettre qui devait être remise à son arrivée à Paris. Je vois par votre dernière que ma commission n'a pas été faite. Décidément, j'aime encore mieux que la police visite ma correspondance et qu'elle arrive. Seriez-vous donc assez bon pour vous informer de ce qu'il en est? L'homme qui vous devait porter ma lettre, et qui m'avait été recommandé, est un nommé Sigward, ouvrier verrier, qui a récemment quitté Bruxelles et demeure à Paris, rue Saint-Jacques, n° 107. Ainsi que nous en étions convenus, je lui ai envoyé mon pli chez son patron, M. Petit Jean, rue des Palais, n° 124, à Læcken. A-t-il reçu cette lettre? et, dans ce cas, qu'est-ce qui l'a empêché de la porter?

Dans une autre lettre, que je vous adressais presque à la même époque, par la poste, c'était vers la fin de juin, je vous chargeais de toutes sortes de compliments pour M. Daventure; vous avez, d'après ce que je vois, perdu cela de vue.

Si vous voyez Ferrari, dites-lui que non-seulement j'ai reçu son livre, mais que je l'ai lu; que j'en ai fait l'objet d'une longue note pour la réimpression de mon livre, et que je crois que nous sommes beaucoup plus d'accord qu'il ne lui semble; mais que cependant il reste un léger nuage dans sa théorie historique, que je me suis efforcé d'éclaircir, autant que je l'ai pu, à la satisfaction de nous deux.

Je serais bien heureux de recevoir quelque lettre de lui sur les affaires d'Italie; j'aimerais à savoir comment il envisage en bloc tout ce gâchis, et si l'opinion qu'il m'exprimait à la fin de l'hiver dernier, s'est depuis modifiée.

Aussitôt que le voyageur sera de retour, qu'il m'écrive. Je ne lui demande pas de visite : pareils divertissements sont trop coûteux. Mais qu'il cause, et pour peu qu'il me laisse de répit, je lui promets une réponse longue et motivée sur toutes questions.

J'attends les pièces et manuscrits que Duchêne avait promis de m'envoyer fin juillet; je n'ai encore rien reçu. Est-il parti pour la Touraine?

Voilà, cher ami, bien des commissions d'un coup. Je m'en console parce qu'à l'exception d'une seule, il s'agit de voir des amis et rien que des amis. Que dites-vous de cette singulière année? Vîtes-vous jamais pareille température en pleine canicule? Avant-hier matin, il y avait ici un brouillard épais, comme en octobre. Depuis le commencement du printemps, j'ai noté, par exception, une journée de plein soleil, une seule! Toujours de la pluie, du froid; les blés sont verts comme poireaux; les fruits et légumes aqueux. Cependant la hausse sur le pain n'est pas considérable. Des lettres particulières nous apprennent que ces jours derniers il a neigé au Havre et jusqu'à Mâcon.

L'habitude m'apprend à juger de l'état des esprits en France par les journaux. Toujours le même aplatissement; toujours, de la part des soi-disant représentants, les mêmes fautes. Du reste, l'apostasie, l'intrigue et la démoralisation vont leur train. Je commence sérieusement à désespérer de la nation française.

Bonjour et serrement de main au docteur; c'est un de mes amis, qui ne trompe pas.

Et à vous, très-cher, mille embrassades de la part de la mère et des enfants. Ah! si l'on entendait dire un beau matin, en allant ouvrir : *C'est papa Gouvernet!* Quelle fête! quelle joie!

Santé et amitié.

P.-J. PROUDHON.

Ixelles, 4 août 1860.

A MM. GARNIER FRÈRES

Bravo ! messieurs, voilà enfin qui est parlé. J'accepte de grand cœur la censure de M. Allou ; je ne crois pas pouvoir avoir affaire à un plus galant homme. Qu'il soit sévère pour moi, non-seulement au point de vue de mes susceptibilités impériales, mais, ce qui m'importe bien davantage, au point de vue de la raison et du goût. Il verra que si parfois j'ai la plume un peu tapageuse, je suis au fond le plus pacifique des écrivailleurs.

Nous allons donc recommencer le cours de nos publications. Maintenant que les plus modérés s'y sont fait prendre, je veux voir si moi, le plus violent de tous, je ne parviendrai pas à intéresser mes lecteurs sans être pris. Ce sera un vrai tour de force. C'est pourquoi, si je réussis, je demande une petite ovation à la presse libre-pensante, s'il en est encore une quelque part.

Je vais m'occuper de faire un premier envoi à M. Allou. Mais je suis surchargé ; j'ai promis d'envoyer au concours du canton de Vaud un Mémoire sur *l'Impôt*, qu'il faut que j'écrive dans le courant du mois, sans compter ma réimpression qui me mange un temps fou. Allons, je prévois que nous ne paraîtrons qu'en novembre; mais cela suffit.

Je vous salue, messieurs, bien cordialement.

P.-J. Proudhon.

Ixelles, 17 août 1860.

A M. DELARAGEAZ

J'ai reçu, en son temps, votre lettre du 7 juillet, datée de Berne, et vous en remercie de tout cœur. Vous verrez qu'elle ne m'a pas été inutile. — J'ai reçu également, il y a quatre ou cinq jours, les numéros du *Nouvelliste Vaudois*, relatifs au congrès tenu à Lausanne, sur l'impôt. J'avais déjà eu connaissance des vœux et propositions exprimés par le congrès; le *Nouvelliste* a complété mes renseignements.

Actuellement je travaille à mon *Mémoire*, que je fais un peu long peut-être, et qui cependant est loin d'embrasser toute la matière. Même après les savants orateurs du Congrès, je crois qu'il me sera donné de dire quelque chose de neuf sur l'impôt; je ne désespère même pas de ramener tout ce débat, si plein de contradictions, si hérissé d'épines, à un certain nombre de propositions parfaitement claires et certaines, et à une conclusion aussi décisive que lumineuse. Ce sera, je crois, le premier essai qui aura paru d'une doctrine positive, complète et rigoureusement enchaînée sur l'impôt.

Du reste, je vous le répète, mon but a été surtout

d'instruire les masses et quelques hommes de bonne foi. Quant aux économistes de profession, il y a long-temps que j'ai eu l'occasion de remarquer et de dire qu'ils ne savent rien, ne veulent rien savoir, et que leur rôle est d'épaissir les ténèbres à mesure que la lumière paraît vouloir se faire quelque part.

J'ose espérer que vous, cher Monsieur Delarageaz et les vrais amis de la Démocratie ne serez pas trop mé-contents de mon travail.

Je compte que mon Mémoire sera achevé dans les premiers jours de septembre et que vous le recevrez avant le 15.

En cas de succès, nous nous entendrons ultérieure-ment pour l'impression.

Je trouve fort sage que la Suisse ne s'embarque pas à la légère dans une coalition contre la France ; cepen-dant il saute aux yeux que si un nouveau 1814 nous arrivait en guise de *couronnement de l'édifice*, la Suisse ne manquerait pas de revendiquer le Chablais et le Faucigny, à moins qu'elle n'eût pris le parti d'aban-donner la ville de Genève à son malheureux sort.

Ce qu'ont fait là le roi d'Italie et l'empereur de Français, ce qu'ont laissé faire les grandes puissances est une dérision, non-seulement des traités de 1815, mais des principes des nationalités et du suffrage uni-versel.

Souvenez-vous de ce que je vous ai dit chez moi, rue d'Enfer, 83, que la Suisse se repentirait de son engoue-ment pour le 2 Décembre. Nous sommes au régime de l'hypocrisie et de l'astuce; et le pays le plus mystifié de l'Europe, ce n'est pas même le pays français. Ceux qui ont applaudi à l'usurpation, qui ont donné des poignées de main à l'aventurier, qui se sont livrés à ses embrassades, ceux-là sont les plus punis. Qu'ils n'accusent qu'eux-mêmes.

Voilà l'Italie dans un chaos inextricable : ce n'est pas encore demain que Garibaldi aura chassé le roi de Naples et le pape et les Autrichiens ; Napoléon III lui-même ne le permettrait pas.

Voilà l'Orient qu'il s'agit de remettre en paix. A qui la faute ? D'où viennent tous ces égorgements, si ce n'est de cette fatale et stupide expédition de Crimée ?

Vous êtes homme d'État, mon cher Monsieur Delarageaz, eh bien, dites-moi, la main sur la conscience, si tout n'est pas faux en politique, hors ce qui est conforme à la raison et à la justice ?

La justice, la science, la liberté, voilà la Trinité moderne. Le reste est pure déception.

Je vous serre la main, et suis, en attendant mon prochain envoi,

Votre tout affectionné.

P.-J. PROUDHON.

Bruxelles, 22 août 1860.

A M. GUSTAVE CHAUDEY

Mon bien cher ami, j'ai reçu votre lettre du 6 courant, et j'en ai été tout à la fois réconforté et affligé :
réconforté, pour les assurances que vous me donnez
touchant le mouvement intellectuel qui se prépare dans
notre pays; et affligé, que vous ayez pu prendre quelques réflexions échappées à ma plume, sur la rédaction
du *Courrier*, pour une improbation de vos efforts ,
comme si je voulais, de l'étranger, régenter les honorables citoyens qui, restés seuls sur la brèche, défendent
pied à pied ce qui nous reste de liberté.

Je sais parfaitement, cher ami, et je n'ai cessé depuis
deux ans de me le dire, que ce n'est pas à l'exilé qu'il
appartient de diriger la politique de son parti; il n'est
pas de la bataille, il ne voit pas les choses, il ne peut
payer de sa personne; il est donc condamné au silence.
A ce point de vue, croyez que mes sentiments, ma
résignation, sont ce qu'ils doivent être, et que je n'ai
la prétention ni de conseiller ni de condamner qui ou
quoi que ce soit.

Vous voyez de vos yeux le mouvement grandir, et

vous le favorisez de votre mieux ; cela dit tout, explique tout, justifie tout. Seulement, comme vous pouvez être induit en erreur, comme, pour juger les affaires humaines, on est quelquefois aussi mal placé près que loin, je vous demanderai, une fois pour toutes, la permission de vous dire ce qu'*il me semble*, m'en rapportant du reste à vous des résolutions à prendre, et, pour vous prouver ma réserve, vous en laissant toute la responsabilité.

Oui, je suis franchement satisfait, en général, de la marche du *Courrier ;* pour ne point parler en l'air, je vous dirai que votre dernier article, si court, si plein de réticences, et pourtant si complet, sur la brochure de je ne sais plus qui, m'a tout à fait réjoui. J'ajouterai même que votre *ironie* pourrait bien avoir eu un résultat tout autre que celui que vous espériez peut-être. Tandis que pour encourager les gens à voter, vous leur expliquez les embûches d'une législation ignominieuse, il arrive, tant l'on vous comprend bien, que l'on persiste à s'abstenir. Voyez les élections de *Nantes, Orléans, Blois, Angers, Tours, le Havre, Saint-Étienne, Arras, Douai, Besançon, Bordeaux*, etc. Vous aurez beau faire, le courant est à l'abstention, ce qui signifie que le régime impérial est tellement ignoble, que les citoyens ne peuvent prendre sur eux de le combattre par les voies de l'élection. Comment voulez-vous que la province ait le courage de l'opposition, quand Paris n'est pas là pour donner l'exemple ?

J'étais à Paris en 1857, et j'ai pensé que c'était une faute grave de la démocratie d'avoir poussé, comme elle avait fait, au suffrage ; je le pense d'autant plus aujourd'hui que je ne saurais assez me récrier contre la politique de M. Ollivier, par exemple. Ah ! plutôt se taire cent mille fois que de se voir représenter par de pareils hâbleurs.

Au surplus, la tâche devient aujourd'hui facile. La politique impériale doit être percée à jour, même pour les plus stupides ; le gaspillage, les contradictions, l'immoralité crèvent maintenant les yeux. Quand on songe que le chiffre des rentes inscrites au budget est de 567 millions, chiffre de M. Larrabure, ce qui représente un capital à 4 1/2 % de 12 milliards 610 millions; qu'à ce chiffre monstrueux il faudrait ajouter encore 700 millions de dette flottante, 600 millions de découvert déjà prévu pour 1863, ce qui nous porte bien près des *quatorze milliards;* quand on réfléchit que le crédit public, tant vanté, est aujourd'hui tel que ni la ville de Paris, ni la ville de Rouen ne peuvent se procurer de capitaux et voient échouer leurs emprunts ; quand on reporte sa pensée sur l'Orient et sur l'Italie, où nous avons allumé la guerre civile; quand, enfin, on voit le chef de l'État annoncer qu'il se prépare à abandonner l'Algérie, dont *il ne sait que faire;* quand, dis-je, on a devant soi une pareille situation, il est naturel que l'on se réveille sans attendre les coups de sifflet d'un Paul-Louis Courier, ni les coups de tonnerre d'un Mirabeau.

Aussi je reprends confiance ; nous sommes au moment où les fausses manœuvres des chefs de file ne peuvent plus faire de mal. Tout le monde verra bientôt clair et tout le monde aura de l'esprit, je n'en doute pas. C'est dans ce sens que vos articles ont été compris, comme vous me le dites fort bien; il est des institutions qu'on n'attaque bien qu'en essayant de les pratiquer.

Avez-vous lu, dans la *Presse* de lundi 20, un article

de Peyrat sur une brochure de Cucheval-Clavigny ? — Excellent encore. Il est possible qu'un jour le prolétariat français, remonté au pouvoir, veuille et doive en finir avec l'aristocratie anglaise ; ce sera une autre affaire. Quant à présent, nous ne pouvons pas épouser les rancunes des Bonaparte et entreprendre, sous les auspices d'un despotisme absurde, une revanche de Waterloo et Sainte-Hélène.

On dit que MM. E. Ollivier et A. Darimon achètent le *Courrier de Paris* : est-ce vrai ?

J'ai reçu avis de MM. Garnier frères, relativement au conseil de censure, qu'ils consentent enfin à me donner. Ils ne m'avaient parlé que de M. Allou ; mais, dans ma pensée, j'étais décidé de vous prier de vous adjoindre à lui ; je vous remercie donc d'avoir eu la même pensée. Depuis votre lettre, MM. Garnier ont mis le comble à leur amabilité, en m'écrivant que leur intention n'était pas que je soumisse mon manuscrit ; mais que l'on composerait d'abord, que je reverrais mes épreuves et que, cela fait, vous et M. Allou seriez chargés de la révision.

Vous comprenez que j'ai donné de grand cœur les mains à cet arrangement, qui me rouvre la publicité parisienne et ne coûtera absolument rien à mon amour-propre. J'ai de quoi faire et de la marchandise pour tous les goûts.

C'est à vous, cher ami, que je compte faire parvenir mon manuscrit, pour que vous l'ayez en garde jusqu'à entière impression. J'aurais déjà fait l'envoi, au moins d'une première moitié, si je ne me trouvais, pour le moment, arrêté par une nouvelle entreprise ; c'est un travail *sur l'Impôt* que je fais pour le canton de Vaud, précisément sur la question qui m'a fait écrire à Gi-

rardin deux lettres que vous avez lues dans le temps.
— J'en ai encore pour quinze jours.

Le nom des concurrents devant rester secret jusqu'au prononcé du jugement, vous ferez bien de ne communiquer à personne la confidence.

Pensez-vous encore que vous puissiez faire cette année un tour en Belgique?

Bonjour, cher ami, et mille bonnes amitiés à votre jeune famille. Ah ça! mais il me semble que si Mme Chaudey en est toujours à son Georges, elle doit pas mal rajeunir.

Tout vôtre.

P.-J. PROUDHON.

Bruxelles, 22 août 1860.

A M. GOUVERNET

Voici des lettres pour divers amis, dont deux du moins, D. et Ch. pourront s'entretenir un peu avec vous et vous parler de ce que je leur écris et qui n'a rien de fort intéressant. J'écris quoique écrasé de travail, d'abord parce que je dois répondre, puis parce que ma pauvre cervelle est tellement malade que c'est pour moi un repos que de me mettre à ma correspondance. Je tiens en ce moment un travail pour le canton de Vaud qui fera près de 250 pages d'impression. Il faut que je termine avant le 1er septembre prochain. Je quitte tout pour cette besogne. Ma huitième livraison paraîtra cette semaine; la neuvième dans dix ou douze jours. J'avance insensiblement.

Vous reconnaissez-vous dans le gâchis politique où nous sommes ?

La cause des massacres d'Orient, c'est, en principe, la guerre de Crimée; l'excitation qu'elle a donnée aux chrétiens et le désespoir où les propos de la diplomatie européenne jettent les Turcs.

L'Italie est en conflagration : Qui l'a voulu ?

Ceux qui, en 1859, ont fait l'expédition de Lombardie. — Voici maintenant qu'on signifie à Garibaldi de s'arrêter, de laisser là et Naples, et Rome, et Venise! Hein! c'était bien la peine!

L'Autriche et la Prusse sont d'accord; L'Angleterre marche avec; la Russie ne leur est pas très-hostile.

Pour nous, ce qu'il y a de certain, c'est que nous avons une dette nationale dont le capital nominal, à quatre et demi pour cent, est d'environ 14 *milliards*, je dis *quatorze*, que nous payons 1,825 millons d'impôt; que l'emprunt de la ville de Paris, vient d'échouer; que celui de la ville de Rouen en a fait autant; que l'empereur a annoncé son intention d'abandonner l'Algérie, *dont il ne sait que faire;* que nous souscrivons 10,000 fr. pour obtenir la canonisation du bienheureux Benoît-Joseph Labre!...

Bêtise, crétinisme infamie, décadence. Oh! les *sauveurs!*...

Adieu cher ami; si le voyageur est arrivé, souhaitez-lui le bonjour, et dites lui que d'ici au 15 septembre je ne puis pas le recevoir; si le docteur C. est à Paris, saluez-le pour moi.

Bonjour au docteur Crétin et au docteur Clavel, quand vous les rencontrerez.

Reçu une brochure de Ferrari.

Tout vôtre.

P.-J. PROUDHON.

Ixelles, 22 août 1860.

A MM. GARNIER FRÈRES

Messieurs, j'ai reçu votre très-obligeante lettre du 10 courant m'apprenant, par son entête, que vous étiez devenus successeurs de la maison Langlois et Leclerq, de Paris. Comme j'ai confiance entière en votre prudence, je n'hésite pas à vous féliciter, messieurs, de cette nouvelle acquisition qui vous fait marcher définitivement de pair avec les plus puissantes maisons de librairie de la capitale.

J'ai été on ne peut plus touché, messieurs, de la manière dont vous avez pris mon acquiescement à l'arbitrage de M. Allou. Si quelque chose pouvait m'être agréable, c'était certainement de n'être pas obligé de montrer mes ratures à un homme d'autant d'esprit, et d'apprendre par vous-mêmes que vous me laisseriez toute faculté d'arranger ma toilette avant de lui soumettre mes épreuves.

Mais voyez le guignon ! Pendant que je me débattais avec vous contre l'idée d'imprimer à Bruxelles, j'ai entrepris un nouveau et considérable travail *sur l'impôt*. Il s'agit d'une question très-grosse mise au concours par le conseil du canton de Vaud et que j'ai résolu de traiter. Le concours est ouvert jusqu'au 15 septembre, terme de rigueur; il faut que d'ici là mon manuscrit soit parvenu à Lausanne, et je n'ai que bien juste le temps. Ce sera un travail de deux cents à deux cent cinquante pages.

J'y dirai quelque chose de la question des *octrois*, dont vous me parlez dans votre lettre, et pour laquelle j'ai recueilli toutes les pièces officielles de la Chambre de Belgique.

Si mon ouvrage obtient un prix ou un accessit, il sera imprimé, le conseil d'État de Lausanne n'ayant ouvert le concours qu'en vue de cette publicité. Il s'agit surtout pour l'honorable compagnie de répandre dans le canton et toute la Suisse un ouvrage utile, qui éclaire le peuple et le désabuse des fausses idées qui circulent sur ce sujet.

Tel est, messieurs, le motif qui m'empêche de vous expédier dès à présent mon autre manuscrit; j'en avais commencé la révision, ce nouveau travail m'a obligé de tout suspendre. C'est une affaire de quinze à vingt jours encore, pas davantage.

Quel dommage que je ne puisse vous faire tenir quelques centaines d'exemplaires de mon livre *De la Justice*! Combien cette nouvelle édition a gagné pour la pensée et pour le style. Mais, patience, vous n'en perdrez que l'attente. Ceux qui m'ont condamné seront condamnés à leur tour; avant cinq ans, j'espère, mon livre sera entre les mains de tous ceux qui savent lire et qui s'intéressent, soit à leur conscience, soit à leur salut éternel.

Je vous salue, messieurs, bien sincèrement.

P.-J. PROUDHON.

Bruxelles, 26 août 1860.

A M. GOUVERNET

Mon cher ami, la présente vous sera remise par M. Ferdinand Bouquié, que j'ai eu le plaisir de voir un instant à Bruxelles et qui m'a donné des nouvelles assez fraîches de votre santé. J'espère que son entremise sera plus sure que celle de ce malheureux Sigward, que je viens vous prier de voir encore une fois.

Sur votre avis, j'ai écrit au directeur de la poste à Bruxelles, et voici ce que cet honorable fonctionnaire m'a fait répondre :

Que le nommé Sigward ne s'étant pas trouvé à Laeken, l'administration bruxelloise, sur la recommandation que Sigward lui-même avait faite avant de partir, avait fait suivre le paquet *à Paris, poste restante*, où Sigward le trouvera. Priez-le donc de se présenter au bureau et d'en retirer ce pli, dans lequel se trouve une lettre pour vous et Daventure, qu'il vous remettra. Sigward m'a fait trop de protestations de dévouement pour me refuser ce service. Votre prochaine réponse me fera savoir si je dois recommencer ma lettre à Daventure ou si celle égarée est enfin retrouvée.

Rien à vous faire connaître d'intéressant.

On croit généralement à l'étranger que la *coalition* se reforme contre la France. Cette prétendue coalition se réduit à des mesures de précautions contre notre fantastique empereur, qui n'a pas encore renoncé à faire des siennes ; mais je crois, quant à moi, que l'esprit belliqueux va faiblissant même aux Tuileries, attendu qu'il n'y a rien à espérer de bon de ce côté.

L'Italie est en révolution ; la Hongrie, la Pologne, l'Allemagne tout entière n'attendent que l'occasion de s'y mettre ; la Russie profiterait du gâchis pour faire son coup en Orient ; l'Angleterre nous attend de pied ferme. Partout je vois des guerres *nationales*, non des guerres politiques, en germe : l'Empire bonapartiste n'a rien à gagner à tout cela.

Je continue à lire les journaux français, que je trouve de plus en plus plats et honteusement timorés. Je rugis en mon âme de voir une nation nombreuse mâtée comme une bande de polissons. Honte à nous !

Bonjour et amitié.

P.-J. Proudhon.

P.-S. Et le voyageur ?

Ixelles, 26 août 1860.

A M. CHARLES BESLAY

Cher ami, ainsi que je crois vous l'avoir mandé, je suis occupé d'un travail considérable *sur l'Impôt*, que je destine pour le concours du canton de Vaud (n'en dites mot à personne, je vous en prie), et qui ne sera pas terminé avant quinze jours. Cela fera une brochure de deux cents à deux cent cinquante pages.

Pendant ce temps-là, ma réimpression va son train, et voici que MM. Garnier frères, décidés enfin à m'imprimer, me demandent à grands cris un autre manuscrit que j'ai pour eux et dont la révision n'est pas terminée.

Vous voyez que je ne fais pas le chien cagnard.

Pendant que les ténèbres s'appesantissent sur l'Europe, que l'horizon physique et politique s'assombrit de plus en plus, j'allume ma lampe et prépare à mes lecteurs une succession de feux d'artifice.

Et vous, ne faites-vous pas de même? Laissant la politique pour l'économie politique, ne vous jetez-vous pas à corps perdu dans le torrent des affaires?

Où en êtes-vous? Il me tarde, votre procès suisse terminé, gagné et liquidé, de voir votre bilan. Il me semble que ce devra être un peu plus brillant que le budget de l'Empire!

Que dirait votre père, lui qui jadis épluchait les budgets de la Restauration, s'il pouvait aujourd'hui jeter les yeux sur l'état de nos finances?

Savez-vous que notre dette publique consolidée, flottante, viagère, jointe au découvert prévu pour 1863, se monte aujourd'hui au capital nominal de *quatorze milliards?*

Vantez donc, après cela, les bâtisses, les monuments, les victoires, les fêtes!... *Quatorze milliards?* Que diriez-vous si votre fils, dont la fortune sera grande un jour, au lieu de travailler sérieusement à honorer son nom et sa profession, entretenait une danseuse à 4,000 francs d'appointements par mois, une écurie qui lui coûterait 200,000 francs; si de temps en temps il vous montrait un diamant du prix de 500 louis, un camée, un bronze, un tableau de 1,000, 2,000, 3,000 écus; s'il donnait des repas de trente couverts à 200 francs par tête, s'il perdait en paris à toutes les courses 2 ou 3,000 louis? Que diriez-vous si, à chacune de vos observations, il répondait : Mais ma maîtresse est la plus belle femme de Paris, mais j'ai la plus belle galerie de la capitale, mais mes chevaux valent ceux de l'empereur, mais, mais...

Voilà comme on nous mène! La ville de Paris, disent les voyageurs qui en reviennent, est la plus belle capitale du globe, mais elle ne peut pas faire son emprunt; la France est la première puissance militaire, mais sa plèbe est au pain sec et à l'eau, mais le cinquième du produit national s'en va en dépenses improductives, mais le peuple français est endetté de *quatorze milliards!...*

Il ne nous manque plus, après avoir rapetaillé le premier Empire, que de conclure, à son exemple, par quelque nouveau Leipsig. Une bonne petite invasion. Hommes, 500,000; capitaux, 3 milliards; indemnité aux envahisseurs, 2 milliards, total *cinq* milliards qui, joints aux *quatorze* déjà établis, feraient 19, juste la dette anglaise.

Après quoi, ne pouvant payer, nous déposerions notre bilan; la République reparaîtrait juste le temps qu'il faudrait pour faire banqueroute, puis nous recommencerions de plus belle, comme nous avons fait dans tous les temps, après François Ier, après Louis XIV, après le *Directoire*, après *Napoléon*.

Grande nation!

Tout cela me rend frénétique et féroce.

Je vous presse les mains.

P.-J. PROUDHON.

Ixelles, 10 septembre 1860.

A M. DELARAGEAZ

Mon cher monsieur Delarageaz, aujourd'hui 10 septembre, j'ai mis à votre adresse, à Lausanne, à la diligence *Van Gend et C*, de Bruxelles, un paquet du poids de onze kilogrammes environ contenant le manuscrit que vous savez, et que j'ai déclaré pour une valeur de 2,000 francs.

Ce paquet partira ce soir même et vous arrivera par la voie d'Allemagne. Je ne saurais vous dire au juste en combien de jours, mais je ne pense pas que par les chemins de fer il faille plus de cinq jours, en sorte que je me trouverais dans les limites du délai fixé pour le concours.

Je n'ai pu, malgré toute ma diligence, arriver plus vite. Je n'ai pas même eu le temps de réviser, avec le soin que j'aurais voulu y mettre, mon travail. Tel qu'il est, cependant, il forme un ensemble d'idées qui me semblent bien liées et qui ont leur intérêt. C'est la première fois, à ma connaissance, qu'il se produit une *théorie* complète et rigoureusement déduite de l'impôt. Comme la lecture des manuscrits a toujours quelque chose de pénible, j'ai fait précéder mon travail d'une *table analytique* qui présente l'enchaînement de la discussion, la suite des propositions et conclusions. Il sera bien qu'en me lisant vous y jetiez de temps en temps les yeux.

Mon ouvrage, tel qu'il est, se compose d'environ cent quatre-vingt feuillets grand in-4°, ce qui ferait aisément trois cents pages in-8° ordinaire. Avec quelques corrections, additions, éclaircissements et notes que me fournira la critique, j'en ferai aisément un joli volume.

Aussitôt que le jury du concours aura rendu son verdict, quel que soit le sort réservé à mon œuvre, je vous serai obligé d'obtenir pour moi la communication de mon manuscrit et de me la faire parvenir afin que j'en prenne copie, ou bien, si ce manuscrit doit rester comme pièce justificative entre les mains du Conseil d'Etat, de m'en faire faire vous-même une copie dont naturellement je vous rembourserai les frais.

Si j'avais eu un mois de plus, j'aurais fait une transcription de mon manuscrit que j'ai écrit, je vous l'avoue, un peu au courant de la plume, bien qu'il porte des traces nombreuses de corrections et réparations.

Je me propose, après avoir fait la révision de ce travail, de le livrer à l'impression à Bruxelles, d'où il se répandra en France ; mais il est indispensable, je vous le répète, que je fasse cette révision ; il y a des choses que j'ai pu dire à mes juges vaudois, mais qui ne passeraient pas devant la police impériale.

J'ai lu les relations du voyage de Sa Majesté en Savoie. Je comprends tout le regret que doit faire éprouver à la Suisse cette annexion, vous savez même combien j'en fais de cas pour la gloire et les intérêts de

la France; mais, d'après tout ce que j'ai pu entrevoir
de cette race savoyarde, il me semble que vous devez
peu regretter de semblables sujets. Quelle mendicité!
quel abaissement de caractères! Comme ces gens-là
tendent la main sans honte, sollicitent et subventions et
cadeaux et emplois! Comme ils font litière de leur
liberté, de leur dignité, de leur nationalité! Triste effet
de ce catholicisme que votre pays a eu le bonheur de
secouer à temps! Ah! si quelque chose peut vous consoler de cette misérable conquête de la France, c'est la
comparaison que fait tout voyageur et qu'il fera plus
que jamais entre la population suisse, libre et fière, et
cette population annexée de la Savoie, aussi oublieuse
d'elle-même que son ex-roi s'en est montré dédai-
gneux.

Pour moi, cher monsieur Delarageaz, je me console
peu à peu de l'exil en devenant de plus en plus écrivain
cosmopolite. Je commence à être connu et cité en Belgique, je suis lu en Allemagne, en Russie, traduit en
Espagne; je viens de faire un petit traité pour le canton de Vaud. L'arène où je combats, auparavant res-
serrée dans l'horizon de Paris, embrasse maintenant
toute l'Europe. La France même ne me sera pas absolument fermée. Et je suis libre; hormis les attaques
trop violentes contre l'empereur, je n'ai plus à me préoccuper de la police ni des tribunaux. J'espère bien,
quand j'aurai achevé la réimpression de mon livre et
mis en équilibre ma nouvelle position, conquérir à
l'étranger une réputation meilleure et plus solide que
celle que la haine des partis et la sottise des badauds
m'avaient faite dans ma propre patrie.

Le sens moral est chloroformisé en France. On n'y
rougit pas encore, on ne s'indigne point. La vanité

nationale trouve son compte au gâchis créé par la politique de ce monsieur en Italie, en Orient et partout.
On sourit en pensant que les six cent mille baïonnettes
françaises tiennent l'Europe dans l'inquiétude.

Tandis que les Italiens en sont déjà, vis-à-vis de la
France, au mépris et à la haine, on affiche à Paris
d'applaudir Garibaldi, et l'on se vante que si l'Italie
devient libre un jour, c'est la France qui l'aura voulu!
On se refuse à la vérité qui est que Napoléon III est
entré en Italie avec des vues ambitieuses, qu'il a été
deviné et mystifié par les Italiens; que ce voyant, il les
a abandonnés après Solferino; que, depuis, tout ce qui
s'est fait en Italie s'est fait malgré lui et contre la
France; qu'aujourd'hui ce prétendu émancipateur,
après avoir fait de son mieux pour sauver le roi de
Naples, appuie le Pape et l'Autriche, les deux chambres
de la péninsule qui ne sera jamais libre tant qu'elle les
conservera. En attendant, le peuple paye 1,825 *millions
d'impôts*, comme je le répète à plusieurs reprises dans
le Mémoire que je vous envoie, et se serre le ventre.

Je vous souhaite contentement et santé et compte
recevoir de vos nouvelles au premier jour.

Tout vôtre.

P.-J. PROUDHON.

P.-S. Ne perdez pas de vue, en me lisant, que mon
Mémoire gagnera à la révision et à l'impression 50 %.

Ixelles, 15 septembre 1860.

A M. BERGMANN

Mon cher Bergmann, j'ai reçu tes deux lettres, la dernière en date du 9 septembre. Si j'ai tardé quelque temps de te répondre, ce n'est pas que j'eusse pour cela aucune bonne raison, c'est tout uniment que je me suis trouvé dans une de ces presses de travail qui ne me permettent pas de songer à quoi que ce soit, même à ma correspondance intime.

Je continue, comme tu sais, la réimpression de mon livre *De la Justice*, réimpression pénible et qui me prend, par les corrections, substitutions et augmentations, un temps presque égal à celui dépensé pour la composition première. Enfin, je me serai fait un terrain d'opération solide et je pourrai manœuvrer à mon aise.

Entre temps, j'ai écrit un petit traité sur *l'Impôt*, improvisation de deux cent cinquante pages in-8° ordinaire, que j'ai envoyée à Lausanne pour le concours proposé par le Conseil d'État du canton. Il y a deux prix : je serai bien malheureux si je n'obtiens pas même une mention honorable. Or, une *mention honorable* suffit pour mon objet. Je tiens à prouver que je ne suis pas tout à fait à l'étranger l'homme que la

France de 1848–1858 a par deux fois condamné ; c'est là le succès auquel je vise.

Je te l'ai dit peut-être, je n'entends pas que le fruit de mon exil volontaire soit perdu. D'écrivain français, borné à l'horizon parisien, je deviens écrivain cosmopolite. Mon livre *De la Justice* se traduit en espagnol ; deux cents exemplaires viennent d'être demandés pour l'Italie ; il se lit par toute la Russie et la Sibérie. Tu sais que je suis quasi naturalisé en Allemagne. Il n'y a que l'Angleterre qui ne me soit pas sympathique ; les Anglais ne s'occupent aucunement des ouvrages qui se publient à l'étranger, on dirait qu'ils tiennent à justifier le mot du poëte : *toto divisos orbe Britannos.*

Je prépare un bon manuscrit pour Paris, fin de l'année.

Enfin, je te le répète, j'espère, quoique exilé, remonter mes affaires et regagner tout ce que ma dernière condamnation m'a fait perdre. Si je n'y réussis pas, mon parti est pris, je rentre dans l'industrie et je cherche un emploi qui, avec l'aide des amis, ne me manquera pas.

Décidément, mon cher Bergmann, les ministres ne te sont pas favorables. M. Fortoul, en son vivant, te reprochait de n'être pas chrétien (lui, apostat du saint-simonisme) ; aujourd'hui, son successeur fait la sourde oreille à ta requête. Il te prend pour un savant en *ès* et en *us,* un de ces savants qui ne sont bons que dans leur chaire, mais qui ne sauraient jeter le moindre lustre sur un empereur et une impératrice. Tu n'es pas un homme gouvernemental ; enfin, je te félicite d'avoir été si bien apprécié.

Puisque les examens, les voyages et le jury t'absorbent tout entier, nous nous verrons une autre fois. Tu as deux routes également agréables pour venir à Bruxelles : l'une est celle de Paris, l'autre celle de Cologne. Par une belle matinée, prends le bateau du Rhin et descends la vallée du grand fleuve jusqu'à Cologne, de là le chemin de fer t'amène *en droiture* jusqu'à Bruxelles.

Je compte dans quelques jours m'aller reposer un peu à Spa auprès d'un ami. De là, nous irons peut-être voir la province de Luxembourg. Quand je serai moins pressé par l'imprimeur et mieux en finances, mon dessein est de visiter une fois tout le Rhin et de t'assigner rendez-vous à quelques lieues de chez toi sur la frontière.

En attendant, je t'embrasse de cœur.

Mes respects à ta femme.

Ton ami.

P.-J. PROUDHON.

Ixelles, 18 septembre 1860.

A M. MATHEY

Mon cher Mathey, je viens d'envoyer à Lausanne, pour le concours, un travail sur *l'Impôt*, 250 à 300 pages d'impression : que j'obtienne seulement une mention honorable et je regarde le succès de cette brochure comme certain. Ce serait merveilleux si j'obtenais un des deux prix. — Avec mon nom et dans ma position !...

Je puis, en quelques semaines de travail, mettre au net deux brochures d'une étendue égale et d'un intérêt que je crois assuré.

Voilà donc *quatre* publications qui peuvent voir le jour d'ici à juin prochain.

Ajoutez que la réimpression de mon livre *De la Justice* a un succès soutenu et que l'on songe à faire bientôt un nouveau tirage. Au dire de l'éditeur, c'est un ouvrage de *fonds*, qui se vendra pendant bien des années. Vienne un revirement en France, et une édition de plusieurs mille sera certainement enlevée.

Enfin, quand je serai un peu dégagé, je me propose de participer à la rédaction d'une Revue belge qui, sans trop de fatigue, pourra me donner un petit fixe de 80 ou 100 francs par mois. — Peut-être pourrais-je

trouver la même chose à Paris; mais je préfère
pour la France les brochures, et puis je tiens à ne me
pas trop éparpiller.

Oui, dis-je, j'ai encore de belles chances; mais le
fardeau est lourd. On m'assure que mon dernier
ouvrage se traduit en espagnol; deux cents exemplaires
viennent d'être demandés pour l'Italie ; — j'ai conquis
l'estime du public belge. On me lit, on me demande
jusqu'au fond de la Sibérie. J'ai eu la visite d'un officier
russe qui m'a apporté des félicitations et témoignages
d'amitié de Tomsk; enfin, plus j'avance, plus je deviens
cosmopolite. — N'était ma position de fortune, rendue
si mauvaise par ma condamnation et mon déménagement, par les maladies et une réimpression onéreuse,
je n'aurais qu'à me féliciter.

Je vais faire part de vos réclamations au sujet de la
Chaux-de-Fond : je croyais que Lebègue en avait
envoyé; mais, il faut l'avouer, un éditeur belge ne se
remue pas comme un éditeur parisien.

Les choses tournent décidément contre l'Empire; la
fameuse *étoile* est plus pâlissante que jamais. Oui, la
coalition est faite, non point agressive, mais très-
décidée à ne plus souffrir la moindre licence de la part
de ce Monsieur. Aussi vous avez pu juger du ton soumis
des harangues de Lyon, Marseille; des *speechs* de Persigny et autres. Tout en conservant des airs rogues on
chante la *Paix*, la *Paix!* — Le nom français est
conspué en Allemagne et maudit en Italie. Un ancien
représentant du peuple, Magne, étant allé en Italie
offrir ses services à Garibaldi, se vit si mal reçu (non
par le général) qu'il dût s'en revenir et porter ses
plaintes au comité parisien. Les Mazzinistes n'aiment
pas que les Français s'immiscent davantage dans les

affaires de la Péninsule ; ils ne font aucune distinction d'orléanistes, de républicains ou d'impériaux. En Espagne, voici un fait que vous ignorez peut-être : A la proposition faite par l'empereur d'admettre l'Espagne au nombre des *grandes puissances*, le gouvernement espagnol répondit en faisant échelonner 50,000 hommes sur toute la ligne de l'Elbe, et les journaux de Madrid traitèrent *d'insulte* la proposition de Sa Majesté. Tout le monde y vit ou voulut y voir le prélude à une annexion de la Catalogne!... Isolement complet de la France : pas ombre d'influence ni de considération nulle part. La Belgique, que j'habite, vient de s'allier avec la Hollande; elle a fait, comme vous savez, un *pronunciamiento* des plus énergiques. Quel chemin en quatre ans ! Après le Congrès de Paris, la Russie, irritée contre l'Autriche, irritée contre l'Angleterre, acceptait notre main; maintenant la Russie et l'Autriche se rapprochent, et tous les éléments antagonistes se forment en faisceau contre nous.

Actuellement, voilà le *hic*. — Si Garibaldi pousse sa pointe, Napoléon III lui défendra-t-il d'attaquer Rome ? Il ne l'osera pas faire. Tout ce qu'il peut, c'est de *protester*, comme il vient de faire à propos de l'entrée des Piémontais dans les États du Pape. Mais cette protestation le déconsidère et le perd.

Si Garibaldi, maître de Rome, attaque le quadrilatère, Napoléon ira-t-il défendre l'Autriche ? — Ce serait monstrueux ; il serait fusillé. — Laissera-t-il faire ? Il achève de se déconsidérer ; s'il recule, il est perdu. — Enfin, suivra-t-il le mouvement? Il est absorbé, il met la France à la remorque de l'Italie; de plus, il engage la guerre générale, auquel cas encore, il est perdu.

Admirez donc maintenant, badauds et imbéciles, le

grand génie, la profonde politique de ce pitoyable aventurier !...

Suivez-vous le mouvement financier ? — Savez-vous que la dette française, évaluée en capital, se monte de 12 à 14 milliards.....

Du reste, si la politique impériale est insensée, la raison publique, en France, je parle de la masse, n'est pas moins folle. A cette heure même, où il est si aisé de voir que tout branle et tout craque, la multitude admire, la multitude applaudit ; on croit que tout ce qui se fait en Europe se fait parce que Napoléon III le veut ou le permet ; les républicains jalousent ces beaux succès, et se promettent bien d'imiter un si glorieux modèle. Voilà, disent-ils, comment on gouverne !...

Que me dites-vous de notre pauvre Franche-Comté ? de cette misérable cité bisontine ? Dans la honte nationale, mes compatriotes trouvent le moyen de s'y signaler par une honte plus grande !

Vous savez qui est Latour-Dumoulin ? Un tartufe de la pire espèce, ancien chef de bureau de police de la librairie, livré aux jésuites, ce qui ne l'empêchait pas de s'inféoder encore aux faiseurs d'affaires. Voilà l'homme que, sous l'influence de l'archevêque, on est allé chercher pour en faire un représentant et un membre du conseil général !... Mais il n'y a donc pas un homme de bon sens dans ce pays où il est si aisé de se voir, où dans un jour on peut visiter toutes les influences, toutes les notabilités, sommités, et même une partie des médiocrités ! Personne pour leur dire que les mauvais jours sont arrivés, que l'Empire croule, que c'est ailleurs qu'il faut songer à porter ses adorations et ses vœux !...

Certainement, je sais que, en dehors des questions

extérieures, rien n'annonce aucun péril, pas le moindre risque d'une insurrection ; les esprits sont loin de là, mais un rien peut déterminer une catastrophe : que Napoléon se déclare contre le Piémont et contre Garibaldi, par exemple, et sa chute peut s'ensuivre immédiatement. Or, comment voulez-vous qu'il suive Garibaldi ? C'est marcher à l'abattoir...

En un autre sens, les patriotes de la couleur d'Oudet ne sont pas plus sages. Ils admirent les victoires, les annexions et tout ce tintamarre bonapartiste ; ils se rallient à cette politique. Pour un rien ils se rallieraient à l'homme. C'est à désespérer d'une telle génération...

J'aurais trop à vous dire sur ce sujet ; je vous renvoie à la lecture de mes *huit premières* Études, ou livraisons, quand elles vous seront arrivées.

Le Proudhon, officier de marine, n'a donc rien appris dans ses voyages, que le voilà revenu aussi cafard qu'il y était allé !... Quelle triste parenté est la mienne !... Franchement, ne vaut-il pas encore mieux avoir pour frère un malheureux comme le forgeron de Burgille que de bons bourgeois comme le conseiller et sa bande !...

Et F*** ! pas plus de génie que cela ! se donner au pouvoir du jour sans se demander d'où il vient, où il va, ce qui le mène, de quel côté souffle le vent, quel est le sens des faits et des choses ! Je ne l'aurais pas cru si bête !

J'ai reçu des lettres de M. Maurice. Il marie sa fille avec un M. Savoie, si j'ai bonne mémoire, chef d'une entreprise d'horlogerie, dont il dirige la maison à Paris.

Mille amitiés à Guillemin.

Je vous serre la main, cher ami.

P.-J. PROUDHON.

Ixelles, 18 septembre 1860.

A M. BUZON

Monsieur Buzon, je viens de lire votre lettre du
6 mai. Certes, elle n'est pas d'un buveur d'eau, pas
plus que d'un cafard ou d'un doctrinaire; elle porte
avec elle sa conviction, elle sent son arôme. Que vous
êtes heureux de vivre sous un climat où l'on sent, l'on
pense et l'on parle de la sorte ! Pour moi, je vais mon
petit train, au milieu de ces bons et flegmatiques
Belges; et si, tous les jours, je bois la petite bière
brune walonne, tous les jours aussi je prends un
petit souvenir du pays et de vous.

J'avais décidé de vous répondre lorsque nous aurions
dégusté votre tonneau : travail, affaires, obsessions de
toutes sortes m'en ont détourné. Maintenant que je me
suis épuisé le cerveau au point de ne pouvoir plus même
lire, je profite de l'occasion pour mettre à jour ma correspondance; j'irai ensuite passer quatre jours à Spa,
chez un ami.

Donc, nous étions, pour cette dégustation, quatre
Français, non compris ma petite nichée. Et tous, à
l'unisson, les petites filles comme le père, la femme

comme les convives, nous avons trouvé le vin parfait. Et votre santé a été portée. Vraiment, monsieur, vous m'avez traité en gourmet, et j'ose dire que, dans les limites du genre, il n'est pas possible de rien boire de mieux; c'est à tel point que maintenant, quand on m'offre du vin quelque part, comme c'est la mode en Belgique, je fais la grimace et ne trouve presque nulle part le vin bon. Cependant, à force d'y goûter, vous le dirai-je, j'ai découvert à votre cru (car je crois savoir que ce vin provient de votre vigne) un léger défaut : c'est une douceur naturelle, non point douceur fade ni sucrée, mais douceur résultant de finesse, de maturité et d'une foule de qualités indéfinissables, qui fait que ce vin se laisse boire trop complaisamment, ce qui contrarie mes habitudes d'épargne et je dirai même de frugalité.

Je ne suis point buveur, bien moins encore ivrogne, mais j'aime le vin d'amour, ce qui fait que j'en bois peu, mais avec volupté. Or, je ne me souviens pas d'avoir jamais bu de quelque vin que ce soit avec autant de sympathie et, avouons tout, avec un si grand danger pour ma vertu. Qu'est-ce que ce vin-là? Dites-le-moi, je vous prie, afin que je puisse moi-même dire autre chose que cet éternel refrain : *il est bon !*

Hier, j'ai eu la visite de mon ami et avocat, M. Chaudey, collaborateur et conseil du *Courrier du Dimanche*, le même qui, par ses instructions juridiques, vient de coopérer à votre dernière campagne municipale. M. Chaudey est enchanté de la bravoure et de l'intelligence des citoyens de la bonne ville de Bordeaux; il préconise leur civisme; il en attend beaucoup pour le rétablissement des libertés publiques. Mais, tout en jasant, M. Chaudey a quasi bu deux bouteilles de mon vin. Vous m'excuserez, mon cher monsieur Buzon, de faire ainsi parfois les honneurs de vos produits, mais mon hôte était dans l'enivrement de ce qu'il appelle son succès électoral, et nous avons bu à la *ville libérale de Bordeaux*.

Puisque je viens de vous parler élections, et que me voilà sur la politique, abordons franchement le sujet.

Où en êtes-vous présentement avec le traité de commerce? Voici, quant à moi, ce que j'ai appris : Des quantités énormes de barriques de vins de Bordeaux et de Bourgogne encombrent, invendues, les docks de Londres, à tel point qu'un de mes amis songe à faire une spéculation, c'est-à-dire à racheter à des prix très-bas une quantité de ces vins, et à les réexpédier soit en Allemagne, soit en Belgique, soit même en France. Les Anglais préfèrent les vins plus forts de Portugal et d'Espagne aux vins légers de France. Cela me rappelle les sauvages qui, à tous les vins, préfèrent l'alcool. — D'autre part, j'ai appris que pour couvrir le déficit occasionné par la réduction des tarifs sur les marchandises anglaises, le gouvernement de l'empereur avait élevé de 25 francs par hectolitre les droits sur les eaux-de-vie à l'intérieur; en sorte qu'aujourd'hui, le Français qui veut boire de l'eau-de-vie à des prix modérés doit aller en Angleterre.

Ne voilà-t-il pas une économie intelligente? Eh! misérables, faites de la liberté, de la paix, de la justice, si vous en êtes capables; renvoyez vos parasites, réduisez de moitié votre budget, laissez là le pape et les jésuites, ne faites de menaces à personne, et quand le peuple français gagnera sa vie, quand il pourra se donner sa bouteille de vin tous les jours, ce qui lui importe plus que la poule au pot tous les dimanches, vous aurez ouvert à vos vignerons un débouché cent fois plus grand que l'Angleterre.

Nous allons de folie en folie. Depuis soixante-dix ans, nous avons payé l'apprentissage de huit gouvernements différents, de cinq dynasties, de deux républiques, et nous ne sommes pas plus avancés que le premier jour. En voici un qui se croyait infaillible et fort, et qui branle au manche que c'est pitié à voir. Du moins le voit-on parfaitement du dehors; je n'en puis dire autant du dedans.

La coalition reformée, non pas agressive, mais parfaitement résolue à réprimer toute insolence;

La France plus que jamais isolée;

L'influence nulle;

La considération perdue;

L'Italie devenue ingrate;

L'Espagne qui, à la proposition de notre César de la faire passer au rang des grandes puissances, répond en échelonnant 50,000 hommes sur la frontière;

Au dedans, la confiance absente, les affaires stagnantes, la dette publique portée, en capital nominal, à 13 ou 14 milliards, la littérature corrompue, l'esprit public anéanti, le caractère national déprimé, l'immoralité générale, la décadence du pays, dénoncée il y a quinze ans par M. Raudot, accélérée : voilà où nous a conduits, en huit ans, le gouvernement impérial, et, notez ce point, *à travers le fer, le feu des bataillons*, comme dit la *Parisienne;* en un mot, *par la Victoire!*

Fiez-vous, après cela, aux gouvernements sans principes, à une politique de bascule et d'expédients. La France sera longtemps à se relever des hontes du 2 Décembre; mais les sent-elle seulement ces hontes?

Je tremble, si l'état de choses se prolonge, qu'il n'en soit bientôt de nous comme de l'Espagne après Ferdinand, Isabelle et Charles-Quint, que nous n'entrions dans une décadence de plusieurs siècles, d'où nous ne sortirons que par des siècles d'efforts.

Excusez, monsieur, la tristesse de mes paroles. Ce n'est pas l'amertume de l'exil qui me les inspire, mais l'indignation que soulève en mon cœur la lâcheté de ma nation. L'exil ne m'est de rien; je trouve le travail et la méditation partout, et partout aussi je rencontre des sympathies et des affections; mais la vue de ce qui se passe en France, et que la masse du peuple français ignore ou se refuse à voir, m'est insupportable.

Je travaille avec une sorte de frénésie. Outre la réimpression de mon livre, corrigé, augmenté, et qui me coûte un temps énorme, je prépare, pour 1861, quatre publications, au moins, sur divers sujets. C'est trop écrire, je le sais bien; mieux vaudrait soigner davantage et faire moins et aller moins vite. Mais le temps presse, et j'avoue que je n'ai pas le courage de me préoccuper de la forme. Sous un tel régime, la vérité suffit toute crue. Ne voyez-vous pas, d'ailleurs, que le public, abêti, ne distingue plus le beau du laid, pas plus que le vrai du faux, ou la justice de l'iniquité?...

Je vous salue, monsieur, bien cordialement; je vous prie de transmettre mes salutations à M. Étienne Ballande, votre ami et le mien, le premier ami que j'aie fait dans votre ville et l'un des plus dignes hommes que je connaisse.

Tout vôtre.

P.-J. PROUDHON.

Bruxelles, 18 septembre 1860.

A M. CHARLES BESLAY

Mon cher ami, j'ai reçu en son temps votre bonne et
et amicale lettre du 5 courant. — A la bonne heure !
voilà qui commence à devenir satisfaisant.

Votre affaire suisse se règle tout doucement; votre
galvanoplastie a fait de l'argent, les beaux temps de
votre jeunessse sont revenus. Je n'hésite plus à vous
saluer maître et à vous faire mes compliments. Songez
que votre métier est aussi périlleux que le mien : si
vous ne réussissez pas, vous êtes impitoyablement blâmé,
vous êtes une mazette ; si, au contraire, la fortune couronne vos efforts, on vous encense et l'on vous adore !
La philosophie du succès ! La politique du succès ! La
religion du succès ! Faudra-t-il dire encore l'*amitié du
succès?*...

En attendant que le succès m'arrive, je travaille comme
un forçat, et je me trouve la tête dans le plus mauvais
état. Je viens d'improviser, en dix-huit jours, une brochure qui fera plus de 250 pages d'impression, et que
j'ai expédiée à Lausanne pour le concours sur l'impôt.
Il y a deux prix : que j'obtienne seulement une mention
honorable et l'affaire sera bonne. Avec un succès,

même de simple estime à l'étranger, j'aurai de quoi reparaître fièrement dans mon cher pays. Vous jugerez bientôt.

En même temps, je poursuis cette pénible réimpression de mon livre *De la Justice*; la huitième livraison a paru, la neuvième dans huit jours. — Je révise un manuscrit pour les frères Garnier, qui consentent enfin à m'imprimer, sauf à soumettre mes épreuves à un *conseil de censure* composé de leur avocat et du mien. Et de deux ! Enfin, j'ai à moitié faits deux autres ouvrages qui seront publiés courant 1861 par les mêmes, sans compter les articles Revue et autres imprévus.

Vous voyez, cher ami, que je rivalise avec vous pour le travail. Mais priez donc un peu cette coquine, qui de tout temps se montra pour vous si prodigue de faveurs, la Fortune, de déposer sur mon front chargé de mélancolie le plus chaste de ses baisers, afin de faire fructifier mon labeur. Quelle fasse cela pour vous, si elle me juge indigne; je vous promets de respecter votre maîtresse et de ne pas exiger davantage. J'ai une femme qui travaille comme une négresse, et deux petites filles qui vont à l'école. Cela mérite bien quelque grâce du ciel.

A propos de *politique*, — je réponds à un mot de votre lettre, — je viens d'apprendre que vous faisiez partie du comité garibaldien et de celui formé pour élever un monument à la mémoire du malheureux De Flotte. Je sympathise fort avec Garibaldi, par conséquent, je regrette la mort de De Flotte et j'honore sa mémoire; mais j'ai une petite observation à faire sur le comité. Ce comité a pour chefs directeurs et metteurs en train l'*Opinion nationale* et le *Siècle*, la première, organe avoué, le second, compère volontaire du bonapartisme. La police impériale laissant faire, j'en conclus que le gouvernement impérial joue ici, comme en tout, un double jeu, dont le moindre inconvénient pour la démocratie sincère serait de prendre Napoléon III pour chef de ses entreprises et organe de ses sentiments. Croyez-vous qu'il puisse sortir rien de bon et d'honorable de toutes ces intrigues ?

Entrer dans le comité garibaldien à la suite de l'*Opipinion Nationale* et du *Siècle*, c'est : 1° se prêter à une rouerie napoléonienne; 2° appuyer un mouvement d'unitarisme que l'Angleterre protége et dirige, non-seulement contre l'empereur, mais contre la France; 3° s'engager implicitement à soutenir Garibaldi, au cas où il attaquerait l'armée française qui est à Rome, et viendrait revendiquer la ville de Nice, livrée par M. de Cavour malgré lui.

Etes-vous décidé à suivre Garibaldi jusque-là ? Si oui, je vous approuve et me joins à vous; je demande à grands cris le rappel des Français, l'expulsion du Pape et la restitution de Nice; je me moque du machiavélisme de l'Angleterre et je siffle l'empereur, — sinon, j'ai l'honneur de vous faire observer, cher ami, que vous êtes inconséquent et pris pour dupe.

Réfléchissez sur ce que je vous dis là, et dont je vais faire le dernier paragraphe de mon neuvième bulletin.

Puisque vous m'autorisez à recourir encore une fois à votre caisse, et que vous acceptez l'hypothèque de mes paperasses, soyez assez bon pour prendre note d'une traite nouvelle que je vais faire sur vous, au 30 courant, pour la somme de fr. 250. — Je prends cette date du 30 septembre pour deux raisons: d'abord, parce que je ne suis pas sûr que vous soyez en ce moment chez vous, et que je n'oserais, en conséquence, fournir à vue; 2° parce que, obligé par l'état de mon cerveau d'aller me reposer quelque temps chez un ami qui m'offre l'hospitalité, je serais bien aise de laisser cette ressource, en partant, à ma femme.

Vous voyez, cher ami, qu'à des gueux de mon espèce il ne faut jamais faire offre de service si l'on craint d'être pris au mot. Du reste, je compte sur un meilleur avenir. Une fois MM. Garnier frères rassurés et nantis, ma position se retrouve régulière, et je dors tranquille.

Nous avons ici depuis deux jours M. Chaudey, avec qui j'ai eu de longues conversations. Lui-même vous expliquera comment je comprends ma position à l'étranger et ce que j'en espère. Comme il part après-demain pour Herstall, je profiterai de l'occasion pour m'embarquer moi-même pour Spa, et nous voyagerons ensemble jusqu'à Liége.

Un mot de réponse, s'il vous plaît, quand vous le pourrez, et croyez-moi votre très-dévoué et obligé.

P.-J. PROUDHON.

Ixelles, 7 octobre 1860

A M. MATHEY

Mon cher Mathey, M. Maurice, qui vous remettra la présente, vous donnera communication de celle que je lui écris relativement à la veuve de mon frère et à ses enfants. C'est pourquoi je laisse de côté ce sujet, sur lequel je ne pourrais que me répéter.

Je répondrai seulement à votre dernière dont le contenu m'a, comme toujours, extrêmement intéressé.

J'ai d'abord fait part à Lebègue, mon nouvel éditeur, de ce que vous me disiez des libraires de la Chaux-de-Fond. Lebègue m'a répondu qu'il avait expédié, dans le commencement, un assez grand nombre de la première livraison, que le libraire auquel il avait fait cet envoi lui avait écrit de cesser ses expéditions, etc. Il paraît que ce brave Suisse craignait, en plaçant quelques exemplaires d'un livre condamné en France, de brouiller la Confédération avec le gouvernement impérial. Vous n'avez donc d'autre parti à prendre, si vous désirez avoir des exemplaires de ma deuxième édition, que de trouver, soit à la Chaux-de-Fonds, soit à Neufchâtel, au Locle, à Lausanne ou ailleurs, un libraire ou tout autre intermédiaire qui les reçoive pour vous et trouvera ensuite le moyen de vous les faire parvenir.

La neuvième livraison vient d'être mise en vente, la dixième est sous presse; le tout aura paru d'ici à la fin de l'année. Cette réimpression m'a été très-pénible et fort peu lucrative; mais je crois enfin avoir fait un bon livre qui restera.

Entre autres nouvelles du pays, vous me mandez qu'une sorte de satisfaction s'est répandue partout en ce qui touche le gouvernement impérial et sa politique. Cela s'explique grâce aux ténèbres entretenues par la police et à la défense de critiquer les actes du gouvernement. Mais gare que le réveil ne soit terrible, surtout s'il est amené par une débâcle financière!

A l'étranger, où tout peut se dire, la situation de notre pays paraît aujourd'hui plus mauvaise qu'elle n'a jamais été; le gouvernement impérial est universellement haï, la nation méprisée; tous les projets de Napoléon déjoués; le pays isolé, privé de ses libertés au dedans, de sa considération au dehors, et sur tous les points en pleine décadence.

Vous me dites que les forges de la Franche-Comté ne craignent pas la concurrence anglaise. C'est une heureuse exception; mais, si vous avez lu le rapport de M. Talabot, vous avez pu voir que partout ailleurs cette concurrence sera insoutenable.

Les marchands de vin de la Bourgogne et du Bordelais se sont réjouis du traité de commerce, mais les docks de Londres sont encombrés de leurs vins, qui restent *invendus;* le palais anglais dédaignant cette *bibine légère,* à laquelle il préfère son ale et son porter, et ne goûtant, en fait de vins, que ceux d'Espagne et de Portugal.

Les *canuts* de Lyon sont jusqu'à présent plus heureux : l'Angleterre, où ne croît pas le mûrier, accepte nos soies et ne nous fait concurrence que pour quelques articles. En revanche, les manufacturiers de Rouen, Amiens, Lille, etc., se lamentent; nous apprendrons un jour que pour vendre 50 millions de soierie, nous avons perdu une vente de 100 millions de calicots et de draps.

Depuis trois mois, la Belgique est en manifestations et en fêtes ; les villes de la frontière, à qui l'on avait prétendu faire croire qu'elles ne demandaient qu'à se jeter dans les bras de la France, protestent à l'envi : pour ne vous en citer qu'un exemple, la ville d'Ypres, de 14,000 âmes, dépensait l'autre jour 100,000 francs pour la réception du roi Léopold.

Il y avait en Belgique un parti républicain ; contre l'annexion française, les républicains se sont ralliés à la dynastie. Je puis vous répondre de l'unanimité des Belges; elle est fondée sur les plus solides motifs; la liberté, la sécurité et le bon marché du gouvernement. En ce moment la Belgique et la Hollande se réconcilient, et toute l'Europe applaudit.

Combien durera en France le règne de l'équivoque ? Je l'ignore. Mais il est sûr que si l'Empire tombe un jour, comme je l'espère, il laissera un épouvantable déficit que la République comblera d'un seul mot, la banqueroute.

Dites-moi ce qu'aura produit l'exposition bizontine.

Donnez-moi aussi des détails sur la démission de Convers, dont l'administration n'aura pas, selon moi, été une gloire pour notre pays.

M. Maurice m'a annoncé la mort de J.-B. Gauthier. Bien des amitiés à Guillemin.

Je vous serre les mains, mon cher Mathey, et suis pour la vie votre

P.-J. PROUDHON.

Bruxelles, 7 octobre 1860.

A M. MAURICE

Mon cher Maurice, nous avons reçu votre lettre de faire part concernant le mariage de Laure; plus votre missive datée, par erreur, du 4 septembre, mais timbrée du 4 octobre, et concernant ma belle-sœur et mes neveux.

J'ai expédié à Lausaune, pour le concours, un gros manuscrit, qui, s'il ne me rapporte pas de couronne, me vaudra toujours quelque argent. Aussitôt que les juges du concours auront publié leur compte rendu, je ferai la révision de mon travail et l'enverrai aux frères Garnier, qui trouveront bien moyen d'en tirer pour eux et moi quelques billets de mille francs.

Dans quinze jours, j'enverrai également à Paris, aux mêmes Garnier, un autre manuscrit dont j'attends plus de succès encore : je compte que la publication en sera faite courant décembre, ou au plus tard après le nouvel an.

L'année 1861 ne passera pas sans que je fournisse, en outre, une ou deux autres publications, sans compter les articles que je sèmerai çà et là dans les journaux et

Revues. Jusqu'ici ma réimpression m'a pris tout mon temps, mais je touche à la fin.

Voilà, cher ami, quelles sont mes vues pour le présent. Si peu que le public me soit favorable, je puis tout réparer, d'autant mieux que je n'ai rien à craindre du parquet. Vous ai-je dit que MM. Garnier ont exigé pour m'imprimer la formation d'un conseil de censure, composé de leur avocat et du mien, ce à quoi j'ai consenti.

Ma santé se soutient, sauf le rhume qui, dans cette humide Belgique, me harcèle toujours, et le ventre qui me vient; mais on peut combattre ces deux affections.

Donnez-moi quand vous pourrez de vos nouvelles, et croyez que jusqu'à présent mon courage ne faiblit pas plus que ma raison.

Je vous serre la main.

P.-J. PROUDHON

Ixelles, 14 octobre 1860.

A M. ALFRED DARIMON

Mon cher Darimon, je ne connais pas plus que vous
Mme Dubusc, ni les braves gens qu'elle représente.
Venue à Bruxelles pour consulter Raspail, elle s'est
présentée à moi avec une lettre portant une demi-douzaine de signatures, que j'ai jugée, à la naïveté, grave,
et à ses fautes de langage, émaner d'ouvriers honnêtes,
curieux des questions du siècle, mais point du tout
conspirateurs. A une demande honnête, j'ai cru devoir
faire une réponse bienveillante ; voilà tout. Je ne puis
vous dire à combien de questions j'ai dû répondre, ou
plutôt faire semblant de répondre, car vous savez bien
qu'on ne satisfait point en deux ou trois pages à des
questions qui sont les plus difficiles de l'Économie politique. Il suffit que j'aie encouragé mes correspondants à
continuer leurs lectures et conférences, que j'aie relevé
les points sur lesquels j'ai cru les voir dans le bon chemin, et que j'aie terminé en leur proposant, puisqu'ils
me parlaient de propagande, de tâcher d'avoir des correspondants à Paris, de manière à opérer un commencement de ramification et à s'éclairer les uns les autres

par des communications épistolaires. Je crois en cela
n'avoir rien fait contre la prudence : mieux vaut, ce
me semble, que les citoyens réfléchissent et discutent
que de se rouiller dans l'oisiveté ou de se compromettre
dans des complots.

Vous en savez maintenant, mon cher ami, autant que
moi. Rien ne vous empêche d'en user comme j'ai fait ;
peut-être n'est-ce qu'une société de curieux indiscrets ;
peut-être aussi avez-vous affaire à un groupe de bons
ouvriers qu'il serait dommage et messéant de négliger.
Vous en jugerez bientôt.

Pour moi, je n'ai pas eu d'autre nouvelle des gens
dont il s'agit que la visite de Mme Dubusc, et je n'y
pensais plus quand votre lettre est venue me remettre
ce nom en mémoire. Que si maintenant il fallait conclure de ce fait très-particulier à l'existence d'un parti
proudhonien, puisque vous employez l'épithète, je crois
que ce serait s'exposer à une grande déception. Le
peuple peut être d'un parti Blanqui, Mazzini ou Garibaldi, c'est-à-dire d'un parti où l'on *croit*, où l'on
conspire, où l'on se bat ; il n'est jamais d'un parti où
l'on raisonne et où l'on pense. J'ai lieu de penser, il est
vrai, que depuis le coup d'État le public qui m'accorde
de temps en temps sa bienveillance a plutôt augmenté
que diminué ; il n'est guère de semaine qui ne m'en
fournisse des preuves. Mais cette élite de lecteurs ne
forme pas un parti : ce sont des gens qui me demandent
des livres, des idées, de la discussion, de l'investiga-
tion philosophique, et qui demain, pour la plupart,
m'abandonneraient avec mépris si je leur parlais de
créer un parti et de se constituer, sous mon initiative,
en société secrète. Vous le dites vous-même ; ainsi, ne
vous effrayez pas : je suis moins à la tête d'un parti ou

d'une secte, dix fois moins, que lorsque je collaborais avec vous au *Peuple*.

Je suis on ne peut plus heureux d'apprendre que ma nouvelle *Préface* vous ait plu. Je voudrais bien que les cinq ou six morceaux que j'ai publiés depuis sous la rubrique : *Nouvelles de la Révolution*, fussent connues de vous et pussent s'imprimer à Paris. Malheureusement, la réalisation de ce vœu, l'impression à Paris, est impossible. C'est la mise au net de la politique impériale, de ses contradictions, de ses non-sens, de ses déceptions, quelque chose enfin qui tuerait le gouvernement. Tout en m'occupant des *principes*, j'essaie de temps en temps de m'en servir pour apprécier et *prévoir* les événements, et vous seriez surpris de voir à quel point cela me réussit. Chose singulière, il est aussi aisé de deviner et de mettre à jour une politique de roués qu'une politique d'honnêtes gens; de même que ceux-ci sont menés par la logique de la conscience, ceux-là le sont par la logique de la cupidité, de l'orgueil, etc., et cette logique, fort semblable à celle de la bête qui fuit devant le chasseur, ne trompe pas plus que l'autre. Si j'avais le temps, je vous en citerais quelques exemples : je me contenterai de vous dire que Napoléon III, qui rêvait, au commencement de 1859, de son *Empire d'Occident*, s'est jeté dans un traquenard d'où il ne se dépêtrera plus. Si j'en crois certains symptômes, il doit en ce moment avoir perdu complétement l'estime de ses ministres; bientôt ce sera celle de toute la tourbe des badauds et des chauvins. *Le pauvre homme!*

Adieu.

Je vous serre la main.

P.-J. PROUDHON.

Ixelles, 14 octobre 1860.

A M. GOUVERNET

Mon cher Gouvernet, la dernière que j'aie reçue de
vous est du 22 septembre. Elle est arrivée avec une
lettre du docteur Clavel..., qui m'a été singulièrement
agréable, mais à laquelle je n'ai pas encore répondu.

La lettre négligée par Sigward m'est enfin revenue,
sur la réclamation que j'en ai faite à la poste de
Bruxelles. Ledit Sigward reste dans mon esprit dûment
convaincu d'être un imbécile, sinon un lâche; l'ami
R***, qui quitte Bruxelles à la fin du mois et qui va
s'établir à Paris, se charge de lui dire son fait comme
il le mérite.

Incessamment vous recevrez un manuscrit assez
considérable pour MM. Garnier frères. Je vous prierai
d'en rester dépositaire jusqu'au jour de l'impression, et,
pendant l'impression, de ne le livrer que par parties.
Vous recevrez à cet égard quelques instructions.

Encore un coup d'épaule et j'aurai terminé la réimpression de mon livre *De la Justice :* ce sera pour moi
un grand soulagement. Vous ne sauriez vous figurer
ce que m'a coûté cette seconde édition, qui me rapportera fort peu de chose. Mais, patience! il n'est pas dit

que cet ouvrage ne se vendra pas en France, et peut-être avant peu d'années.

Les affaires d'Italie sont un véritable imbroglio pour la plupart des gens qui s'en occupent, je dirai même pour tous. Mais, pour peu qu'on se donne la peine de rassembler les données de l'énigme, l'explication est on ne peut plus facile et claire.

L'empereur Napoléon est allé en Italie avec des intentions personnelles que chacun peut définir à sa guise, et qui tenaient à son idée *napoléonienne*. Entre autres choses il voulait, non pas faire une Italie démocratique, constitutionnelle et *unitaire*, mais y raviver les souvenirs bonapartistes, se poser comme homme de guerre, et jeter les bases du nouvel *empire d'Occident*. La paix de Villafranca vous a appris quelle avait été sa déception. Il a trouvé les Italiens enfiévrés de révolution, M. de Cavour se moquant de lui et le mystifiant ; quant à ses velléités de commandement, la vue du champ de bataille et le risque qu'il courut à Magenta l'eurent bientôt dégoûté du métier.

Il fallait donc s'arrêter, mettre un frein à la révolution, surtout empêcher l'unité italienne de se former et compléter le cercle des grandes puissances autour de son empire. Pour cela, il fallait maintenir l'Autriche, qu'il avait d'abord menacée ; maintenir le Pape, qu'il voulait aussi dépouiller de son temporel. C'est à opérer cette volte-face qu'il n'a cessé de travailler depuis Zurich et Villafranca. Maintenant, vous voyez ce qui arrive : Garibaldi révolutionne la Sicile, il chasse le roi de Naples ; Victor-Emmanuel, de son côté, envahit les États du Pape et fait sa jonction avec Garibaldi. Voilà l'unité italienne formée, un État de 24 millions d'hommes. Qui a autorisé le général Lamo-

ricière à aller à Rome? Napoléon. Il paraît même que
des pourparlers ont eu lieu entre Lamoricière et le
général de Goyon; on se croyait si sûr que les Piémontais n'oseraient rien entreprendre contre la volonté
de la France qu'on dit à Lamoricière qu'il n'avait rien
à craindre de ce côté et qu'il pourrait agir contre Garibaldi. Aussi, grande a été la stupéfaction aux Tuileries
en apprenant la déconfiture de l'Africain. En ce moment, Lamoricière furieux, et qui croit que l'empereur
l'a trahi, va à Rome demander des explications à M. de
Goyon!..... Pendant ce temps-là, les grandes puissances confèrent à Varsovie; les badauds croient à
une coalition; mais, je vous le répète, la coalition ne
sera jamais que défensive. En ce moment, bien que les
souverains n'approuvent pas la besogne de V.-Emma-
nuel, ils se tairont; que peuvent-ils souhaiter de mieux
que ce qui arrive? Napoléon III réveille l'empire d'Occident; la France chauvinique parlait de briser les
traités de 1815, et voilà qu'après quatre années d'intrigue, de rouerie et de victoires, la politique impériale
aboutit, à quoi? A se donner une rivale de plus,
une Italie de 24 millions d'hommes, qui rit au nez de
l'empereur et qui le brave! Voilà, mon cher, où nous en
sommes au dehors; quant au dedans, vous êtes à même
d'en juger. Vous pouvez maintenant dresser le bilan
des gloires et conquêtes de l'Empire français.

Je vous serre la main.

P.-J. PROUDHON.

Ixelles, 27 octobre 1860.

A M. GUSTAVE CHAUDEY

Mon cher ami, la présente vous sera portée par
M. Rolland, dont vous avez fait ici la connaissance, et
qui quitte définitivement Bruxelles pour aller s'établir
à Paris. Ce sera un vide de plus dans ma vie à combler,
comme tous les autres, par le travail et la correspondance.

Rolland emporte mon manuscrit pour Garnier frères.
Sous peu de jours vous aurez donc à commencer avec
moi vos fonctions de censeur; dites bien à M. Allou
que je vous prie tous deux d'être sévères. Ce n'est pas
seulement une inspection que vous allez faire, c'est un
sauvetage. Il s'agit de ma rentrée dans la publicité
parisienne, le livre *De la Justice* ne comptant pas.
C'est donc mon avenir, ma vie, ma pensée, mon âme
que je vous recommande. *In manus tuas commendo spi-
ritum meum.*

Je ne vous dis rien par avance de mon livre, dans
lequel vous trouvez un développement fort inattendu
des principes fondamentaux de ma *Justice*; vous lirez
tout. De vos impressions, vous ferez pour le *Courrier du
Dimanche* une annonce avec citation, si la chose en

vaut la peine; je m'en rapporte à votre jurisprudence
pour expliquer à vos lecteurs l'idée que j'ai voulu
rendre et que je n'ai su que bégayer. J'ai fait de mon
mieux, mais je ne crois pas avoir été au niveau de mon
sujet; il y a quelque chose là-dessous qui dépasse
toute pensée humaine. Ce sera, dans tous les cas, une
nouvelle intéressante pour la république des lettres.

Puisque je viens de nommer le *Courrier du Dimanche*
et que je vous ai promis de vous en dire mon sentiment,
entrons tout de suite en matière :

Les deux premiers numéros qui me sont parvenus
depuis votre départ de Bruxelles m'ont péniblement
affecté ; je vous dirai tout à l'heure pourquoi. Le dernier numéro, celui du 21 octobre, m'a semblé beaucoup
meilleur et m'a tout à fait réconcilié. Vous me direz,
après m'avoir lu, à quoi a pu tenir cette différence.

Ce qui me peine dans la presse française, c'est
d'abord que l'ont veut écrire quand même, parler *sur*
quand on ne peut parler *contre*, exprimer un jugement
sur des faits que l'on connaît à peine, et à propos desquels la souveraine sagesse serait le plus souvent de
garder le silence. Il y a un homme dans le journalisme
parisien que je trouve admirable par ce côté, un homme
qui sait se taire en enregistrant les faits, c'est Nefftzer.
Pourquoi M. Assollant ne fait-il pas, à l'occasion,
comme lui ?...

Rien n'est plus facile, vous le savez, sous un pouvoir
despotique, que de parler de choses sur lesquelles le
blâme est défendu, et où on n'a que la ressource du
silence. On veut faire acte d'opinion, même acte d'opposition, on se flatte de rester indépendant; on a recours
pour cela à mille ficelles, à mille petites rubriques ;
on prend des précautions oratoires; on fait des *conces-*

sions; enfin et toujours, après avoir dit trop peu et très-mal, on arrive à donner gain de cause à son adversaire.

Dans un article sur la Belgique, qui a été ici fort remarqué et cité, M. *Ch. Weiss* a dit de bonnes choses, judicieuses, marquées au coin de l'impartialité et de l'indépendance. L'article a été loué; on vous en fait les honneurs. On m'a demandé à moi-même si je n'y étais pour rien. Eh bien! dans ce même article, dont la seconde moitié est excellente, le commencement était malheureux. Il s'y sentait toujours une arrière-pensée d'annexion, un regret de voir la Belgique échapper à la France, une prétention à la suzeraineté politique, au protectorat, qui était peu en harmonie avec les sentiments actuels des Belges, avec leurs susceptibilités, et avec les pensées que doit suggérer le régime napoléonien et l'esprit qui doit inspirer les écrivains libéraux. Nous tombons toujours, nous autres Français, dans le chauvinisme ; il faut nous guérir de cette *idiotie* nationale.

M. Assollant est un jeune écrivain d'un vrai talent et d'inclinations on ne peut plus généreuses; mais il faut absolument l'avertir d'un danger : le genre qu'il cultive, la *causerie,* est le plus lâche de tous les genres, le plus énervant pour la lecture et le plus fatal à l'écrivain. Il y faut une haute supériorité, un grand fonds de philosophie, une connaissance exacte des choses et une expérience consommée; sans cela, on tombe infailliblement dans le verbiage des *Mané, Thecel Pharès* et autres parleurs quotidiens et hebdomadaires.

Ces observations m'ont été suggérées par l'espèce d'invective de M. Assollant contre John Russell. — Comment votre collaborateur est-il si peu intelligent de la tactique de cet homme d'État? Ce qu'il prend pour de la sénilité d'esprit est l'effet d'une profonde combinaison. On ne s'y trompe pas en Angleterre, où, malgré les grognements du *Daily News*, la majorité approuve John Russell. Sans doute cette politique du chef whig n'est point favorable à la France, mais qui ne voit pas qu'elle tend, par le chemin le plus *sûr* : 1° à la formation de cette unité italienne que M. Assollant accuse J. Russell de desservir; 2° à l'isolement de la France; 3° à l'union des puissances du nord; 4° au développement sur tous les points du continent du principe constitutionnel; 5° à la chute de la papauté. C'est l'Angleterre unie à la Prusse qui pousse l'Autriche dans la voie des réformes, comme un meilleur moyen de triompher du bonapartisme; c'est elle qui protège l'Italie, tout en menaçant M. de Cavour, s'il touche à la Vénétie, de l'abandonner. Je vous laisse le soin de développer cette donnée; vous y trouverez, je vous le repète, que si les Anglais ne sont pas nos amis, ils ne sont ni dépourvus de capacité politique, ni de suite, ni de principes.

Je vois quelquefois le *Courrier* parler du principe des *nationalités*. Est-ce sérieusement? Est-ce que les nationalités sont véritablement un principe?... Je me borne à vous poser la question et vous ajourne à la lecture de mes épreuves.

Avez-vous lu certain article, signé *Chassin*, touchant le dernier ouvrage d'E. Quinet? j'ai été, je vous l'avoue, ahuri de cette sotte réclame, après ce que vous m'aviez dit vous-même de l'ouvrage. Vous savez d'ailleurs que Chassin, prêchant pour E. Quinet, prêche pour ses propres reliques. De grâce, ne devenez pas un journal de coterie.

Vous pouviez aussi annoncer en termes plus simples

le mariage de P***. Aujourd'hui, c'est le livre de l'un pour lequel on défie qui que ce soit au combat ; demain c'est la femme de l'autre, pour les beaux yeux de laquelle on s'apprête à rompre une lance ; tout cela sent la petite église, la camarilla.

Pourquoi vos articles, à vous, mon cher ami, sont-ils irréprochables ? car, je suis heureux de pouvoir vous le dire, aucune de mes critiques ne vous atteint. C'est que vous parlez jurisprudence, que vous suivez votre ligne de juriste, et que sur ce terrain vous ne pouvez vous égarer, tomber ni dans la complaisance, ni dans l'attaque. Le droit supérieur à tout : avec cela vous êtes fort et vous restez sans reproche.

Pourquoi, à part certaines phrases qui sentent la camaraderie, Frédéric Morin est-il, ainsi que vous, à l'abri de toute condescendance vis-à-vis du Pouvoir ?— c'est qu'il parle *morale*, et qu'avec la morale on n'a pas à craindre d'être taxé de faiblesse envers le gouvernement. Avec la morale, comme avec le droit, d'abord on ne se trompe pas, on reste vrai ; si le gouvernement en profite, tant mieux pour lui. Du moment qu'il est moral, le critique ne peut être accusé de maladresse ; il vaut mieux pour lui reconnaître la vérité que calomnier.

Pourquoi M. Élias Regnault est-il à son tour si ferme, si éloigné de toutes les étourderies de langage qui servent le despotisme qu'on voudrait bien, mais qu'on n'ose pas attaquer directement ? c'est que M. Élias Regnault table sur des principes et fait de la science administrative et économique.

Ainsi, cher ami, le *Courrier du Dimanche* possède en lui-même ses règles et ses modèles. Faites du droit, de la morale, de la science, de l'histoire, de bonne critique philosophique et littéraire, et quand vous ne pourrez former votre attaque, taisez-vous sur le reste. Rien pour le chauvinisme, rien pour la vanité nationale, rien pour la populacerie, pas la moindre concession à un pouvoir fourbe et lâche !

Avez-vous lu la dernière tartine de M. Boniface ? Êtes-vous maintenant convaincu de la vérité de ce que je dis depuis longtemps, que le *juste-milieu*, le *doctrinarisme* est la philosophie forcée de l'Empire, comme il a été celle de Louis-Philippe.

Vous savez sans doute que ce *monsieur* a donné des ordres à son amiral pour la sauvegarde du roi François II. Êtes-vous convaincu maintenant que le Bonaparte, l'éternel menteur, le fourbe, le chenapan, est sur la grande voie des trahisons, avec tout le monde ?

Ah ! prenez bien garde de vous laisser entraîner par ce que j'appellerai *l'humeur patriotique*, et qui est la perte du patriotisme. Tout ce que vous faites en compte à demi avec l'Empire ou dans la même direction que l'Empire, lui venant en aide, est mauvais pour la France, mauvais pour la civilisation : le silence, toujours le silence !

Une circulaire, émanée de je ne sais quel comité parisien, nous a annoncé la réunion prochaine à Bruxelles d'un *congrès des nationalités*, en réponse au Congrès de Varsovie. Cela m'a paru tout d'abord une machine bonapartiste. J'attends ces plénipotentiaires de nouvelle espèce, et suis bien résolu de faire pour eux ce que j'ai fait pour le Congrès de la propriété littéraire, de leur donner le coup de bât.

Mon cher ami, ma conviction profonde est que nous entrons de plus en plus dans l'ère de dissolution et de trouble. Toute l'Europe est malade ; l'immoralité devient effrayante et la misère la suit. Les tueries viendront, et la prostration qui suivra ces bains de sang sera effroyable. Nous ne verrons pas l'aurore du nouvel âge; nous combattrons dans la nuit; il faut, si nous sommes sages, nous arranger pour supporter cette vie sans trop de tristesse, en faisant notre devoir. Aidons-nous les uns les autres; appelons-nous dans l'ombre, et chaque fois que l'occasion s'en présente, faisons justice : c'est la consolation de la vertu persécutée.

Je vous écris tout ceci pour vous; n'en communiquez rien. Je crains les amours-propres. Saluez tous les amis.

Tout vôtre.

P.-J. PROUDHON.

Ixelles, 27 octobre 1860.

A M. GOUVERNET

Mon cher Gouvernet, j'ai reçu votre lettre du 23 courant.

La présente vous sera remise, ainsi qu'un manuscrit pour Garnier frères, par M. R***, un ami que vous avez vu déjà à la suite de l'amnistie et qui va se fixer définitivement à Paris.

Aussitôt que vous aurez reçu ce manuscrit, je vous serai obligé de vous présenter le plus tôt qu'il vous sera possible, ce manuscrit à la main avec l'incluse, auprès de Garnier l'aîné, qui commencera par prendre lecture de ma lettre.

Vous lui ferez voir ensuite le manuscrit et vous lui proposerez, ce dont je lui exprime du reste le désir, de rester dépositaire dudit manuscrit ou du moins de la partie qui ne sera pas entre les mains de l'imprimeur, jusqu'à ce que l'impression soit terminée.

Si je vous donne cet ennui, mon cher ami, c'est que j'ai peur que mon manuscrit ne traîne et ne s'égare dans les bureaux de MM. Garnier ou dans l'atelier de l'imprimeur. Si quelque accident arrivait, ce serait on ne peut plus déplorable, car je n'ai pas de *copie* de mon ouvrage et je ne pourrais pas le refaire s'il venait à être détruit.

Lorsque l'impression devra commencer, vous enverrez d'abord à Garnier, soit à l'imprimeur, *le premier livre* enveloppé à part et composé de cinquante-quatre feuillets, puis vous continuerez par le second, puis par le troisième, et ainsi jusqu'au cinquième et dernier, de manière à ne laisser jamais entre les mains de l'imprimeur qu'une fraction minime du manuscrit. C'est ainsi que j'en use quand je fais imprimer, par raison de sûreté.

Vous concevez qu'en cas de destruction ou soustraction, incendie, etc., il me serait beaucoup plus aisé de refaire 50 ou 60 pages que d'en recommencer 450.

Voilà, cher ami, la corvée dont je viens vous charger. Il s'agit de ma rentrée dans la publicité parisienne, rentrée qui vient bien tard, puisqu'enfin je ne puis compter pour une publication mon livre saisi de 1858.

Je connais le *Congrès* dont vous me parlez, j'en ai lu la circulaire. C'est une manifestation montée moitié par les bonapartistes, moitié par des chauvins ex-démocrates.

C'est si bête que je regarde l'affaire comme mort-née. En tout cas, je les attends à Bruxelles où je suis décidé à faire pour eux ce que j'ai fait pour le congrès sur la propriété littéraire, c'est-à-dire à leur donner un coup dr bât dont ils ne se relèveront point.

J'ai des nouvelles du papa Beslay. Il va toujours bien, fait beaucoup d'affaires et marie son fils : un million et plus qui épouse, j'en suis convaincu, un autre million.

Si vous voyez Dessirier, dites-lui que j'ai reçu sa *Symétrie dans les constructions des grandes villes*, mais que je n'ai pas eu encore un moment pour le lire.

Il me suffit du titre pour lui dire que Napoléon III n'a pas besoin de conseils ni d'encouragements; il fera toujours plus que ne comporte le budget des villes et la nécessité des constructions.

Serrez la main à papa Cretin à première occasion, et dites-lui que mes petites filles le regardent toujours comme leur grand-père. Bonjour en même temps au docteur.

Quant à Massol, j'ai bien peur qu'il ne finisse par retomber dans les errements de ses anciens coreligionnaires saint-simoniens.

D'après ce que je sais de cette école et de la chauvinerie démocratique et socialiste, Massol serait d'une bien grande force s'il résistait. Essayez donc de lui demander, pour voir, s'il n'est pas de ceux qui admire le succès de la politique impériale et qui se réconcilient petit à petit avec ce régime.

Vous lui direz que c'est moi qui lui fais cette question et qui désire avoir sa réponse.

Tout vôtre.

P.-J. PROUDHON.

Ixelles, 27 octobre 1860.

A M. CHARLES BESLAY

Mon cher ami, j'ai reçu la vôtre du 24 courant.

Je suis heureux du nouveau bonheur qui vous arrive; vous allez marier votre fils; vous le mariez à votre choix et au sien; tout se passera selon l'ordre éternel et saint de la famille et selon les aspirations légitimes de la conscience et du cœur. Vous, votre fils, votre belle-fille et les parents de votre belle-fille, vous allez prouver une fois de plus que le respect des lois domestiques, de l'autorité paternelle et des convenances sociales, n'exclut nullement entre époux la plus vive affection; que le bonheur conjugal ne se trouve même que là, parce que là seulement il rencontre ses garanties. Il y a quinze jours, un de mes vieux amis de Besançon m'annonçait le mariage de sa fille dans les mêmes conditions que le mariage de votre fils. Quand je vois des unions ainsi formées, je ne puis m'empêcher de me dire : que la vérité, l'honneur, la vertu, la vie heureuse, sont des choses simples! Comme tout cela s'accorde, et que ce siècle est stupide avec ses sophismes et ses déclamations sur la famille, le mariage et l'émancipation de la femme ! Quelle sotte littérature ! et quelle ignoble morale !...

Je n'ai pas besoin de vous dire, cher ami, quels vœux je fais pour la félicité de vos enfants ; de pareils vœux sont inutiles ; vous avez, vous et votre excellent jeune homme, pourvu à tout. Ils n'auront plus qu'à se laisser vivre, en prenant leur part de ce triste spectacle des choses humaines, et lui accordant de temps à autre un signe de pitié.

Parlons maintenant un peu de nos affaires.

Un ami, qui, je l'espère, aura l'occasion de vous rencontrer et de se faire estimer de vous, M. R***, ancien membre de la Législative, forcé de s'expatrier à la suite du 13 juin 1849, emporte ce soir un gros manuscrit de moi pour Garnier frères. C'est l'ouvrage pour la publication duquel j'étais décidé à solliciter de vous une avance d'argent, afin de le publier à mes frais, dans le cas où Garnier aurait persisté à le refuser. Vous savez sans doute que nous nous sommes arrangés pour nommer à l'amiable un comité d'examen qui reverra mes épreuves et donnera le bon à tirer. Voilà à quoi en est réduit un écrivain sous le gouvernement impérial. Cela paraîtra dans le commencement de la prochaine année.

Quant au Mémoire envoyé à Lausanne, j'ignore quand il me reviendra. Je sais qu'il y a quarante manuscrits envoyés pour le concours ; jugez quel temps il faut au jury rien que pour la lecture ! Naturellement, moi, si chanceux en affaires, je ne puis guère compter sur un prix ; mon nom seul s'y opposerait. Mais ce n'est pas tout à fait, comme bien vous pensez, pour la couronne que j'ai voulu concourir. En cela j'ai fait comme maître Voltaire qui, de temps en temps, s'amusait aussi à concourir, n'obtenait jamais le prix, et n'en faisait pas pour cela moins de tapage.

— Aussitôt que ce manuscrit sera revenu, je m'occuperai de sa publication, qui pourra avoir lieu vers le le mois de mai ou juin prochain.

En attendant, je traite d'autres choses, et compte bien ne pas laisser la presse chômer. Paris et Bruxelles seront mes deux ateliers. Qu'il m'arrive une bonne veine, pendant un an ou deux, et je répare toutes mes brèches.

Pourquoi me parlez-vous politique, quand, la situation changeant de minute en minute, il nous devient impossible, à la distance où nous sommes, de nous entendre?

Je vous répète qu'il n'y a point de Sainte-Alliance ni contre la France ni contre la Révolution française, que l'Europe entière, moins la France, est engagée dans les voies constitutionnelles, tandis qu'en 1792 c'était juste le contraire : la France seule était libérale, le reste de l'Europe absolutiste. La situation est retournée, les rôles sont intervertis; mais nos démocrates, habitués à lire et à répéter le contraire, n'en veulent démordre; pour eux Napoléon, c'est toujours la Révolution.

Ce qui se fait à Varsovie n'est qu'une entente verbale contre les escapades de notre homme, l'ami des jésuites, le protecteur de la papauté, le destructeur des libertés constitutionnelles, hier le libérateur de l'Italie, aujourd'hui son oppresseur.

Qui est-ce qui offre en ce moment ses services au roi de Naples François II contre Victor-Emmanuel? Napoléon III.

Qui est-ce qui souffle le chaud et le froid dans le

Constitutionnel, qui prêche tout à la fois la réaction et
la Révolution, et qui fait du plus plat juste-milieu?
Napoléon III, toujours sous le nom de Boniface.

M. Guéroult nous crie dans son journal que les
alliés veulent détruire la liberté et l'unité italienne. Ils
s'en garderont bien. Ils ont tout intérêt à créer une
Italie puissante; ils trouvent admirable que la France
y donne les mains; ils ne craignent rien tant que de
voir Napoléon III s'en dédire ou y faire opposition.
Jamais nos rivaux n'ont eu la partie plus belle; jamais
notre gouvernement n'a été plus méprisé, notre nation
plus isolée; jamais nous ne fûmes tout à la fois plus
vaniteux et plus ridicules. La France tombe, mon cher
ami; vous ne le voyez pas, mais d'ici cela crève les
yeux. Le bonapartisme, le jacobinisme et le jésuitisme
mêlés ensemble auront produit cet effroyable résultat;
que cet état de choses dure vingt ans, et nous serons,
pour la vitalité politique, à la queue.

Vous êtes enfiévrés de Malakoff, de Solferino, de
Magenta, de l'annexion de la Savoie et de Nice.

Mais nos victoires, par la tournure qu'ont prise et
que prennent de plus en plus les choses, ces victoires,
obtenues à si grands frais, ont été remportées contre
nous-mêmes; c'est comme le *Palais de l'Industrie* et le
nouveau Louvre, qui, ne servant absolument de rien,
n'ayant ni caractère politique, ni valeur architecturale,
se liquident par un déficit.

Mais la Savoie n'est qu'une lèpre, la patrie des goî-
treux et des crétins, qui nous coûtera dix fois plus
qu'elle ne rapportera, et ne donnera peut-être même
pas de conscrits. Mais Nice, italienne de cœur, comme
Garibaldi son héros, nous aime aussi peu que Venise
aime l'Autriche; c'est un foyer de conspirations.

Notre considération en Europe est nulle; le nom français est sifflé; trouvez-vous donc que ce soit un grand succès pour nous? — Il y aura des batailles et nous prendrons notre revanche à la baïonnette, je le crois; mais quand nous aurons fait la guerre pendant cinq ou dix ans; quand, après le va et vient des victoires et des défaites, l'équilibre se sera rétabli, notre prostration sera dix fois plus grande, et la France des Bonaparte finira comme l'Espagne.

Votre manie à tous est de dire : Plutôt encore celui-ci que les d'Orléans! C'est là un sophisme de votre mauvaise conscience ; le propos de gens qui ne veulent pas avouer leur complicité avec l'autocratie. Vous le voyez tous les jours, la politique impériale n'est qu'une infâme bascule, cent fois pire que celle tant reprochée à MM. Guizot et Molé. Avec ceux-ci, il restait du moins les libertés de la tribune et de la presse, la faculté d'interpellation et de contrôle, tandis qu'avec le bâtard d'Hortense, vous avez tout perdu : la liberté et l'honneur. N'importe, *plutôt celui-ci que les autres!* C'est votre refrain. Eh bien! crevez donc dans votre pourriture, baisez le cul aux jésuites, la mule au Pape, la botte à César; léchez la chemise d'Eugénie, et faites des souscriptions pour le prince impérial. — Je vous dis que le monde entier hausse les épaules à vous voir et à vous entendre, que l'Italien vous berne, l'Allemand vous siffle, le Russe vous méprise, l'Anglais vous crache à la face, les Belges eux-mêmes, les Hollandais et tous les petits peuples de l'Europe applaudissent avec transport à votre décadence. Mais calmons-nous, nous sortons des bornes du parlementage.

Mon cher ami, je ne collabore pas au *Courrier du Dimanche*, je ne le trouve pas assez énergique contre la France impériale. Mais il se peut que j'y écrive un jour ; cela dépendra de ses tendances et de son attitude. Quant à Montalembert, il n'y est de rien.

Adieu, cher ami, conservez-vous pour vos affaires et pour vos enfants, et laissez là tous les compères du bonapartisme.

Votre

P.-J. PROUDHON.

Bruxelles, 28 octobre 1860.

A M. MAURICE

Mon cher Maurice, au reçu de votre dernière, datée
d'avant-hier, j'ai écrit à ma belle-sœur.

J'ai eu, il y a une huitaine de jours, la visite du fils
S***, ancien commis de la maison B***, et qui s'était
mis à son compte dans une entreprise d'horlogerie.
Il m'a raconté comment un fripon de commissionnaire
parisien lui avait emporté 90,000 francs et l'avait ruiné
d'un coup, lui et son père; comment ses créanciers,
comptant sur le dévouement du beau-frère M***, de
Château-Farine, l'avaient décrété de prise de corps,
et comment, ne voulant ni laisser payer M***, ni
pourrir inutilement en prison, il avait passé en Belgique. D'abord, il était allé à Rotterdam, — si j'ai
bonne mémoire, — où il avait repris un établissement
de photographie, qu'un procès survenu entre son bâil-
leur et le propriétaire de la maison, le força d'abandonner tout récemment.

A Bruxelles, il a trouvé à faire agréer ses services
dans une grande papeterie, dont le siége principal est
à Liége. Il y est caissier teneur de livres. Comme on lui
demandait quelque recommandation ou référence, il

s'avisa de prononcer mon nom. Je l'avais vu, en effet, chez son beau-frère, M***, à Château-Farine. — Ah! si vous connaissez M. Proudhon, lui dit le patron, cela suffit; nous n'en demandons pas davantage. Et il est entré en fonctions sur-le-champ.

Je ne vous raconte pas le fait pour me vanter d'un si léger service; mais vous voyez que l'opinion qui règne ici sur mon compte, parmi des bourgeois que je n'ai jamais vus, est bien différente de ce qu'elle était en 1848 et 1849. Des faits pareils, j'en aurais pu recueillir par centaines; et c'est pourquoi je ne regarde ni ma position, ni ma cause elle-même comme tout à fait désespérées.

Connaissez-vous l'aventure de ce jeune S***? Vous m'en diriez deux mots.

Je viens d'expédier pour Paris, à Garnier frères, un gros manuscrit, qui fera, j'espère, un joli et intéressant volume. C'est le second ouvrage que j'ai en route. Dans six mois, il y en aura quatre, sans parler de la réimpression de mon gros livre qui est fort avancée.

S'il ne vous est point trop désagréable de revoir M. Mathey, remettez-lui l'incluse. M. Mathey, tout en me parlant des mêmes choses auxquelles vous prenez intérêt, me renseigne sur la situation de notre pays, ce dont je lui sais un gré infini.

Tout vôtre.

P.-J. PROUDHON.

Ixelles, 28 octobre 1860.

A M. DELARAGEAZ

Mon cher monsieur Delarageaz, j'ai reçu en temps
voulu votre lettre du 18 septembre, par laquelle vous
m'accusez réception de mon manuscrit. Depuis ce
moment, j'attends que le commissionnaire vienne m'en
réclamer le port, mais en vain. En tout cas, je dois
vous rappeler que ce paquet vous a dû être remis
franco ; j'ai fait pour cela tout le nécessaire, offrant
même de payer d'avance, ce que le commissionnaire
Van Gend a refusé. Il est donc entendu que si par
hasard vous aviez déboursé pour cet objet quelque
chose, je vous en suis redevable.

Je vous avouerai que j'attends avec une certaine
curiosité le résultat du concours. Quel que soit ce
résultat, je me propose, après une soigneuse révision,
de publier à Paris même mon travail, accompagné du
compte-rendu du jury et de quelques notes ou additions
que je ferai, de manière à faire de cette publication une
bonne leçon à l'adresse de mes compatriotes, de Sa
Majesté Impériale et de l'Académie des sciences mo-
rales et politiques. Je crois mon Mémoire aussi modéré
pour le fond que pour la forme, ce qui ne l'empêche pas

d'être aussi radical, aussi franc, aussi démocratique, je dirai même aussi révolutionnaire qu'on le puisse désirer.

Je sais que notre empereur rêve de remplacer la plupart des impôts par une taxe énorme sur les *successions*; cet article, sur lequel j'ai insisté déjà avec beaucoup de force, je me propose de le fortifier encore, afin de renverser, si je puis, l'influence saint-simonienne, qui empoisonne notre malheureuse nation et ne se ferait aucun scrupule d'embraser l'Europe.

Enfin vous avez compris, si vous avez lu mon Mémoire, qu'autant il fait l'éloge de vos institutions et de votre administration, autant il fait la condamnation des nôtres, et, qu'à ce point de vue, je tienne essentiellement à le publier. Ce sera une première attaque tant à notre abominable système qu'à nos pédants de l'Académie et nos faiseurs du journalisme; à ce point de vue, la plus légère mention honorable de votre Conseil d'État me serait précieuse. Vous comprenez tout ce que je veux dire.

Voilà notre invincible empereur qui vient de faire sa profession de foi de *juste-milieu*. Vous aurez remarqué sans doute un article du *Constitutionnel* de ces jours derniers, article signé BONIFACE et dans lequel Napoléon III semble avoir inventé le système à bascule. Après la lettre à Persigny, rien de plus inepte, de plus honteux, n'est sorti de cette officine bonapartiste.

Rendez donc la place aux d'Orléans, si vous en êtes là !...

Vous reconnaîtrez en tout ceci la vérité de ma pensée sur les traités de 1815; à part certains détails de délimitation, ces traités ouvrent l'ère libérale et constitutionnelle, ère d'équilibre politique et de pacification.

Rien de sérieux ne peut se faire contre cette idée. L'annexion de la Savoie n'apporte à la France que de la mendicité, celle de Nice nous dote d'un foyer de conspirations. Les Niçards ne veulent pas être Français, et la France est aussi reprochable de les retenir que l'Autriche de garder la Vénétie. La Belgique vient de se montrer aussi patriote, aussi anti-française que vous autres Suisses vous pourriez l'être, si l'empereur parlait de vous annexer ; toute la population allemande se montre également irritée.

Enfin, l'empereur d'Autriche commence à s'exécuter, ce qui est d'un excellent symptôme pour la malheureuse Italie.

Qui donc aujourd'hui arrête le mouvement libéral ? Napoléon III.

Qui soutient le pape ? Napoléon III.

Qui a pleuré la défaite de Lamoricière ? Napoléon III.

Qui offre ses services, en ce moment, à l'ex-roi de Naples ? Napoléon III.

Qui appuie la réaction catholique en Espagne et en Portugal ? Napoléon III.

Quelle est la nation, en ce moment, la plus arriérée, aussi bien pour les libertés du dedans que pour la politique du dehors ? La nation française.

Appuyons donc, et de toutes nos forces, le mouvement du dehors, et, par cet entraînement général, sauvons, s'il se peut, la France abêtie qui se meurt.

N'est-il pas triste que nous, qui jusqu'en 1848 avons donné l'impulsion, nous soyons aujourd'hui le foyer d'infection de l'Europe entière ? Tel est cependant l'effet des institutions mauvaises, de préjugés misérables et de divisions absurdes.

Je ne crois pas encore à la guerre. Victor-Emmanuel

et M. de Cavour ont assez d'ouvrage pour le moment : il leur faut organiser leurs forces, centraliser les nouveaux États, donner un peu de repos au pays, à l'Europe elle-même, et préparer l'avenir. Tout le monde leur crie de modérer leur élan, et je crois qu'ils y ont tout avantage. Tôt ou tard, il faudra bien que les Français sortent de Rome et les Autrichiens de la Vénétie? Mais vouloir tout enlever d'acclamation et par des volontaires, c'est absurde. Ils ont déjà bien assez à faire de déloger le roi François II.

J'ai trouvé votre attitude dans l'affaire du drapeau déchiré convenable, et les raisonnements de vos diplomates fondés. Où en serait-on s'il fallait saluer de vingt-et-un coups de canon chaque lambeau tricolore qu'il plairait à des tapageurs bonapartistes de mettre au bout d'une perche? Pour moi, il est clair que certains Français ont eu la mauvaise pensée de narguer les Suisses, et que parmi les vôtres quelques-uns ont eu la fâcheuse inspiration de les réprimer : toute la vérité est là.

Donnez-moi de vos nouvelles et croyez-moi
Votre bien affectionné.

P.-J. PROUDHON.

Ixelles, 29 octobre 1860,

A M. MATHEY

Mon cher Mathey, j'ai la vôtre du 24 courant, qui m'a été, comme toujours, bien agréable et m'a fait grand bien. Il n'y a pas de lettres qui me plaisent et me soient utiles autant que les vôtres ; il n'y a personne, parmi tous mes correspondants, qui dise si bien et si nettement les choses, et qui sache d'un mot les juger comme vous. Si nos relations vous sont agréables, continuez donc, je vous en supplie, à causer quelquefois avec moi, à vos moments perdus.

Je vous remercie de nouveau, ainsi que Guillemin, de ce que vous faites pour mes neveux. J'écris à ce sujet à M. Maurice, ainsi qu'à la veuve.

Je vous l'ai dit, cher ami, la position que j'ai choisie en m'expatriant pour un temps, m'oblige à changer de tactique, alors même que je ne le voudrais pas. Pour publier à Paris, il faut que mon éditeur se sente bien assuré ; par conséquent, et attendu que mes épreuves sont vues par un comité de censure, je puis me croire désormais à l'abri de toute poursuite. Il n'en serait pas tout à fait de même, je vous l'avoue, si j'étais à Paris ; l'indignation me saisissant, je serais toujours dans l'éventualité prochaine des procès. Ici, je décharge ma bile sans danger dans ce que je publie à Bruxelles, et dont quelques parties entrent toujours en France ; quant aux publications à faire à Paris, elles sont soigneusement expurgées, et, au total, n'en valent pas moins.

Hier est parti pour Paris mon manuscrit pour Garnier frères ; ce sera un joli ouvrage de quatre cent quatre-vingts pages. J'écris aujourd'hui à Lausanne pour avoir des nouvelles de mon autre manuscrit ; et il ne s'écoulera pas six mois que je ne donne encore quelque chose. J'ai de la faveur, et je crois tenir une bonne veine : vous verrez.

Je ne voudrais pas vous faire un tableau par trop chargé de la société contemporaine ; cependant il est nécessaire que je vous dise une bonne fois comment j'envisage les choses.

Sous Louis-Philippe, la dissolution sociale était déjà commencée, et les esprits philosophiques ne pouvaient pas douter qu'une immense révolution sociale ne fût commencée. Cependant l'opposition que soulevait le gouvernement de M. Guizot, puis l'éclat de février, firent un peu d'illusion. On put croire qu'il y avait encore une certaine énergie vitale dans la nation ; la réaction au socialisme en était elle-même une preuve. Le coup d'État, facile à prévoir, pouvait s'expliquer encore ; mais aujourd'hui il n'est plus permis de s'y tromper : la civilisation est bien réellement dans une crise, dont on ne trouve qu'un seul analogue dans l'histoire, c'est la crise qui détermina l'avénement du christianisme. Toutes les traditions sont usées, toutes les croyances abolies ; en revanche, le nouveau programme n'est pas fait, je veux dire qu'il n'est pas encore entré dans la conscience des masses ; de là ce que j'appelle la *dissolution*. C'est le moment le plus atroce de l'existence des sociétés. Tout se réunit pour désoler les hommes de bien : prostitution des consciences, triomphe des médiocrités, confusion du vrai et du faux, agiotage des principes, bassesse des passions, lâcheté de mœurs, oppression de la vérité, récompense au mensonge, à la courtisanerie, au charlatanisme et au vice. Ce mal n'est pas particulier à la France, il s'étend partout ; si bien qu'au total je ne trouve pas que la Belgique, par exemple, qui jouit de toutes les libertés possibles, soit dans une servitude de fait beaucoup moindre que la France.

C'est vous dire, cher ami, que je me fais peu d'illusions, et que je ne m'attends pas, pour demain, à voir renaître dans notre pays, comme par un coup de baguette, la liberté, le respect du droit, l'honnêteté publique, la franchise de l'opinion, la bonne foi des journaux, la moralité du gouvernement, la raison chez le bourgeois et le sens commun chez le plébéien. Non, non ; la décadence, et cela pour un temps dont je ne puis assigner le terme, qui ne sera pas moindre d'une ou deux générations, voilà notre lot. Ce serait une période intéressante à traverser et à étudier si je n'avais que trente ans. Pouvant aller jusqu'à quatre-vingts, je pourrais peut-être assister à toute la péripétie. Mais je passe la cinquantaine, je ne verrai que le mal, je mourrai en pleines ténèbres, marqué par mes antécédents du sceau de la réprobation dans une société pourrie ; je ne puis prétendre à aucune influence positive, et toute mon ambition est de jouer honorablement jusqu'à la fin mon rôle de Cassandre. Quelques honnêtes gens approuveront mes travaux, peut-être réus-

sirai-je à grouper quelques esprits, à former une élite
au milieu de cette immense débâcle ; mon ambition ne
va pas plus loin. C'est quand l'heure de la renaissance
générale aura sonné que la pensée publique, revenant
sur les faits accomplis, cherchera à s'en rendre compte,
que l'on rendra peut-être justice à ma parole, si toutefois l'on s'en souvient encore.

L'*exposition bisontine*, dont vous me parlez, est un
des mille faits qui attestent l'impuissance contemporaine.

A quoi demande-t-on aujourd'hui la sécurité, le
succès, le bien-être, les affaires ? A l'annonce, à la réclame, au prospectus, à l'étalage, à toutes les charla-
taneries des expositions et des tripotages. Ne faut-il
pas avoir le cerveau vide et à bout de ressources pour
imaginer qu'une grande ville subviendra à son industrie par un appel à la curiosité ? Généraliser et appliquer en grand, à tout un pays, les procédés et ficelles
des boutiquiers du boulevard le jour du nouvel an,
quelle idée !... Si j'étais à Besançon et que nous eussions, comme jadis, notre journal, j'aurais dit aux
Bisontins, qui ne m'auraient pas écouté bien entendu,
qui ne m'eussent pas même compris, que leur misère
tenait à des causes *organiques* nombreuses, complexes,
inhérentes à la constitution politique et économique
du pays, etc., etc., et que pour en amortir l'effet il
fallait développer dans le pays des institutions, créer
un mouvement en sens contraire, etc. Voilà ce que
nous eussions dit, et en bon style, avec faits et chiffres
à l'appui. Mais on nous aurait traités de révolutionnaires, d'ennemis du gouvernement, de socialistes, etc.
Plus il y a de sagesse dans une opinion, aujourd'hui,
moins elle a chance de se faire accepter ; en revanche,

plus une idée est sotte et stupide, mieux elle est accueillie.

Le développement de l'horlogerie à Besançon est un des milles phénomènes de la transformation de l'industrie, particulière ou associée, en exploitation capitaliste, et pour notre cité bisontine en particulier, mais dans une certaine mesure, un acte de désespoir. Il y a cinquante ans environ que, sous les auspices de M. Muguet, une colonie horlogère s'était établie à Besançon ; puis elle était tombée pendant de longues années dans l'oubli. Depuis quelques années, on a ressuscité cette idée et vous en voyez la succès. On bat la grosse caisse ; on appelle le genre humain à l'exposition ; on fait mouvoir toutes les machines du crédit et toutes les ficelles de la commission. Où en sommes-nous ?

Je ne parle pas des banqueroutes comme celle dont vient d'être victime le fils S*** ; je vous dirai : Regardez ce que fait la maison Savoye, la plus considérable. Elle prête sur marchandise ou rachète à vil prix ; ses magasins sont les monts-de-piété de l'horlogerie !... Il y a quinze ou seize ans que M. LE PLAY, l'auteur des *Ouvriers européens*, constatait à Genève l'état de misère où tombaient les ouvriers en horlogerie. La Suisse, alors, avait presque le marché du globe. Maintenant on lui a créé à Besançon une concurrence ; croyez-vous que cela réponde précisément à un surcroît de *demande* ?

Je suis charmé de ce que vous me dites des effets du *libre-échange*. Le libre-échange est le développement sur tous les points du principe de la grande industrie, ou pour mieux dire de l'exploitation capitaliste appliquée en grand. Il n'y a pas besoin d'aller en Angleterre pour en voir les effets : les bureaux de la *Belle Jardinière*, à Paris, le font voir. Ici, à Bruxelles et dans toute la Belgique, nous avons les mêmes résultats sous d'autres formes, et ce brave public de n'y rien comprendre. Vous verrez que dans dix ou quinze ans ils découvriront dans leur profonde sagesse ce que nous leur avons prédit depuis 1840 et 1845; absolument comme notre empereur qui vient, à l'applaudissement des sots, de découvrir les avantages du système à bascule. (Voir dans le *Constitutionnel* de ces jours passés le grand article signé BONIFACE !)

La société française est comme une maison en ruine. Pour la rétablir, il y faut un ingénieur de première force; on y met des maçons, qui, à chaque pierre qu'ils essaient de changer, font tomber un pan de muraille. La situation est admirable pour un écrivain qui voudra tirer au clair toutes ces inepties et siffler ces faiseurs ; pour ma part, je n'y manquerai point. Mais ne nous pressons pas; laissons les faits se produire, et faisons en sorte de nous garer des décombres.

Nous en sommes à l'étourdissement, à l'empirisme. Nous en serons bientôt au désespoir. Vous souvenez-vous de ces braves Châlonnais, demandant à grands cris le chemin de fer latéral à la Saône, pensant que la prospérité de leur ville en serait doublée? Si la Saône, disaient-ils, nous apporte déjà pour cent millions d'affaires, que sera-ce quant à la voie navigable nous joindrons la voie ferrée ! Et la ville de Châlons est morte.

Les forgerons de Franche-Comté raisonnent autrement. Nous avons le monopole du fer au bois, disent-ils, donc nous ne risquons rien du libre-échange; au contraire, nous en aurons tous les avantages en conservant notre privilége. Et voici qu'on a trouvé le moyen de transformer la *fonte en acier* avec la houille même!...

Je m'arrête. J'attendrai pour continuer la conversation la lettre que vous m'annoncez.

Depuis huit jours nous avons ici, comme vous, un temps parfait. C'est le premier beau temps de l'année. Il était temps. Une masse d'avoines et même de froments n'était pas encore recueillie. Les laboureurs se disposaient à ne pas semer, craignant que cette excessive humidité ne fit pourrir les semences. Enfin, l'hiver sera un peu moins dur : un peu de blé par ici, un peu de vin par là ; ceux qui sauront se procurer du numéraire joindront les deux bouts.

Je vous serre la main.

P.-J. PROUDHON.

Ixelles, 30 octobre 1860.

A M. MAURICE

Mon cher Maurice, dans la lettre que je vous ai écrite hier, j'ai commis une indiscrétion que j'ai à cœur de réparer. En vous parlant de la visite du jeune S***, je n'ai songé qu'à vous montrer, par un fait, en quelle estime je suis en Belgique; j'ai oublié qu'il importait probablement au pauvre réfugié que sa retraite fût secrète. Je viens donc vous prier de garder le plus profond silence sur ce fait, et si par malheur vous en aviez déjà parlé à d'autres, de faire en sorte d'arrêter les propos, soit en recommandant le silence, soit en donnant le change par tel faux renseignement que vous voudrez.

Je dois dire à ma justification que le secret ne m'avait pas été demandé, que la conduite de S*** est on ne peut plus honorable, et que, d'ailleurs, il était naturel que je m'informasse des circonstances de la faillite. Faites donc en sorte que l'on pense que j'ai pu savoir l'événement et en parler sans que, pour cela, je me sois trouvé en rapport avec S***, ni que je sache ce qu'il est devenu. Enfin, agissez pour le mieux et plaignez les gens à plume trop facile et indiscrète.

Si vous connaissez le père S***, ne lui parlez pas de son fils ni de moi. Il y verrait un indice que ce secret de famille est connu.

Je vous demande pardon de tout l'ennui que je vous cause, et surtout de mon bavardage.

Tout vôtre.

P.-J. PROUDHON.

Bruxelles, 27 novembre 1860.

A M. GOUVERNET

Mon cher Gouvernet, je n'ai pas de nouvelles .de
MM. Garnier, et je suis un peu inquiet de mon manuscrit. J'ai peur qu'ils ne le communiquent à la police, et
je le leur dis dans ma lettre. J'aimerais mieux anéantir
tous mes travaux que de subir cette humiliation. Si
vous savez ce que tout cela devient, faites-m'en part
quand vous aurez un instant et que vous aurez revu
R***, pour qui vous trouverez inclus une petite lettre.

Je veux bien qu'un libraire ne reçoive pas aveuglé-
ment le manuscrit d'un auteur, qu'il le fasse voir à des
hommes honorables et sûrs, mais des gens du gouvernement, jamais !

Je suis fatigué, dégoûté, et je songe à quitter décidément la carrière d'écrivain. Je n'ai pas encore recueilli un commencement de justice. Je veux bien croire
que j'ai tenté des choses au-dessus de mes forces, pourtant il y a quelque chose au fond de tout cela, et qui
m'en sait gré? Quelques esprits solitaires, quelques
pauvres diables qui, à mon exemple, jugent par eux-
mêmes et ne suivent pas la foule. L'autre jour, à
Anvers, la chaudière d'un bateau à vapeur vint à

éclater; le contre-maître est tué : c'était un brave jeune homme qui, une heure auparavant, discutait avec quelques amis ma dernière livraison (neuvième Étude).

En France aussi, j'ai çà et là quelques amis et de bons ; quand quelque chose paraît sous mon nom, j'ai un petit public. J'étais autrefois un monstre, je suis maintenant une antiquaille.

De temps en temps je me tâte pour savoir si je ne suis pas fou, et savez-vous ce qui m'arrive ? Tous les jours je vois se vérifier quelques-unes de mes idées, mais en même temps je remarque que jamais personne ne consent à les porter à mon actif; ce que j'ai pu dire de vrai, dix ans, vingt ans avant les autres, est *non avenu*.

Mon cher ami, je suis né sous une mauvaise étoile. La nature m'a fait disgracieux encore plus qu'intelligent : de là ma misère. Pourquoi ne réussis-je point à plaire? Je l'ignore. Tout ce que je sais, c'est qu'après avoir longtemps combattu, je me débats dans le vide. Suis-je de mon temps? Les admirateurs de l'empire disent que non. L'Empire, c'est donc le progrès? Oui, dit-on. L'Empire vient de nous octroyer un semblant de restauration parlementaire. Vous verrez que bientôt il aura inventé 89!...

L'ennui de la vie me gagne, et si j'avais une poignée de billets de banque à laisser à mes filles, je quitterais volontiers la place.

Bonjour, cher ami; que je désire de vous voir!

Tout vôtre.

P.-J. Proudhon.

Ixelles, 27 novembre 1860.

A M. MAURICE

Mon cher Maurice, j'ai reçu la vôtre du 20 courant pleine de détails de misère sur la famille de mon frère et sa succession. Je n'ai plus le courage de vous remercier de ce que vous faites pour ces malheureux, qui ne comprennent seulement pas les obligations qu'ils vous doivent; je vous plains d'être tombé sur de pareils débiteurs.

J'ai eu, hier soir, la visite de M. Savoye aîné, beau-frère de votre Laure. Nous avons causé une heure et bu un verre de bière brune à 22 centimes le litre. C'est un homme plein d'affabilité, de manières excellentes quoique simples, et dont la probité est peinte sur son visage. Il m'a raconté comme quoi lui et Laure avaient failli *révolutionner* toute la famille, à propos de l'hôtel qu'ils habitent tous ensemble à Paris. Il trouve à sa belle-sœur un *œil sévère*. C'est singulier, je la trouvais, moi, très-douce. Au reste, il se peut que Laure soit de ces personnes qui semblent sévères pour les autres, tandis qu'elles sont tout tendresse pour leur père et leur mari. J'en connais des exemples.

M. Savoye repassera à Bruxelles, m'a-t-il dit, dans six mois.

Je suis depuis quelque temps plus triste que d'habitude. Peut-être y a-t-il un peu d'épuisement. J'ai bâti cette année la valeur de mille cinq cents pages d'impression, tant en *additions* et *notes* à mon grand ouvrage *De la Justice*, qu'en manuscrits destinés prochainement à l'impression.

J'espère que l'année prochaine ne sera pas moins féconde ; la question est de savoir si cette productivité littéraire me vaudra des rentrées satisfaisantes.

J'attends des nouvelles des frères Garnier, à qui j'ai envoyé un manuscrit et qui, je le crains, l'auront peut-être communiqué aux gens du Gouvernement.

J'ai eu de vos nouvelles par Mathey, à qui j'ai l'obligation de savoir ce qui se passe de plus intéressant dans ma chère ville natale.

Je vous serre la main, mon cher Maurice, et suis tout vôtre.

P.-J. PROUDHON.

Ixelles, 27 novembre 1860.

A MM. GARNIER FRÈRES

Messieurs, j'attends de vous, avec une certaine impatience, réponse à ma dernière du 15 courant, laquelle a dû vous être remise par M. Gouvernet.

Je vous mandais que je ne répugnais aucunement à ce que mon manuscrit fût lu par M. Lemaître, bien que cette précaution fut en dehors de celles que vous m'aviez vous-mêmes imposées. J'ajoutais même que je recevrais volontiers de M. Lemaître toute observation, sur le fond et sur la forme, qu'il lui plairait de m'adresser.

Voilà près d'un mois que M. Lemaître a commencé sa lecture, et il me semble qu'il doit vous avoir fait son rapport. Comment n'ai-je donc aucune nouvelle de mon ouvrage ni de votre résolution?

Je vous avoue, messieurs, que je ne puis me défendre d'une crainte, c'est que vous ayez communiqué mon travail à quelque personnage de la police. Vous aviez eu d'abord, si j'ai bonne mémoire, cette mauvaise pensée, que vous aviez ensuite abandonnée.

Vous savez, messieurs, que pour rien au monde je ne

consentirai à une semblable communication, d'autant moins qu'elle ne saurait mener à rien.

.Ni le préfet de police, ni le procureur général ne pourraient, par avance, vous donner un *exequatur* ; ils vous répondraient avec raison que *la censure n'existe pas*, et que c'est à vous de vous consulter. S'ils se permettaient de lire un ouvrage, ce serait pure curiosité de leur part, indiscrète et répréhensible. De mon côté, j'aimerais mieux brûler tous mes manuscrits que de les savoir entre les mains de ces honorables fonctionnaires, que je ne puis ni aimer ni estimer.

Un mot donc, messieurs, je vous prie, que je sache ce que devient mon travail et s'il sera possible de le faire bientôt paraître.

Après le dernier décret de l'empereur, décret non moins important que celui de François-Joseph, il est permis de croire que la *paix* est assurée pour quelque temps, et conséquemment qu'un travail comme le mien ne courra pas le risque de l'inopportunité. En concluant à la paix, j'abonde dans le sens de tous les peuples et de tous les chefs d'État.

Je vous salue, messieurs, bien sincèrement.

P.-J. Proudhon

Ixelles, 2 décembre 1860.

A M. GUSTAVE CHAUDEY

Mon cher ami et compatriote, je vous confirme ma
dernière, en date des derniers jours d'octobre, et à
laquelle vous me ferez, j'espère, réponse en même
temps qu'à celle-ci. — Avant d'en venir aux affaires
sérieuses, que je commence par vous remercier de l'envoi du *Courrier*, qui m'arrive régulièrement le matin,
et de la satisfaction de plus en plus grande que j'é-
prouve en le lisant. Ce serait pour moi une grande joie
d'apprendre que son succès va toujours en croissant;
ce serait pour moi une excellente démonstration du
progrès de l'esprit public dans notre pays.

Les derniers articles du rédacteur en chef sont très-
bien; celui d'aujourd'hui 2 décembre est complet; le
jugement que je porte sur le décret du 24 est tout à fait
d'accord avec le sien. Un moment, il y a à peu près un
mois, j'ai craint que l'excès d'urbanité ne fît tomber
dans la complaisance votre rédacteur en chef; il semblait dire que, moyennant quelques concessions en
faveur des exilés, le gouvernement impérial aurait conquis tous les sentiments. Une autre fois, c'est l'article
de M. Horn qui en a été cause, j'ai cru que vous alliez
donner dans le bonapartisme bourgeois; j'entends par

là certains madgiarophiles qui caressent l'idée d'une émancipation par l'empereur des Français. Heureusement, cette appréhension n'a duré qu'un jour ; les articles de M. Ch. Weiss, sur la patente de François-Joseph, ont détruit cette mauvaise impression, et le journal a compris quelle devait être sa ligne de conduite. Cette patente n'a été pour rien, à coup sûr, dans le décret du 24 novembre, et combien elle la surpasse en importance !

Voyez-vous maintenant, cher ami, combien je vous disais vrai quand je vous recommandais de *serrer les principes?* Voilà que vous marchez non plus à tâtons, avec des appréciations arbitraires, mais en vertu de doctrines : doctrine constitutionnelle, doctrine du droit des gens, jurisprudence, morale, histoire ; partout le principe, l'idée, à la place des sentiments vagues et des instincts. — En ce moment, vous êtes le seul journal qui ayez su dire au gouvernement impérial la vérité sur son décret. Oui, ce décret est grave par les *causes* qui l'ont déterminé ; mais, en lui-même, ce n'est rien, et ce ne sera qu'une mystification s'il n'est pas bientôt suivi d'autre chose et si on le doit prendre au pied de la lettre. — On dit ici que l'empereur se propose de contracter un nouvel emprunt de 750 millions ; — qu'il se prépare à la guerre, et qu'il veut *entraîner* le pays. — Voilà déjà Murat qui se mêle aux affaires d'Italie, etc. Vous flairez tout cela mieux que moi, et j'espère que vous ne reculerez pas dans cette voie d'opposition si parfaitement tracée et si sûre, où vous marchez maintenant.

Mais pourquoi donc, vous, le conseiller ou confesseur du journal, n'écrivez-vous pas plus souvent? Votre article sur la loi des tabacs était parfait. Jamais on n'a mieux peloté et vilipendé un gouvernement. Quelle honte que cette bande ! quelle tache à la France ! Despotisme, arbitraire, illégalité, par-dessus le marché, la raison publique bernée : voilà les lois impériales ! Vous avez fait ressortir tout ce qu'il y a d'odieux, de grossier, de brutal, dans ce décret, et personne ne remue ! Moi, mon imagination en a pris les armes.

Est-ce que M. Al. Weil, dont vous me parlez de temps en temps, a décidément repris ma polémique contre les *propriétaires* et les *usuriers?* N'est-ce pas un bonapartiste?

Que dites-vous de l'air de satisfaction avec lequel la *Presse*, le *Siècle*, les *Débats*, etc., accueillent le décret du 24.

Est-ce de l'ironie ou de la sénilité?...

Je viens à ce qui me regarde.

Il s'agit, cher ami, de me donner un coup de main, vous savez à propos de quoi : je veux vous parler de mon *manuscrit.*

D'après les conditions posées par les frères Garnier eux-mêmes, il y a trois mois environ, mon nouvel ouvrage devait être d'abord composé, corrigé par l'auteur ; puis, avant de mettre sous presse, le bon à tirer, signé de ma main, soumis à MM. Chaudey et Allou, conseils de l'auteur et de l'éditeur. — Mon manuscrit a été remis à Gouvernet il y a plus d'un mois, et voici qu'au lieu de le livrer à la composition, MM. Garnier ont jugé à propos de le faire lire par un homme à eux, M. Lemaître, contre lequel je n'ai rien à dire, et de ce non contents le font passer à M. Allou, qui, naturellement, n'en prend qu'à son aise, et fera son rapport Dieu sait comme ! et Dieu sait quand !

Vous savez quelle différence il y a entre une œuvre

manuscrite, raturée, barbouillée, négligée et une œuvre imprimée, qui a reçu le dernier coup de l'écrivain. M. Thiers, disait récemment un journal, lit jusqu'à *huit* épreuves; je me contente ordinairement d'une seule, je vais rarement à deux et presque jamais à trois. Mais enfin mon manuscrit n'est pas tel que je l'imprime, et il n'est pas loyal de me juger sur cette lecture. J'ai déjà annoncé que j'avais la valeur de *douze pages* au moins d'additions à faire et des corrections importantes; on n'en tiendra pas compte, et ce qu'offre de disgracieux un manuscrit en ressortira davantage.

Ce n'est pas tout. M. Allou est un beau diseur; sera-t-il capable de juger mon travail? — Voilà que déjà M. Lemaître n'ose prendre sur lui de rassurer entièrement MM. Garnier frères; qui me dit que M. Allou, qui n'est pas des nôtres, ne s'en viendra pas dire à mes éditeurs quelque chose comme ceci : Allons, messieurs Garnier, vous êtes riches; que vous importe une publication de plus ou de moins, sur laquelle vous gagnerez quelques mille francs? Laissez là M. Proudhon, écrivain excentrique, dont les publications attireront toujours sur vous l'animadversion du pouvoir, alors même qu'il n'y aurait pas de poursuite, et que l'on est d'ailleurs en train d'oublier. Faites-le travailler pour vous à quelque ouvrage de compilation anonyme, si vous désirez lui être agréable; mais ne vous prêtez plus à des exhibitions de théories qui fatiguent l'opinion, et dont on ne peut réellement pas dire si elles donnent lieu à saisie ou non.....

Voilà, cher ami, ce que j'attends de M. Allou; il me semble que je l'entends d'ici.

Il faut donc que vous veniez à mon aide, et voici ce que je vous demande :

Prendre vous-même connaissance du manuscrit, dont les cahiers vous seront remis successivement par Gouvernet, à mesure qu'ils lui seront remis par Allou.

La lecture de celui-ci terminée, et, dans le cas où son rapport serait peu favorable, le combattre, en mon nom, par quelques paroles *dignes* et *fermes*.

Puis, sur le refus péremptoire de ces messieurs, voir de ma part M. Michel Lévy, dont j'ai eu déjà plusieurs offres de service, et pour qui je vous remettrais une lettre *ad hoc*. J'écrirai en même temps à M. Charles Edmond, ami de Michel Lévy, et avec qui vous feriez alors connaissance.

Mon ouvrage, avec les quelques corrections qu'il doit recevoir, et la suite qu'il doit avoir, est, pour le temps actuel, un livre de haute doctrine et de majeure importance; c'est ce que vous verrez du premier coup. — Quelques paroles sévères, sur les campagnes de Napoléon Ier et autres faits de détail, ne sauraient devenir une difficulté, attendu que je puis toujours remplacer un fait, supprimer une réflexion critique ou corriger une expression malsonnante. Il n'y a pas autre chose à reprocher à mon œuvre, au point de vue des lois sur la presse. — Or, cet ouvrage, il faut qu'on l'imprime, et le plus tôt possible, à Paris.

Je sais, cher ami, que la besogne ne vous manque pas; que ce sera un sacrifice que vous aurez à me faire d'une heure ou deux par jour, pendant une semaine, et qu'aucune consultation ne vous prendra jamais autant de temps. Mais je n'ai que vous pour me défendre des infidèles, et il faut que je sois défendu.

Gouvernet, à qui j'écris, s'entendra avec vous pour la communication du manuscrit. Il va sans dire que si Garnier frères se décidaient immédiatement pour l'impression, vous n'auriez plus besoin de continuer votre révision; on se bornerait à vous faire tenir les feuilles imprimées.

Répondez-moi donc, s'il vous plaît, que vous pouvez satisfaire à mon désir, et parlez-moi en même temps de tout ce qui nous intéresse. Votre lettre me sera d'un grand soulagement dans ma solitude, qu'aucune parole française ne vient troubler, depuis le départ de nos amis Cook et R***.

Je vous serre la main.

P.-J. PROUDHON.

Ixelles, 3 décembre 1860.

A M. GUSTAVE CHAUDEY

Mon cher ami, je viens de recevoir une lettre de l'ami Gouvernet, qui me donne des renseignements plus satisfaisants sur le sort de mon manuscrit et les intentions de Garnier frères.

Je vous confirme donc tout ce qui précède, mais en insistant moins sur la lecture du manuscrit au cas où Garnier consentirait à mettre bientôt sous presse, aimant mieux vous faire lire mes épreuves après correction que de vous faire crever les yeux sur mon griffonnage.

Les Garnier sont pour moi d'excellents éditeurs, et, après l'avantage de paraître à Paris, mon plus grand désir est de conserver avec eux mes relations.

On me dit ce matin qu'on avait vu dans les journaux français une annonce de mon ouvrage. Je ne sais d'où est venue cette annonce.

J'ai oublié de vous dire qu'aussitôt ma réimpression terminée, je redeviendrais, dans une revue belge, votre confrère. Aussi nous pourrons nous entendre à travers les *blancs* de nos journaux respectifs.

Je vous serre les mains.

P.-J. PROUDHON.

Bruxelles, 3 décembre 1860.

A MM. GARNIER FRÈRES

J'ai reçu votre lettre du 29 courant, et j'y trouve la preuve que vous n'avez pas reçu la mienne du 14 ou 15 expiré, car vous ne répondez qu'à celle du 27.

Vos explications, messieurs, me rassurent; je regrette seulement le temps que toutes ces lectures nous font perdre.

Les passages qui vous ont été signalés dans mon troisième ou quatrième cahier sur Napoléon Ier doivent être pris à sa *décharge*, non à sa *charge*, ce qui veut dire que loin de le diminuer ou de l'accuser, ces passages fournissent à ses panégyristes, contre ses détracteurs, des circonstances atténuantes. Quelques mots à changer dans les phrases feront l'affaire. Il est vrai qu'au moment où j'écrivais, je n'ai point songé à faire valoir les circonstances en faveur d'un chef d'État que je n'aime point; mais il suffit que vous m'en fassiez l'observation pour que je rétablisse ma pensée dans tout son jour.

Quant à l'ensemble du travail, je vous répète qu'il est tout aussi inoffensif que les deux premiers cahiers que vous avez déjà rendus à l'ami Gouvernet.

Occupez-vous donc, je vous en supplie, de l'impression sans retardement. J'ai des corrections et quelques additions à faire à mon travail, auquel mon intention est de donner un caractère purement philosophique, et, autant que je le pourrai, classique. Les circonstances sont éminemment favorables ; rien de pareil n'a été publié depuis longtemps. Je prépare ma préface.

Je vous disais, dans la lettre qui ne vous a pas été remise, que je serais obligé à M. Lemaître de me faire toutes les observations de fond et de forme qu'il jugera utiles ; faites-lui part de mes paroles et transmettez-lui mes compliments.

Je vous salue, messieurs, bien sincèrement.

P.-J. PROUDHON.

Bruxelles, 5 décembre 1860.

A. M. GUSTAVE CHAUDEY

Mon cher ami, je reçois à l'instant une lettre de
Garnier frères qui m'annoncent, sur l'avis de M. Allou,
refus d'éditer mon ouvrage. Ainsi, les prévisions con-
tenues dans ma lettre du 3 octobre, qu'a dû vous
remettre l'ami Gouvernet, étaient justes : la publicité
française m'est refusée, grâce à mes condamnations
antérieures, grâce au peu de sympathie que je rencontre
chez les hommes politiques et les anciens partis, grâce
à la terreur des libraires, grâce à l'ineptie des censeurs.

Il ne me reste donc qu'à faire ce que je vous ai dit :
voir Michel Lévy, après quoi je me résignerai à dire
adieu à mon pays et je songerai à ma naturalisation en
pays étranger.

Avant de voir Michel Lévy, il convient que vous preniez connaissance de la totalité du *manuscrit*.

D'après ce que m'ont mandé les Garnier, ce qui a
paru dangereux à eux et à Allou, ce sont certains passages relatifs aux *campagnes de Napoléon I*ᵉʳ. S'il ne
s'agissait que de cela, l'accòmmodement serait facile,

et en moins d'une demi-heure j'aurais innocenté mon ouvrage de manière à en faire une œuvre telle que je l'ai voulu faire, c'est-à-dire purement didactique. Si ce sont les idées mêmes qui ne peuvent passer, à la bonne heure; vous me le direz vous-même, et vous pouvez être sûr que je vous croirai sur parole.

Passez donc chez Gouvernet, votre voisin, rue de Verneuil, 40, et demandez-lui communication du manuscrit. Puis vous me ferez vos observations. Il faut que je fasse honte à Allou et aux Garnier, à moins que je ne sois condamné à faire honte à la France entière.

Donc, cher ami, à l'œuvre! ou ce sont de simples corrections que vous me signalerez, ou bien ce sera une invitation à imprimer à l'étranger. Vit-on jamais, sous le régime absolu de Louis XV et de Mme de Pompadour, pareil ostracisme, pareille lâcheté!

Un livre de doctrine, un livre de droit ne pourrait, en l'an 1860, paraître en France, dans le pays de la Révolution, et ce sont des gens de droit, un M. Allou, qui sait, peut-être vous-même bientôt, qui le déclarent! Je n'attends que ce mot de vous pour casser les vitres.

Il faut prévoir le cas où M. Lévy voudra à son tour prendre connaissance ou faire prendre connaissance de mon manuscrit. Pour cela, vous vous entendriez avec Charles Edmond, qui demeure, si j'ai bonne mémoire, rue Saint-Lazare, 54, et ensuite avec Gouvernet qui, dans tous les cas, devra rester dépositaire du manuscrit, n'en livrer à l'imprimeur qu'un cahier à la fois, et me le renverra s'il y a lieu.

Garnier frères me disent, dans leur lettre de ce jour, que M. Allou *s'est entendu avec vous*, tandis que je crois savoir par Gouvernet que vous n'avez encore rien lu de mon travail. Qu'est-ce que cela veut dire? J'attends avec impatience une lettre de vous, cher ami.

Garnier frères me demandent une œuvre de *littérature*. Est-ce qu'ils s'imaginent que je puis faire une œuvre de littérature irréprochable, quand je ne réussis pas à faire passer une œuvre de DROIT?..... Quelle bêtise !

Gouvernet se propose de partir pour Bruxelles samedi matin, 8 décembre; il importe donc que vous le voyiez avant son départ, et qu'il vous remette la totalité de mon manuscrit.

Je vous le répète, il demeure rue de Verneuil, 40, chez un compatriote, M. Avrelet, ami comme vous de Samyon. Il est libre le matin jusqu'à neuf heures, et le soir depuis cinq heures.

Je vous serre la main; vous jugerez de l'animation de mon cerveau par mon griffonnage.

Tout vôtre.

P.-J. PROUDHON.

Ixelles, 12 décembre 1860.

A M. GUSTAVE CHAUDEY

Mon cher ami, j'ai reçu votre bonne lettre du 7 courant que devait m'apporter l'ami G***, et qui, jetée à la boîte le 8, m'est arrivée dimanche 9, dans la matinée. En sorte que j'en ai pu lire quelques passages à mes visiteurs, qui tous ont applaudi. Mais parlons d'abord de nos affaires.

Je suis charmé de ce que vous me dites des moyens que vous pourrez avoir de me procurer un éditeur. Comme je ne tiens pas à me séparer des frères Garnier, à qui je n'ai à reprocher que leur timidité et leur confiance en M. Allou, je m'accommoderais fort d'une combinaison qui ne me lierait pas avec d'autres, ce qui arriverait peut-être si je me trouvais en rapport avec Michel Lévy. G***, qui a dû vous voir à son retour, vous aura dit cela déjà de ma part. L'essentiel est que la chose se fasse le plus vite possible; car, à tous les points de vue, l'occasion est propice et il faut la saisir.

Je suppose que vous avez actuellement lu la meilleure partie du *manuscrit*. Il reste à faire une préface, qui est prête, et ne sera pas la pièce la moins intéressante du volume.

Je puis donc prévenir vos observations et aller au-devant de vos désirs.

Dans ce manuscrit, il y a au moins neuf dixièmes de théorie pure et d'histoire; l'autre dixième porte sur certaines parties de l'histoire de Napoléon Ier, et pourrait n'être pas agréable au gouvernement impérial, non quant au fond, mais *quant au sentiment* que laisse voir l'auteur. — Je m'engage donc à corriger, modifier, changer, amender, au besoin supprimer les passages que vous indiquerez, de façon à satisfaire le plus susceptible des censeurs et le plus poltron des libraires. Usez-en donc avec moi comme avec vos collaborateurs du *Courrier*. Si vous jugez à propos de me retourner le manuscrit, faites : vous pouvez l'empaqueter et l'adresser à Lebègue, en déclarant une valeur de 2,000 FRANCS, soit par son correspondant Borrani, libraire, rue des Saints-Pères, 9 ou 11, soit par toute autre voie, et je ferai en DEUX JOURS le nécessaire ; j'ajouterai mes suppléments, additions et notes, ainsi que la préface. Si vous ne trouvez pas que la chose en vaille la peine, faites composer le *premier livre* et envoyez-moi les épreuves ; je ferai ici les corrections, additions et amendements, et tout sera dit.

Mais qu'on ne me parle pas, comme a fait Allou, d'une suppression du livre, condamnation absolue, *in globo*, et sans appel.

J'ai la conscience que mon œuvre est bonne, utile, nécessaire, et que son renvoi à l'étranger ferait honte à notre pays. Ce n'est pas à vous que j'en montrerai les parties fondamentales et l'incalculable portée ; vous êtes trop au courant, et de ces questions, et de mes propres études, pour avoir besoin que je vous mette ici le nez sur les *i*. Ce que j'attends de vous, cher ami, au

contraire, ce sont, en dehors des indications de passages
dangereux, des observations critiques sur le fond et
la forme, comme le fait un ami d'abord, et un homme
intelligent qui s'intéresse à une œuvre d'intelligence.

Faites donc, ne m'épargnez point, et, encore une
fois, ne regardez pas à un retard de quinzaine pour les
corrections ; renvoyez-moi tout avec vos observations,
soit séparées, soit marginales.

Si vous avez lu jusqu'au bout, vous savez qu'il y
aura une suite, ce que le contenu du volume laisse
d'ailleurs à penser. C'est en partant de si haut que je
veux arriver aux traités de 1815 et au-delà... Entendez-
vous ?

Avez-vous reçu la neuvième et la dixième ? Avez-
vous lu mes *Jacobins*? Accusez-moi réception, s'il vous
plaît.

Le dernier numéro du *Courrier* est très-satisfaisant.
C'est adroit, habile et suffisamment orthodoxe. Vous
faites patte de velours ; c'est très-bien. On ne sent pas
l'ongle, mais on le voit.

Je vous envoie celle-ci par MM. Garnier frères pour
que vous ayez une occasion de les revoir. Je tiens,
sans m'abaisser, à les solliciter jusqu'au dernier moment ; car ma conviction est qu'ils regretteront leur
bévue.

Mes hommages à Mme Chaudey et un *becco* à Georges.
Ma femme est on ne peut plus sensible à votre souvenir et me charge de ses sentiments pour vous.

Je vous serre la main, cher ami, et suis dans l'impatience de vous lire.

P.-J. PROUDHON.

Ixelles, 12 décembre 1860.

A MM. GARNIER FRÈRES

J'ai la vôtre du 4 de ce mois qui m'annonce votre refus d'imprimer mon livre, pour cause d'appréhension de poursuites.

Comme je ne connais pas de remède à la peur, je n'essaierai pas, Messieurs, de vous faire revenir ; j'y perdrais mon temps et mon latin. Je vous dirai seulement que le conseil que vous a donné M. Allou ne fait honneur ni à ses connaissances ni à son jugement. Je vous avais dit que je m'attendais bien à avoir quelques chapitres à corriger. — M. Allou se soucie peu des corrections ; il condamne mon travail en masse, absolument, sans appel. M. Allou, je vous le prédis, a dépassé la limite de ses pouvoirs ; mon livre paraîtra à Paris, où je veux qu'il s'imprime ; vous en verrez le succès, et vous regretterez d'avoir suivi le conseil de votre expert.

Comme je tiens, Messieurs, en dépit de l'opinion de M. Allou, à ne me séparer de vous qu'à la dernière extrémité, j'ai chargé mon ami, M. Chaudey, qui depuis plus d'un an exerce les fonctions de censeur officieux au journal le *Courrier du Dimanche*, de revoir

à son tour mon travail et de m'en dire son sentiment.
M. Chaudey m'indiquera ce que j'ai à faire, et l'on
imprimera ensuite en toute sécurité. Mais auparavant
il prendra la liberté de vous revoir ; il vous exposera
son opinion, et ce ne sera que sur votre refus définitif qu'il se chargera de remettre mon manuscrit à un
éditeur, qu'il ne lui sera, je le sais d'avance, pas difficile de trouver.

Vous me demandez si je n'ai pas autre chose en
portefeuille et si j'ai oublié le projet que m'avait soumis
M. Sainte-Beuve. — Certes oui. j'ai d'autres travaux,
et je me souviens des conseils de notre aimable et savant académicien. Mais, je vous l'ai dit, je suis obligé
de mettre une certaine suite dans mes publications,
je rattache l'une à l'autre, et je ne puis rien donner
au public tant que mon livre sur le Droit des gens
n'aura pas vu le jour. — Mes études critiques et litté-
raires ont besoin de cette publication préalable. —
J'ai de la politique, de la philosophie, de l'économie
politique, de la *littérature :* tout cela fait suite et corps,
et je ne puis indifféremment commencer par A ou
par Z.

J'étudie en ce moment notre jeune littérature ; j'ai lu
toutes les œuvres de M. *About*, par exemple : vous pensez
bien que je n'entends pas avoir perdu mon temps. Mais
je ne puis pas ainsi sauter d'un ordre d'idées à un autre
sans *transition ;* et les transitions pour moi sont dans
les idées mêmes.

Je puis cependant, si cela vous accommode, vous envoyer un opuscule de quatre-vingts ou cent pages. C'est
une réponse à Mmes Jenny d'Héricourt et Juliette
Lamessine sur l'*Amour libre.* Cette réponse paraîtra à
la suite de la onzième livraison de mon livre *De la Jus-*

tice qui, comme vous savez, se réimprime chez Lebègue. Si ce sujet du *libre Amour* vous tente, vous n'aurez qu'à parler : d'ici à quinze jours je pourrai, je présume, vous envoyer les épreuves, avec quelques notes manuscrites que j'y ajouterais.

Mais tout cela est de la bagatelle ; il faut revenir aux choses sérieuses, hors desquelles point de salut.

Voici le nouvel an, époque de dépenses pour les papas et les mamans. Dites-moi, Messieurs, si je puis encore, malgré la suspension de nos affaires, faire traite sur vous d'une somme de 300 francs, si cette traite doit être la dernière, ou si vous consentez à attendre des conjectures pour vous plus rassurantes ; car, pour moi, elles ne seront jamais plus belles. En ce moment, je suis bien obligé de chercher un éditeur pour le manuscrit que vous repoussez, mais il me répugnerait de m'engager avec d'autres dans une série d'opérations. Je n'aime point à changer de relations ni d'amis.

L'incluse est pour M. Chaudey, votre voisin, rue de Grenelle, 102 ou 104, à qui je vous prie de la faire remettre. M. Chaudey vous verra de ma part, entendra vos observations et vous présentera les siennes.

Tout vôtre.

P.-J. PROUDHON.

Bruxelles, 19 décembre 1860.

A M. GUSTAVE CHAUDEY

Cher ami et compatriote, confirmation de mes précédentes : la dernière en date du 14 ou 15, a dû vous parvenir par MM. Garnier frères.

Savez-vous que par décision impériale du 12 courant, remise entière m'est faite de ma condamnation et de tout ce qui s'en suit ? La chose m'a été notifiée ici par la légation, et à mon ancien domicile rue d'Enfer, 83, par le parquet. — Je ne doute pas, cher ami, que votre article sur l'amnistie, inséré dans le *Courrier du Dimanche* il y a un an, ne soit pour quelque chose dans ce qui m'arrive; je vous en remercie donc cordialement. A quelque chose la jurisprudence est bonne. Ainsi je puis rentrer à Paris quand il me plaira, ce que je ferai dès que l'état de mes affaires, les convenances de mon ménage, etc., me le permettront.

Les frères Garnier viennent de me déclarer itérativement qu'ils *ne voulaient pas* imprimer mon livre. De mon côté, et pour la troisième fois, j'insiste auprès d'eux, en leur faisant part de mon exonération, le meilleur signe que je puisse leur donner des intentions tolérantes du Pouvoir. Parlez-leur dans ce sens; je suis trop leur *obligé*, en ce moment, pour que je ne fasse pas tout le possible pour éviter une suspension de nos rapports.

Cher ami, je n'ose vous presser, je sais que vous êtes encombré d'affaires; mais il me tarde singulièrement de savoir ce que je dois penser de mon manuscrit. J'ai assez de corrections et additions préparées pour que je désire le revoir; en trois jours, il serait tel que le pût souhaiter le plus poltron des éditeurs.

Bonjour et amitié à tous. Il me semble, en ce moment, que je dois remercier tous ceux qui me connaissent. La cause première de mon rappel est à eux.

A vous de cœur.

P.-J. PROUDHON.

Ixelles, 19 décembre 1860.

A MM. GARNIER FRÈRES

J'ai reçu la vôtre du 17 courant. Votre obligeance pour moi, messieurs, m'a touché profondément, et vous n'attribuerez, j'espère, qu'à ma vive reconnaissance si je reviens auprès de vous à la charge pour la troisième fois.

Je viens de recevoir notification par la légation de Bruxelles, que par décision impériale du 12 courant, remise entière m'est faite de ma condamnation. La même notification m'a été adressée à mon ancien domicile, rue d'Enfer, 83, par le parquet. La chose paraîtra un de ces jours au *Moniteur*.

Ainsi je suis libre de rentrer quand bon me semblera. *Aucune condition* ne m'est imposée. Si vous rapprochez ce fait du décret du 24 novembre et des lettres de M. de Persigny, vous ne pourrez pas douter que le gouvernement ne soit animé d'intentions plus tolérantes à mon égard, et que pour peu que j'y mette du mien, on ne me laisse écrire à mon aise. — Est-ce le cas pour vous de vous montrer plus difficiles que le gouvernement? Je vous pose la question, messieurs : ce sera ma dernière instance.

Je vous proposais, dans ma dernière, de publier un opuscule que je termine en ce moment sur le *Libre Amour*. C'est une discussion sur le mariage, la femme, etc., à l'adresse du Père Enfantin et consorts, et dans laquelle il n'y a ni politique, ni même de théologie. L'Eglise et l'Empire sont mis de côté. Vous ne m'avez pas répondu à ce sujet; mais, comme le *post-scriptum* de votre lettre est tout le contraire d'un congé, je présume que c'est simplement de votre part un oubli. Je compte donc vous envoyer les bonnes feuilles de ce petit travail qui peut avoir son intérêt dans le temps actuel. J'y joindrai quelques notes qui en feront une brochure de *trois à quatre feuilles* in-18, au plus. Vous en userez à votre convenance. Ma deuxième édition n'entrant pas en France, ce sera un travail absolument neuf.

Je vous salue, messieurs, bien affectueusement.

P.-J. PROUDHON.

Ixelles, 23 décembre 1860.

A M. GUSTAVE CHAUDEY

Mon cher ami, je fais un peu tard une réflexion par laquelle j'aurais dû commencer : lorsque vous aurez pris connaissance de mon manuscrit, il faudra le faire lire à l'éditeur, puis à l'imprimeur, puis à leur avocat, et cela n'en finira plus. Les frères Garnier l'ont gardé quarante jours avant de me donner une réponse. Mettons-en autant pour celui de leurs confrères à qui vous vous adresserez et qui naturellement ne se décidera qu'après lecture, ce sera trois mois de temps perdu. Supposons qu'il faille frapper à une troisième porte, puis à une quatrième, l'année s'écoulera avant que nous arrivions à une solution.

Ce qui me chagrine le plus dans tout cela est de sentir mon manuscrit en des mains inconnues, et courant le monde au grand risque de se perdre.

Songez que je n'ai pas de *copie* de ce travail, que je serais hors d'état de le refaire, et que je ne l'estime pas moins, pour une première édition, de *quatre mille francs*.

Soyez donc assez bon, cher ami, pour remettre mes cahiers, aussitôt que vous les aurez lus, à l'ami Gou-

vernet, que je charge de me les faire parvenir. Je crois
définitivement que la police impériale vaudra mieux pour
moi que toute la librairie parisienne. Je ferai ici les
corrections et additions que j'ai prévues, j'imprimerai
chez Lebègue, et je ne doute pas le moins du monde
que le ministre de l'intérieur ne me laisse passer la
frontière *au galop !*

Pardon, cher ami, de vous avoir donné tout ce tracas ;
mais je ne puis vaincre mon inquiétude, et je suis au
plus haut point indigné contre la lâcheté humaine. Que
me servirait donc, je vous prie, de rentrer en France
si la proscription des libraires continuait de peser sur
moi? Cette remise de peine qui m'est faite n'aurait été
qu'un leurre pour briser ma plume, après m'avoir fait
quitter mon asile.

Je suis dans une impatience fébrile de ravoir mon
manuscrit, et je vous prie en conséquence de pardonner
à ce bon Gouvernet, si, pour remplir mes intentions, il
usait de quelque insistance auprès de vous. — Avec
toute la diligence possible, il ne faudra pas moins de
deux grands mois pour m'imprimer ici; aussi, je ne
paraîtrai qu'à *Pâques !...*

Je vous serre les mains, et suis votre compatriote et
compère.

P.-J. PROUDHON.

Bruxelles, 23 décembre 1860.

A M. GOUVERNET

Mon cher ami, depuis votre départ de Bruxelles, voilà quinze jours que j'attends un mot de Chaudey, et ne vois rien venir. Je perds patience et me décide à faire revenir mon manuscrit et à l'imprimer ici, d'où il circulera en France, je n'en fais aucun doute, à la honte des libraires et des avocats.

Puisqu'il a fallu quarante jours à Garnier frères pour se faire une opinion; que Chaudey a déjà mis quinze jours à me lire, et qu'il ne faudra pas moins pour les libraires et imprimeurs qu'il parviendra à me procurer, je renonce à l'entreprise des éditeurs français. J'ai plus de confiance à la police impériale qu'à eux tous. Soyez donc assez bon pour porter l'incluse à Chaudey et lui redemander mon manuscrit, que vous me renverrez simplement par l'entremise de *Borrani*, libraire, rue des Saints-Pères, 9 ou 10, vis-à-vis le magasin des frères Garnier.

Borrani est le correspondant de Lebègue, que vous connaissez maintenant. Vous mettrez mon manuscrit sous double enveloppe : sur l'intérieur, mon adresse; sur l'extérieur, l'adresse de Lebègue, à l'*Office de publi-*

cité, rue Montagne-de-la-Cour, ou bien rue des Jardins-d'Italie, 1, où est son imprimerie.

Ayez soin de déclarer une valeur de 4,000 francs, en cas de perte.

Que me sert l'autorisation de rentrer en France si les libraires me ferment leur porte, si cette rentrée n'est qu'un leurre pour briser ma plume après m'avoir fait sortir de ma retraite? Je suis fatigué de tout ce tracas, et je vous réponds qu'à l'avenir jamais manuscrit ne sortira de mes mains. Je vous annonce le prochain voyage à Paris de M. *Delhasse*, avec qui vous avez pris le café à la maison. Il m'a dit que son intention était de vous avoir un jour à dîner avec sa famille.

Je vous serre la main, et vous demande pardon de tout le tracas que je vous cause.

P.-J. PROUDHON.

Bruxelles, 24 décembre 1860.

A M. GOUVERNET

Mon cher ami, j'ai reçu, ce matin 24, la vôtre datée des 22 et 23, et déposée à la grande poste à six heures du soir, un peu avant le départ. Cette lettre a dû vous parvenir ce matin de bonne heure.

Je ne m'étonne point de la froideur avec laquelle vous a répondu M. H. Garnier : il venait d'enterrer sa mère. En même temps que votre lettre de ce matin, j'ai reçu de sa maison une lettre de faire-part. Donc, n'y retournez plus et attendons le résultat des démarches de Chaudey.

Je sais combien cet ami est préoccupé; il fait un journal, il plaide, il suit des affaires et il va dans le monde. Mais, enfin, il a gardé quinze jours mon manuscrit; c'est pourquoi, quand vous le raurez, ne le lâchez plus. J'imprimerai à Bruxelles plutôt que de le communiquer à d'autres.

Voici d'abord une ouverture que me fait le papa Beslay : Il propose de faire les fonds pour l'impression, en sorte que je n'aurais à trouver qu'un imprimeur, l'éditeur étant *moi–même*, puisque je rentre, que même je suis censé rentré. Or, moi éditeur, je me sers de l'entremise de tous les libraires, et l'affaire va comme sur des roulettes. R***, d'autre part, m'offre le ministère de Hetzel; mais je n'accepte les services de Hetzel que comme libraire détaillant et revendant; je ne puis, je vous le répète, sans autre explication, rompre définitivement avec MM. Garnier.

Si donc Chaudey, après avoir inutilement combattu la résolution de ces messieurs, peut me procurer un imprimeur, dites-lui que j'accepte; et, en attendant, qu'il vous rende mon manuscrit, que vous conserverez, ainsi que je vous en prie dans ma lettre d'hier, jusqu'à nouvel ordre.

Quant à Perron, vous vous bornerez à l'aller remercier de sa bonne volonté. Je le croyais toujours au *Moniteur*, et ce que je lui demandais, c'était qu'il accélérât, si la chose dépendait de lui, l'insertion dans le journal officiel du décret de l'empereur qui me regarde.

Toute loi ou décret émané de l'autorité publique doit être promulgué et *publié*, et je tiens à ce que les choses soient faites en règle. Il est possible que le gouvernement ait des raisons pour retarder cette publication.

Alors je n'ai rien à dire. Mais, moi, j'en ai pour la demander, et c'est ce que j'attendais de Perron, si la chose avait dépendu de lui.

Est-ce vous qui avez fait part au papa Beslay de ma future rentrée ? Il m'en écrit tout joyeux. En tous cas, je vous remercie de l'empressement avec lequel vous avez fait part de la chose aux amis.

Remerciez encore une fois Chaudey de son *petit mot* dans le *Courrier* d'hier dimanche. Je l'ai assez *tourmenté* depuis quinze jours pour que je me dispense de lui écrire une fois de plus. Dites-lui cela.

A-t-on des nouvelles du voyageur ? Il ne m'écrit plus, et parce qu'il m'avait inconsidérément promis de me venir voir, et qu'il n'a pu tenir sa promesse, il se conduit comme s'il était brouillé avec moi. Etourneau!

Si vous voyez le docteur Clavel, dites que je lui écrirai une autre fois sur son livre; déjà je le cite dans ma onzième.

Je vous quitte, cher ami. J'ai une correspondance effroyable, des épreuves, et encore *cent pages* à écrire pour mener à fin ma seconde édition.

Bonjour.

P.-J. PROUDHON.

Bruxelles, 24 décembre 1860.

A M. CHARLES BESLAY

Mon cher ami, reçu la vôtre datée d'hier 23.

Eh bien! qu'en dites-vous? Voilà le gouvernement impérial qui se fait parlementaire; il caresse les journaux, il appelle la discussion, enfin il m'amnistie. — Je puis rentrer quand bon me semblera; c'est ce que m'ont fait savoir officiellement, d'un côté, le chargé d'affaires en Belgique, comte d'Astorg, dont le chef de bureau m'a donné communication de la lettre écrite à ce sujet par le ministre des affaires étrangères, Thouvenel, — et, d'autre part, le procureur général de la Seine, en une missive adressée à mon ancien domicile de la rue d'Enfer, et qui m'est revenue à Bruxelles.

Ceci change ma position tout à la fois comme homme et comme écrivain.

Sous le premier rapport, vous ne doutez pas que je ne profite de la permission qui m'est accordée. Mais quand s'opérera mon déménagement? C'est ce que je ne saurais encore vous dire.

Comme écrivain, je tiens à régulariser au plus tôt mon attitude; c'est ce que je ferai dans le *Bulletin* de ma prochaine livraison, nº 11. Je puis, en quelques

mots, vous dire quels sont mes sentiments; j'espère
que votre conscience, sévère en tout ce qui touche à
l'honneur, m'approuvera :

Je n'incidenterai pas sur le terme de *grâce* que contient la décision impériale du 12 décembre. Chacun
sait ce que cela veut dire. Le gouvernement ayant
obtenu contre moi une condamnation, — peu importe
ici comment ni pourquoi, — il me fait remise de cette
condamnation par un acte du prince qui s'appelle
grâce; c'est le mot légal.

Au fond, cette grâce fait partie de l'ensemble des
mesures prises depuis le décret du 24 novembre : c'est
un fait de rapprochement spontané du gouvernement
impérial vers les idées de 89; conséquemment, et bien
plus que l'acte du 16 août de l'an passé, c'est une
amnistie.

Tout gouvernement qui offre l'amnistie à ses adversaires est un gouvernement qui demande à parlementer. — Eh bien! j'accepte le parlementage. Je suis
prêt à entrer en discussion avec lui, sans invectives,
sans fiel, sans autre arme que le droit et la vérité, sans
autre but que de les faire triompher. Ma qualité d'écrivain explique assez, du reste, qu'on n'attend pas de
moi autre chose. Je prends donc la proposition au
sérieux; dans six mois, nous saurons ce que le gouvernement impérial a dans le cœur. Tant pis pour lui
si un jour il voulait tromper la nation; tant mieux pour
tout le monde s'il se fait à son tour pardonner ses
fautes.

Cette position me paraît franche, digne, loyale; je
compte sur votre amitié pour me faire les observations
que vous jugerez utiles à ce sujet. Quelles que soient
vos inclinations pour la dynastie du grand homme, je

sais que vous m'aimez assez pour ne pas souffrir que je me sacrifie à elle; c'est ce qui motive, cher ami, ma confiance en vous.

Ce premier point réglé, il s'agit d'un autre non moins important. — J'ai un manuscrit fort important, et dont les frères Garnier, par des craintes exagérées, refusent de faire la publication. C'est leur avocat, Allou, qui leur a chaussé cette idée ridicule.

En vain je leur ai fait observer que les passages un peu vifs ne faisaient pas 20 pages sur 400 ; en vain ai-je protesté que je changerais, corrigerais ou supprimerais tout ce qui peut leur faire ombrage ; rien n'y a fait : ils ont *peur*; ils n'en reviennent pas. Cela ne les empêche point de me tenir mon compte ouvert ; seulement, ils me demandent de la *littérature*.

Mon manuscrit est entre les mains de Chaudey, rue de Grenelle-Saint-Germain, 102. Si vous aviez occasion de le voir, je vous serais obligé de lui demander son sentiment.

Quant à moi, certain de la valeur de mon œuvre, sûr de mes intentions, et décidé à ne pas laisser subsister un seul mot scabreux dans le texte, j'attends un dernier refus et une déclaration d'impossibilité d'éditer à Paris pour mettre sous presse à Bruxelles. Alors, on saura en Europe ce qu'il en est de la tolérance impériale et de l'aplatissement de la nation.

Dans le cas où, à défaut d'un éditeur à Paris, je trouverais un imprimeur, — l'éditeur étant moi-même, — je pourrai, cher ami, profiter de votre offre généreuse pour les fonds ; mais j'espère que nous n'en viendrons pas là.

Je suis heureux de tous vos succès ; mais je crains, pour votre âge, ce redoublement de travail. *Faut de la vertu, pas trop n'en faut!* Modérez-vous, afin de vivre longuement. La rupture du mariage de votre fils m'a surpris ; je brûle d'en connaître la cause, que vous me dites être toute morale et qui l'honore. Certes, je ne doute pas de votre jeune homme. Combien sa mère en serait fière ! Et que ne puis-je vous en dire de plus agréable que ce mot d'Homère : *Il sera meilleur encore que son père et que son grand-père.*

Sur ce, je vous serre la main.

P.-J. Proudhon.

Ixelles, 25 décembre 1860.

A M. RÉMY VALADE

Monsieur et ancien voisin, je suis on ne peut plus sensible à l'intérêt que vous prenez à ce qui m'arrive. Aussi, loin de trouver mauvais que vous eussiez ouvert la missive du procureur général, j'ai été heureux que votre curiosité, parfaitement intentionnée, m'ait valu de votre part une si bonne et si aimable lettre. Je n'avais plus besoin, du reste, de cette preuve de votre bienveillance pour les miens et pour moi. Nous nous sommes vus d'assez près, et pendant assez longtemps, pour que nous puissions nous vanter, chacun de notre côté, d'avoir acquis vis-à-vis de l'autre droit à quelque chose de mieux que l'estime. Merci donc du soin que vous avez pris de recueillir une lettre qui pouvait être à mauvaise intention, et merci de votre empressement à m'en faire part.

Tout cela change ma position, et de chef de famille et d'écrivain. — Sous le premier point de vue, vous devinez ce que je puis faire ; il s'agit d'un déménagement que j'exécuterai dès que je le pourrai faire dans de bonnes conditions. Comme écrivain, j'aurai à établir

nettement devant le public ma position et à prendre
une attitude convenable.

Avant mon dernier procès et ce qui s'en est suivi, la
haine des *anciens partis* me tenait, vis-à-vis du gouvernement impérial, dans une attitude d'indifférence forcée.
Sans me rallier à lui, je ne pouvais lui être hostile : à
quoi bon ? J'étais odieux à tout le monde. Mon procès,
ma condamnation, le refus d'admettre mon Mémoire,
l'idée qu'on a eue de m'exclure de l'amnistie m'ont
prouvé que j'étais traité en *ennemi*, et je me suis conduit
comme tel. Depuis un an je publie, par livraisons, avec
des notes et un bulletin politique, une deuxième édition
de mon livre. Mes bulletins ont été goûtés, et, à coup
sûr, ils n'étaient point agréables au gouvernement.
Maintenant me voilà censé rentré; je ne puis plus
suivre la même marche, il faut changer de ton. C'est ce
que je compte faire, à la satisfaction de tous mes amis
politiques.

J'ai en ce moment, à Paris, un important manuscrit
que je propose à l'impression. Avant de me répondre
on me lit, car on se méfie. J'espère pourtant trouver un
éditeur; il se pourrait alors que le soin de ma publication m'obligeât de faire le voyage avant que je pusse
emmener ma famille. Ce me serait une occasion, cher
monsieur et ancien voisin, d'aller vous serrer la main
et d'échanger avec vous quelques bonnes pensées,
quelques hautes espérances.

Oserais-je vous prier de faire parvenir l'incluse à
M. Huet, dont je n'ai pas le numéro. Il demeurait, il y
a deux ans, près de chez nous, rue d'Enfer.

Ma femme me charge de vous présenter, ainsi qu'à
Mme Rémy, ses salutations respectueuses, et si la bonne
vieille Mme Perrin est encore de ce monde, de vouloir

bien nous rappeler tous à son souvenir, ainsi qu'à celui de sa famille.

Je suis, en attendant le plaisir de vous voir, cher monsieur et ancien voisin,

Votre très-affectionné.

P.-J. PROUDHON.

Ixelles, 25 décembre 1860.

A M. HUET

Cher monsieur Huet, j'ai pensé bien des fois à vous
écrire, à vous répondre, dois-je dire ; j'ai même commencé une fois une lettre ; puis, comme j'écrivais dans
une mauvaise disposition d'esprit, j'ai jeté cette lettre
et n'ai pas eu le courage d'y revenir.

Votre notice sur Bordas-Demoulin, que j'ai reçue,
que j'ai lue et dont je vous remercie, me fait enfin
sortir d'une apathie qui, je vous assure, n'était pas dans
mes sentiments. Mais, forcé d'*écrire pour vivre*, j'ai tant
de dégoût de la plume, je suis si excédé d'ailleurs de
correspondances indispensables, que j'en suis venu à
négliger honteusement, ingratement, mes meilleurs,
mes plus anciens amis. Cher monsieur Huet, vous
êtes, comme votre maître Bordas, la franchise et la
probité mêmes. Croyez donc, une fois pour toutes, que
mes sentiments pour votre personne, de même que ceux
de ma femme pour Mme Huet, ne peuvent ni ne doivent
être jugés par vous d'après la paresse de mes communications.

Quelle vie que celle de Bordas ! quel homme ! J'en ai
pleuré, moi qui m'attendris de moins en moins ; et si ce

n'est pas trop d'orgueil à moi de le dire, je m'y suis à tout moment reconnu. Je n'ai pas, comme lui, poussé le martyre à ce degré sublime; mais enfin j'en ai connu quelque chose, et jusqu'à trente ou trente-deux ans ma vie a eu plus d'un rapport avec la sienne. J'ai fini par enlever de vive force cette publicité qui lui a été si injurieusement refusée; je ne m'en fais pas une gloire, il y a tant de sots, d'intrigants et de fripons, qui obtiennent les honneurs de la notoriété! Bien loin que j'en éprouve de l'orgueil, je n'en ressens que mieux la supériorité de cet héroïque contemplatif qui poursuit au péril de sa vie, à travers trente ans de misère, la vérité pour elle-même, et ne regrette d'être méconnu que parce que ses semblables, en le méconnaissant, se perdent eux-mêmes!... Bordas fut un héros, un martyr, un ascète, l'idéal du penseur; je vous félicite d'avoir pu cultiver un pareil ami et d'avoir eu à écrire une pareille vie.

Je ne connais pas le *Cartésianisme* de Bordas, ni sa théorie de la *Substance*, ni celle de l'*Infini;* je prendrai mon temps et je lirai tout. Je ne doute pas que je n'y trouve quelque chose à ma mesure et à ma convenance; je le citerai donc, c'est la seule justice que je puisse lui rendre, je veux dire la seule réparation qu'il soit en mon pouvoir de lui faire.

Maintenant, que fut Bordas? et que vaut son idée?

Autant qu'il m'est possible de m'en rendre compte d'après votre notice et ce que je sais de lui par votre commun volume, voici comment, à mon point de vue, je l'apprécie. (Permettez-moi, dans une lettre familière, et afin de mieux rendre ma pensée, de me mettre en comparaison avec lui) :

Bordas, comme Descartes, Leibnitz, Kant même, me paraît être allé de la philosophie *spéculative* à la philo-

sophie *pratique*; il passe par la métaphysique pour aller
à la morale, et il n'est pas douteux que cette marche ne
soit depuis des siècles généralement suivie. Dans le christianisme, la théologie dogmatique précède aussi la théologie morale; la religion est même fondée tout entière
sur cette donnée. Moi, au rebours, je saisis tout d'abord
l'idée morale, la justice, le fait de conscience (je ne
prends pas ici ce mot dans le sens purement psycholo-
gique), et une fois en possession du droit, de l'idée
morale, je m'en sers comme d'un critère pour la métaphysique elle-même. Ma philosophie pratique devance
ma philosophie spéculative, ou du moins elle lui sert de
base et de garantie. C'est ce que j'explique plus claire-
ment dans la seconde édition de mon livre *De la Justice*, notamment dans la nouvelle préface que j'y ai
mise. Je crois qu'au fond cette méthode fut celle de
Jésus et de Socrate, en dépit de l'idéalisme de Platon et
de la théologie de saint Paul.

En deux mots, Bordas, comme esprit et comme conscience, m'apparaît comme l'inversion de mon propre
esprit et de ma conscience : son moi est mon moi re-
tourné. C'est ce qui explique comment nous avons tant
de choses communes, et comment, en même temps, nous
ne pouvons jamais nous joindre.

Je ne vous en dis pas davantage pour aujourd'hui.
Vous comprenez, du reste, que plus je me sens l'anti-
thèse de Bordas, plus, en vertu de la loi des contraires,
il m'inspire de sympathie. Je ne doute pas que vous ne
trouviez à ma manière de philosopher toutes sortes
d'inconvénients, que vous me disiez même que c'est, du
commencement à la fin, un immense contre-sens.
Laissez-moi vous dire à mon tour que j'en ai recueilli
plus d'un fruit précieux. Je dois à cette méthode, par

exemple, un certain esprit *pratique* et concret qui ne m'a jamais abandonné, même dans mes plus grandes polémiques, et qui m'a sauvé maintes fois de la détresse qui a perdu Bordas ; en second lieu, je dois à cette même méthode de prendre aisément mon parti de la non-réussite de mes théories, quand j'ai la certitude que la justice me reste ; tandis que la vertu de Bordas n'a pu le sauver du désespoir amer de ses théories méconnues.

Ceci n'ôte rien à mon admiration pour votre maître, devant qui je déclare que je ne puis que m'incliner respectueusement. Je crois être honnête homme ; lui, il était un homme *vertueux*, un sage. Quel qu'ait été son génie, je le regarderais en face ; devant sa vertu, je me découvre.

Un dernier mot, cependant. Tel est l'effet de l'opposition des principes et des théories, que souvent l'adversaire voit mieux ce qui se passe chez nous que nous ne le voyons nous-mêmes. Si j'avais connu Bordas dans la dernière année de sa vie, je lui aurais dit que son christianisme me semblait plus près de sa réalisation qu'il ne le supposait lui-même, et cela précisément par les causes qui précipitent en ce moment la religion du Christ, précisément, l'oserais-je dire, par le mouvement de ma propre polémique. Oui, cher monsieur Huet, je vous l'avoue, quelque forte et profonde que soit ma conviction, je suis loin de croire mes idées à la veille du triomphe ; je connais trop, par ma propre expérience, le sentiment religieux pour que j'espère voir le monde en venir sitôt à cette justice gratuite. Or, la papauté étant à bas, le protestantisme aux abois, je ne vois que votre école pour rendre au monde un peu de religion. Mais c'est ici qu'à mon tour je reprends mon avantage : que la Justice, notre commune foi, triomphe, et je n'aurais nul regret de voir le monde retomber aux pieds du crucifix ; je n'en éprouverai ni mépris ni amertume.

Pardonnez-moi cette digression à propos d'un homme qui vous fut si cher et dont la vie, racontée simplement par vous, m'a fait du bien. Je vous le répète : soit incapacité ou entêtement, je n'éprouve que peu d'émotion en présence des plus beaux génies et des plus admirables chefs-d'œuvre. Mais je suis immédiatement touché et ravi par les beaux exemples.

Mes amitiés à monsieur votre frère que je n'ai pas eu le plaisir de voir à son passage dans notre ville, et qui a daigné se souvenir de mes petites filles.

Mes hommages et ceux de ma femme à l'excellente Mme Huet, et à vous, héritier de la pensée de Bordas, une franche poignée de main.

Tout vôtre.

P.-J. PROUDHON.

Bruxelles, 26 décembre 1860.

A M. HAECK

Cher monsieur Haeck, ne sauriez-vous me donner l'adresse de notre ami M. Dulieu? Je sais qu'il habite quelque part dans Ixelles, mais je ne sais ni la rue ni le numéro. Je voudrais lui écrire. Chaque jour qui se passe me donne un remords. Je connais son âme aimante, généreuse et timide; il croit peut-être que je n'ai pas lu son ouvrage sur l'Amérique, que je méconnais une civilisation puissante dont il a admiré les merveilles, et je voudrais une bonne fois le tirer d'erreur.

J'ai lu hier votre lettre à M. Frère-Orban. Vous avez raison en tout, mais vous êtes un terrible exécuteur. Je crains que dans l'opinion du gros public votre rudesse vis-à-vis des puissances ne fasse tort à votre cause. En vous voyant ennemi si acharné de M. le ministre, on dira que ce qu'il a fait était *de bonne guerre*. C'est ainsi que je me suis vu menacé par certaines gens, en 1848, qu'on s'emparerait de mes idées, qu'on les appliquerait, et qu'on écarterait, lisez proscrirait, ma personne. Aujourd'hui, Napoléon III ne se prétend-il pas plus socialiste que moi? Ne m'a-t-il pas fait juger, condamner? Ne vient-il pas de me *gracier ?*

Entre le droit et la force, la multitude n'hésite guère; elle suit la force. D'où je conclus qu'il ne suffit pas d'avoir quatre fois raison contre un ministre; il faut encore mettre les preuves de son côté.

Mais vous savez mieux que moi sur quel terrain vous combattez, et comme je ne suis pas du gros public, moi, je vous applaudis.

Bonjour et santé, mille respects à Mme Haeck et à sa pouponne.

Tout vôtre.

P.-J. Proudhon.

Ixelles, 27 décembre 1860.

A M. LARRAMAT

Eh! monsieur Larramat, je ne savais plus si vous étiez de France ou de Belgique, aussi votre lettre m'a été très-agréable.

Il m'ennuyait de ne plus vous sentir là. Oui, il est très-vrai que par décision du 12 courant, Sa Majesté Impériale a daigné me faire remise de toutes condamnations et peines par moi encourues à l'occasion de mon livre *De la Justice*. Cela est très-officiel; j'ignore seulement pourquoi le *Moniteur* ne l'a pas encore annoncé.

Le gouvernement impérial aime apparemment à faire au bon peuple français quelque petite surprise tous les quinze jours. C'est pourquoi il lui ménage les bonnes nouvelles.

Ceci, vous le comprenez, modifie ma position. Décidément hostile qu'elle était, elle va devenir *parlementaire*. Tout gouvernement qui amnistie ses ennemis est un gouvernement qui demande à parlementer. Ainsi ferai-je; je prendrai la chose *au sérieux*, puisqu'on m'y invite; je ne ménagerai ni les instructions, ni les bons conseils; nous verrons après.

En attendant, la librairie parisienne, *plus couarde que*

renarde, n'ose plus rien imprimer de moi. Les Garnier frères, malgré leur désir, ne peuvent se décider. On lit mon manuscrit, les avocats branlent la tête ; j'ai beau dire que je changerai tout ce que l'on voudra, on s'épouvante de mes *idées* (il n'y a pas autre chose) qu'on n'a pas encore vues.

Il serait possible que, fatigué de toutes ces lenteurs, je me décidasse à publier à Bruxelles ou même à Leipzig !... La police impériale me laissera entrer, je n'en doute pas.

Quelle honte alors pour nos libraires et pour notre public lui-même !...

Je suis bien aise que vous jugiez la situation comme moi.

Ce qui retient la guerre, c'est que tous les gouvernements la redoutent, et la bourgeoisie, qui les domine, encore plus. Mais n'admirez-vous pas l'empereur d'Autriche et l'empereur des Français se faisant la guerre à coup de *concessions libérales?* Si les Habsbourg se décidaient une fois à faire ce que l'on attend d'eux en même temps qu'à lâcher la Vénétie, l'Autriche, si riche, serait le plus puissant État de l'Europe continentale.

Je ne sais quand nous retournerons en France ; les déménagements sont chers, et je suis d'abord décidé à passer ici, avec l'hiver, la belle saison de 1861. Je suis censé rentré, cela suffit. Que m'importe, au fond, d'être au faubourg Montmartre ou à Bruxelles?...

Pourquoi ne me dites-vous rien de Mme Larramat? Puisque nous touchons à la fin de décembre, faites-lui nos compliments de renouvellement d'année.

Je vous serre la main.

P.-J. PROUDHON.

Ixelles, 28 décembre 1860.

A M. GUSTAVE CHAUDEY

Cher ami, je réponds à votre petit mot; ce sont MM. Garnier frères qui vous le feront passer.

Voyez-les, s'il vous plaît, non plus pour les solliciter, mais pour leur dire nettement votre opinion. Ils ont peur, quoi!... Cependant, il faut dire à leur décharge qu'ils n'ont pas la faveur. Moi qui les connais, je sais qu'ils valent mieux que beaucoup de leurs confrères; mais enfin ils sont riches, on ne les aime pas, et on fait peser lourdement sur eux certaines jovialités de jeunesse que l'hypocrisie contemporaine enfle prodigieusement.

Vous m'avez fait bonne bouche en m'annonçant une longue lettre. Quelles bonnes corrections cela m'annonce! Vous pouvez croire que je profiterai des remarques et que je ne négligerai rien pour rendre mon volume digne de vous. Maintenant que je n'ai plus rien à faire qu'à expurger et aplanir, je m'acquitterai, j'espère, de la tâche à votre satisfaction. Je commence toujours par lâcher la bride à mon tempérament, quitte à revenir ensuite; je me châtrerais et me tuerais moi-même, si je voulais d'abord être sage et prudent comme l'exige la police impériale.

Mais tout ceci est une raison de plus pour que je fasse revenir mon manuscrit, et j'entrevois que telle est aussi votre opinion. Hetzel me fait des offres, j'ai remercié. Beslay me propose de l'argent pour éditer moi-même; je n'ai pas dit non, mais il faudrait subir la critique de l'imprimeur, ce qui ne me mènerait à rien.

Je m'attends donc à imprimer à Bruxelles; je publierai en même temps ici et à Leipzig; toute l'Europe sera saisie d'un livre français avant la France. J'en dirai dans ma préface les motifs, de manière à ne blesser ni le gouvernement impérial ni l'amour-propre français, mais à faire honte à la mollesse des éditeurs parisiens et des éducateurs de l'opinion.

Je tiens également tout prêt pour la publication :

1° Un opuscule contre le relâchement des mœurs contemporaines et qui emportera la pièce;

2° Un volume sur la théorie de *l'Impôt* (envoyé à Lausanne);

3° Une brochure sur la frontière du Rhin (application des nouveaux principes du droit des gens);

Enfin, une masse de choses.

Avez-vous lu mon bulletin de la dixième livraison, intitulé : *le Jacobinisme et l'Empire?* Est-ce que vous ne pensez pas que l'opposition, dans ses discours sur l'adresse, devrait embrasser ce thème au lieu de compliments stupides sur la campagne d'Italie et les annexions de Nice et de la Savoie ? Est-ce qu'il ne serait pas opportun, puisque la discussion semble vouloir rentrer dans notre gouvernement, de tenir une assemblée dans laquelle la marche à suivre serait déterminée et imposée à nos députés ?...

Pour moi, j'ai dit l'essentiel de ma pensée sur le

régime impérial, et je remercie M. Delangle d'avoir ajourné jusqu'à ce jour ma participation à l'amnistie. Si la décision du 12 courant était venue quinze mois plus tôt, j'avais bouche close. Maintenant que je suis décidément *hostile* à ce pouvoir, il m'est plus aisé de définir la nouvelle position que me crée ma *grâce;* ce sera le sujet de mon prochain bulletin.

Parlez-moi un peu, dans votre prochaine, de tout cela, et entendons-nous. Vous verrez que nous ferons d'excellente besogne : moi le pionnier, vous la légalité, X*** le diplomate, et tous nos amis rangés en bataillon sacré.

Quand j'aurai recouvré mon manuscrit, quand j'aurai exécuté mes corrections et mis sous presse, je vous enverrai, à fur et mesure du tirage, les bonnes feuilles dont vous ferez l'usage que vous jugerez convenable. Je me permettrai seulement une observation, c'est que vous accompagnerez vos citations de quelques lignes explicatives, tant pour allécher la curiosité que pour diriger l'opinion sur cette nouvelle route, si effrayante en apparence, du *droit de la force.*

Eh! cher ami, il ne reste à notre pauvre pays que cela : il est toujours brave sur le champ de bataille; j'ai là une belle occasion de le lui dire et de le flatter, mais hors de là, plus rien. Encore une fois, entendez-moi et entendons-nous.

Tout vôtre.

P.-J. PROUDHON.

P.-S. Un de mes amis, M. Journet, négociant de la rue des Jeûneurs, se trouvant à Londres avec je ne sais plus quel personnage, a été présenté au comte de Paris,

qui lui a dit : Puisque vous êtes républicain et ami de
M. Proudhon, veuillez le remercier de ma part de la
publication qu'il a faite du testament de mon père.
C'est Bourdin, du *Figaro*, qui m'a rapporté cela.
Est-ce vrai?...

Ixelles, 29 décembre 1860.

A MM. GARNIER FRÈRES

J'ai reçu votre lettre de deuil ; ma femme et moi avons pris notre part de votre affliction. Tout ce qui vous arrive d'heureux, vous le savez, me réjouit ; tout ce qui peut vous être désagréable m'affecte également. Je connais d'ailleurs votre esprit de famille, et vous ne doutez pas que sur ce chapitre je ne sympathise profondément avec vous. Si divergentes que soient nos idées, nos vues, nos aspirations, nous avons au moins cela de commun : la religion familiale. Recevez donc, messieurs, l'expression de ma condoléance très-sincère.

Je réponds maintenant à votre dernière lettre, qui est du 27.

Je n'insisterai plus avec vous sur une question où je vois que votre résolution est fixée. Je me contente de vous informer de ce qui m'arrive d'autre part à l'occasion de mon manuscrit. M. Hetzel me fait des offres ; j'ai cru devoir le remercier, par cette seule raison que je tiens à ne me pas séparer de vous, et qu'en m'adressant pour ce livre seul à un autre éditeur, je me trouverais peut-être engagé plus avant que je ne veux.

M. Beslay, mon ami, que vous connaissez et qui n'est de son côté ni éditeur ni libraire, m'offre les fonds nécessaires pour imprimer, ce qui me permettrait *d'éditer moi-même*, puisque je suis actuellement censé rentré en France, et d'employer ensuite, comme a fait Michelet, l'entremise de la librairie parisienne. Je n'ai pas précisément remercié M. Beslay; mon acceptation dépendra de considérations ultérieures. Vous pourriez me dire ce que vous pensez de ce biais.

M. Chaudey, qui vient d'achever la lecture très-attentive du manuscrit, et qui me prépare de longues observations, m'écrit de son côté qu'il ne croit pas que j'aie plus de *dix pages à supprimer ou à changer, pour mettre mon livre à l'abri de toute inculpation*.

Toutefois, comme il prévoit, bien qu'en m'adressant à d'autres, que j'aurais à subir de nouvelles lectures, ce qui prendrait un temps interminable, il croit que ce serait une chose utile, non-seulement pour moi, mais pour le moral de notre pays, qui a besoin d'être relevé, de publier à Bruxelles ou à Leipzig, et d'entrer en France avec l'autorisation du gouvernement. Ce sera triste pour la France et aussi pour le gouvernement; mais ce petit coup de tactique est peut-être nécessaire.

Si je prends le parti auquel M. Chaudey, sans me le conseiller, sans le croire nécessaire, est prêt, par des considérations supérieures, à donner les mains, j'en userai de même pour l'*opuscule* que je vous propose sur le *Libre Amour*, opuscule dont la moralité est certainement plus sévère que celle du catéchisme. J'imprimerai donc tout à Bruxelles, chez Lebègue; vous recevrez les ballots à mesure de vos demandes, et, quand vous croirez le danger passé, vous aviserez alors si vous voulez faire les *deuxièmes éditions*.

Pour moi, messieurs, je vous déclare que, malgré la remise qui m'a été faite de ma peine, je ne rentrerai en France qu'avec les honneurs de la guerre, c'est-à-dire avec mes livres et avec l'appui de l'opinion et le respect du parquet. A quoi me servirait de rentrer dans mon pays si ma pensée restait frappée d'ostracisme? Je préférerais cent fois la Belgique, la Suisse, l'Italie ou l'Allemagne.

Afin que vous soyez complétement éclairés sur la situation, je prie de nouveau M. Chaudey de vous voir et de vous dire son impression, sans vous solliciter autrement. L'opinion d'un jurisconsulte capable, versé dans les matières que je traite, et qui dirige avec tant d'adresse le *Courrier du Dimanche*, vous sera toujours bonne à connaître, si vous ne croyez pas pouvoir y déférer.

Merci, messieurs, de votre souvenir pour mes petites filles. Rien n'est meilleur, pour tous les âges, tous les sexes et toutes les conditions, que les livres. Malheureusement, ou heureusement peut-être, je crois pouvoir dire que mes filles ne tiennent pas, sous ce rapport, précisément de leur père.

Tout votre affectionné.

P.-J. PROUDHON.

Ixelles, 30 décembre 1860.

A M. DULIEU

Mon cher monsieur Dulieu, hier, en m'envoyant le
petit *Journal de Dinant*, si vous aviez eu la bonne
pensée de mettre sur votre petite lettre, à côté de votre
signature, votre rue et votre numéro, je ne serais pas
obligé, moi votre voisin, d'aller passer par Schar-
bœck, rue Dupont, 14, pour vous faire parvenir ma
réponse. Je sais bien que vous m'avez un jour donné
votre adresse, mais ne l'ayant pas par *écrit*, j'avais
oublié, le lendemain, rue et numéro. Je me suis
adressé pour cet objet à notre ami Haeck, qui, au lieu
de me répondre, me dit : Adressez à la maison et
comptez sur la diligence de ma petite Élisa, amie
intime de votre correspondant. Me voilà donc ajourné
aux calendes grecques, si vous ne jugez à propos de
réparer cette fois votre omission.

Je vous remercie de l'attention exquise avec laquelle
vous avez bien voulu me faire parvenir le numéro
du *Journal de Dinant*. Puisque je ne connais pas le
rédacteur, et que je vous suppose en excellents
termes avec lui, vous m'obligerez fort de lui témoi-
gner, à l'occasion, ma reconnaissance. Je suis déjà, vous

le savez, lié par bien des amitiés à votre chère Belgique; mais *abondance de biens ne nuit pas*, et si vous ne deviez pas, à ce propos, avoir trop mauvaise opinion de mon patriotisme, je vous dirais, entre nous, que les amitiés que j'ai contractées à Bruxelles m'ont fait penser plus d'une fois, en cas d'une prolongation indéfinie de séjour, à une naturalisation. Notre magnanime empereur vient de m'ôter cette fâcheuse idée : il aime mieux que j'écrive en France que hors de France, en quoi je trouve que les idées saines ne lui poussent pas vite...; mais nous ne sommes pas encore aux adieux; et avant que vous me fassiez la conduite, nous aurons plus d'une occasion de parler de tout cela.

L'honneur que vous m'avez fait de m'envoyer votre petit roman américain a été cause que je l'ai lu deux fois : je l'avais lu dans la *Revue* de M. Van Bemmel; je l'ai relu dans l'édition séparée, et toujours avec un nouveau plaisir. Savez-vous quelle est la grande qualité de votre livre, qualité bien rare chez les écrivains, et celle que je mets au-dessus de toutes les autres? C'est que votre livre fait aimer l'auteur. Oui, cher monsieur, vous pouvez vous vanter d'avoir touché le but et remporté le premier prix de composition; quiconque vous lira vous aimera. Il n'y a pas de succès, croyez-moi, qui vaille celui-là.

Comment, après cette déclaration, aurais-je le courage de marquer entre nous des points de dissidence, et de dire en quoi je ne partage pas votre opinion? D'abord, je n'ai pas vu l'Amérique et n'ai pas le droit d'en juger la civilisation; puis je suis, pour le quart d'heure, trop honteux de mon propre pays, trop affecté de sa décadence, pour qu'il me convienne de prendre des airs de censeur. La jeune Amérique a ses défauts, sans doute; mais ces défauts ne sont pas encore devenus vices; ils n'ont pas poussé leurs crocs, et le rôle de cette moitié du monde habitable est trop grand, trop décisif dans l'histoire des sociétés modernes, pour que je puisse sérieusement mettre en balance quelques menus défauts avec de si solides vertus.

Si donc vous m'avez vu exprimer quelques réserves à l'occasion des éloges que j'entends faire de tous côtés du peuple américain, cela ne vient, croyez-le, d'aucun préjugé national, ni d'aucune malveillance de race. Cela tient à mes habitudes d'esprit, qui m'interdisen toute idolâtrie et admiration, *nil admirari;* puis à mes sentiments de philanthropie générale, qui se refusent à admettre parmi les peuples des prédestinés et des élus. Je fais volontiers l'éloge d'une nation; mais quand cet éloge semble devenir une censure indirecte, ou une dépréciation des autres, je m'arrête aussitôt et me tiens sur la réserve.

Je crois à tout le bien que vous nous racontez avec tant d'intérêt de la civilisation américaine; je crois, de plus, que ce poids énorme d'une nation aussi complétement libre, et qui, dans un siècle, comptera trois ou quatre cent millions d'âmes, assure la prépondérance des idées de liberté et d'égalité parmi les hommes, et nous abrége de plusieurs centaines d'années la route pénible de l'émancipation. Quand la tyrannie, doublée de jésuitisme et d'inquisition, pèserait sur tout le vieux monde, je dirais encore que l'humanité est sauvée; car l'Amérique est là, et qu'en présence de ce merveilleux déploiement, toute rétrogadation est impossible. Ce à quoi j'applaudis surtout dans la société américaine, c'est que les grands principes sont sauvés, la dignité personnelle, la noblesse du travail, la famille, le respect des femmes, leur vraie émancipation, tout ce que j'aime et vénère enfin est assuré. Les choses sont encore trop peu avancées pour que, même en Amérique, on sente la grandeur d'un pareil rôle ; mais je le vois comme si j'étais placé à trois siècles en avant dans la postérité, et c'est pourquoi, en dernière analyse, je trouve bien qu'on propose à l'émulation de notre vieille Europe la jeune Amérique.

Cela dit, il peut m'être permis de regretter que les Américains n'aient pas toujours la conscience nette de leur position, et qu'ils se laissent aller, plus que de raison, à l'orgueil. Le peuple américain est-il d'un autre sang que le nôtre ? Non ; c'est un ramassis d'émigrés venus de toutes les parties de l'ancien monde.

Peut-il se qualifier de nation *jeune ?* Non ; c'est un rejeton de la vieille Europe, dont il a même si bien conservé les préjugés, qu'après avoir admiré la liberté politique et industrielle de l'Amérique, on sent le besoin de repasser en Europe pour y jouir de la liberté de l'esprit.

L'Américain a-t-il produit une ombre de pensée philosophique ? Non ; il est plus protestant, plus chrétien, plus croyant que ne l'étaient nos pères du dix-huitième siècle ; sa liberté ne lui a servi qu'à produire des sectes à l'infini, toutes plus ridicules les unes que les autres.

L'Américain comprend-il rien à la marche de l'histoire ? Nullement, et la preuve, c'est qu'on découvre déjà, dans l'agitation des partis, les mêmes oscillations, les mêmes pensées que l'on observe dans le vieux monde, depuis les Grecs de Périclès et les Romains des Gracques, jusqu'aux Anglais et aux Français de 1860.

L'Américain s'est-il posé les grands problèmes de l'Économie, objet de la grande incubation du siècle actuel? Point; loin de là, l'Américain est peut-être de tous les peuples le plus âpre au gain, le moins délicat en fait de banqueroute (nous voilà encore en pleine crise). Une moitié de la nation cultive bibliquement l'esclavage, et l'autre se refait déjà un prolétariat.

Bref, l'Américain, étranger par sa tradition au développement moral, politique et philosophique de l'Ancien Monde, retenu en dehors de ce mouvement par ses mœurs et ses préoccupations coloniales, n'ayant que le sentiment de son immense richesse et de son indépendance, l'Américain est en train de recontracter tous les vices qui nous dévorent, et il finirait par retomber dans cette antique étable si, tandis qu'il fortifie en lui la liberté et déploie une si grande puissance de travail, l'idée civilisatrice ne s'élaborait ailleurs, dans le cloaque des servitudes dont il n'est qu'à moitié affranchi.

Sans doute l'homme de travail devait avoir sa glorification; que fais-je moi-même, depuis vingt ans, que de pousser la multitude au sein de laquelle je suis né à faire acte d'hommes libres, à l'instar de l'Amérique? Mais il faut avouer que la création de la richesse n'est, en droit, que le fondement de l'édifice social; que ce n'est pas de cela que vivent les nations; qu'au-dessus de la sphère de l'utile il y en a d'autres plus glorieuses : il y a la philosophie et la science, il y a l'art, il y a le droit et la morale. La dignité humaine peut, à la rigueur, se passer de richesse : l'école de Pythagore l'a prouvé. Mais qu'est-ce qu'un peuple sans philophie, sans art, sans notions raisonnées du droit et de la morale? Voilà ce que me semblent oublier trop les

Américains, et qui, malgré leurs dollars et tout leur
orgueil, les refoule jusqu'à présent au dernier rang des
nations civilisées.

J'aurais immensément à dire si je creusais ces
réflexions. J'aime mieux finir par où j'ai commencé.
La société américaine a commencé par où celles d'Europe finiront : la liberté, la démocratie; c'est justement
pour cela qu'elle ne sait rien de ce qui travaille ces
sociétés; sa mission n'est pas de résoudre le problème
de l'avenir, mais de produire un fait nouveau, immense,
qui aide à le résoudre; et de rendre la rechute
impossible. Si la Chine et l'Inde, si l'ancienne Grèce et
Rome avaient été lestées et doublées, comme nous le
sommes à cette heure, d'une démocratie américaine, la
Grèce et Rome n'auraient pas péri; l'Inde et la Chine
ne seraient pas en ce moment la proie des *barbares*. Je
dit que c'est là un fait énorme, et ce sera l'éternel honneur du peuple américain d'avoir servi, pour ainsi
dire, à cette incarnation de la liberté.

Cher ami, cherchez au fond de votre âme, il me
semble que vous n'y trouverez pas d'autres sentiments.
Ce n'est pas vous qui méprisez ni vos aïeux ni vos
contemporains, et vous n'avez pas trouvé en Amérique
des hommes sortis de la cuisse de Jupiter. Mais vous
avez compris, comme je le crois comprendre, que là
était pour l'humanité le gage définitif du salut, et
votre cœur s'est épanoui aux espérances de cette civilisation qui n'est, en réalité, ni jeune ni vieille, mais
qui est renouvelée.

Je vous remercie du bien que vous avez dit des
Francs-Comtois, mes compatriotes. Votre paysan est
un vrai type de mon pays; tous ses mots, ses pro-
verbes, je les connais. Il n'y a pas jusqu'à ce nom de

sœurette, donné à sa femme, que je n'aie entendu mille fois.

Je vous serre bien sincèrement la main, et puisque nous voilà au retour de l'année, je vous la souhaite bonne et heureuse.

Bonjour.

P.-J. PROUDHON.

Ixelles, 31 décembre 1860.

A M. BOUTEVILLE

Mon cher Bouteville, votre lettre datée d'hier 30 m'est parvenue ce matin, j'y réponds ce soir : il est rare que je mette tant de diligence dans mes relations épistolaires; mais *l'occasion fait le larron*, et l'espoir de vous rencontrer chez notre ami B***, demain 1ᵉʳ janvier, dans la soirée, fait que je n'hésite pas à réunir dans le même pli les lettres que je vous adresse à tous deux.

Il faut, mon cher ami, que vous ne voyiez pas sous leur véritable jour les affaires de notre pays et la situation générale de l'Europe, pour que vous ayez pu faire la supposition, même très-improbable, que le gouvernement impérial aurait mis à mon amnistie des *conditions inacceptables*.

Songez que ma dernière condamnation tenait à tout un système politique dont j'étais devenu l'un des plus intolérables adversaires; qu'il y a quinze mois, par l'effet de cette politique, j'étais nominativement, et sur de misérables motifs, exclu de l'amnistie; que depuis lors, en faisant la seconde édition de mon livre, divisée par *livraisons*, j'ai fait une guerre des plus rudes au

régime impérial et à sa politique ; que mes articles ont
été généralement remarqués, goûtés, et produisent assez
d'effet en Belgique, en Allemagne, en Italie, en Suisse ;
— songez ensuite que les actes du gouvernement,
depuis le 24 novembre, accusent un changement de
tactique manifeste, et vous n'aurez pas de peine à
comprendre que le gouvernement de l'empereur aime
mieux me voir discuter sa politique, surtout sa politique étrangère, dedans que dehors ; surtout si, comme
j'ai lieu de le croire, il se propose de changer de
manœuvre.

Voilà, cher ami, pour le quart d'heure, tout ce que
je puis vous dire de ma situation vis-à-vis du gouvernement, situation du reste que je me propose de déterminer moi-même dans mon prochain numéro.

Le gouvernement de Napoléon III reconnaît aujour-
d'hui, je le crois, que l'état des esprits en Europe est
incompatible avec les espérances qu'il avait retenues
des traditions du premier Empire. — Il reconnaît que
l'Église ne saurait être pour lui un appui ; — que son
salut est dans la Révolution ; que le développement du
régime constitutionel par toute l'Europe le place dans
un état d'infériorité réelle, et, vis-à-vis de la France,
dans une position très-fausse ; que c'est fini, du reste,
de l'élément bourgeois, de la bancocratie et de l'exploitation des masses ; qu'il faut compter pour tout de
bon avec la démocratie, et que cette démocratie, c'est
la Révolution économique et sociale.

Le gouvernement impérial connaît, mieux que la
tourbe des badauds qui l'applaudissent, combien
vaines et stériles ont été ses victoires de Crimée et de
Lombardie, quelle misère couvrent ses lauriers ; — il
sent le poids d'une dette augmentée en neuf ans de

quatre milliards; il sait à quoi s'en tenir sur les dispositions des puissances, et je dirai des nations elles-mêmes. Il essaie de faire volte-face, et l'une des conséquences de ce revirement est mon rappel.

Pour nous, c'est donc bataille gagnée; toute la question maintenant est de savoir comment nous allons user de la victoire.

Je vais terminer la réimpression de mon livre, établir nettement ma position, livrer à l'impression quelques ouvrages que j'ai terminés, achever quelques études commencées, visiter à fond la Belgique, la Hollande et le Rhin, et, cela fait, je m'occuperai du déménagement. Tout cela me prendra du premier coup cinq ou six mois; mais il ne serait pas impossible que je fisse un tour à Paris, pour y soigner la publication de mon principal manuscrit.

Voilà, cher ami, sous quels auspices se présente pour moi l'année 1861, qui formera, à partir du 15 janvier, la cinquante-troisième de mon âge.

Vous voyez que je n'ai pas eu de sollicitations à faire ni de conditions à subir. En politique, les questions personnelles ne sont rien; il faut être fort, et j'ai fait de la force.

Nos amitiés à Mlles Bouteville et à Mme Moulin. — Puisque Mlle Anna est auprès de vous, elle me permettra ou vous me permettrez de lui serrer la main, comme un vieil ami fait à la fille d'un vieil ami.

Ma femme se réunit à moi pour présenter à ces dames nos sentiments.

Tout à vous.

P.-J. PROUDHON.

Ixelles, 31 décembre 1860.

A M. GOUVERNET

Mon cher ami, les frères Garnier ne se lassent point
de rebuter mon manuscrit, et moi je ne me lasse pas
non plus de le leur représenter. A la date du 26, Chaudey
n'avait point encore terminé sa lecture; il m'annonçait
de longues réflexions que j'attends avec impatience.
Le peu qu'il m'a dit serait bien de nature à rassurer
des gens doués d'un peu plus de bon sens que mes
éditeurs; mais rien ne peut vaincre leur obstination.
Pour en finir, je ferai revenir mon manuscrit à Bruxlles;
vous pouvez dès à présent tenir ceci pour dit, et dès
que vous le pourrez, m'expédier mes cahiers. Mon
intention est de faire ici toutes les corrections et additions que j'ai préparées, celles que Chaudey m'indiquera; puis, de renvoyer mon travail à Paris, aussi
blanc, aussi innocent que l'enfant qui sort de la cuve
baptismale. Ou j'aurai recours alors à la bonne volonté
de M. Beslay, ou bien je traiterai avec un éditeur, à
forfait, pour une ou plusieurs années.

Compliments de bonne amitié à M. et Mme Avrelet, et
à vous, cher ami, une bonne poignée de main. Vous
pouvez m'en croire : ce n'est pas la superstiton du

pays ni les délices de Paris qui me sollicitent, c'est le besoin de me reposer de temps en temps le cerveau auprès d'une demi-douzaine d'amis dont le cœur bat à l'unisson du mien.

J'ai fait ici d'excellentes connaissances; mais si le fond des idées est le même, ce n'est déjà plus la même langue, et je trouve tous les jours qu'avec les meilleurs éléments il est impossible, après cinquante ans et en pays étranger, de se refaire de vrais amis. C'est comme le premier amour, qu'on ne remplace jamais. Aussi, je conseillerai toujours à un homme qui a aimé et n'a pas pu épouser, de faire un mariage de vertu; il n'y a que la conscience qui puisse nous dédommager, et quelqufois nous tenir lieu du reste. Puis, quand on a tout usé, qu'on se voit entouré de personnes d'une autre génération que celle où on a vécu, je dis que le temps est venu de s'en aller. Bien heureux si l'on rencontre encore une main amie à presser au dernier moment.

Comment trouvez-vous cet Olibrius de Maguet, qui m'aura laissé partir et revenir sans me répondre un mot? Maintenant qu'il connaît mon amnistie, je suis sûr qu'il se dit : Attendons qu'il écrive de Paris et nous donne son adresse. Si vous voyez Samyon, faites-lui mes amitiés.

Je vous serre la main, très-cher, et suis de cœur et d'âme tout vôtre.

P.-J. PROUDHON.

Ixelles, 1er janvier 1861.

A M. CRETIN PÈRE

Cher grand-papa, est-ce que tu n'écriras pas à grand-papa Cretin pour la nouvelle année ? me disent depuis trois jours mes deux diablesses. — Et la mère : Vous ne vous occupez que du docteur, de sa médecine et de votre politique ; vous ne dites jamais rien pour moi à Mlle Cretin, si bonne pour les enfants, si honnête pour moi ?...

Je satisfais donc au désir de ma nichée, cher grand-papa ; ma lettre vous sera commune à vous et à Mlle Cretin. Quant au docteur, vous lui ferez part de ce que vous jugerez convenable.

Vous saurez donc que depuis la visite du bon docteur, nous avons eu quinze jours de grand froid ; que ma femme a été accostée tantôt par un bobo, tantôt par un autre, que tous ses maux me semblent désormais se réduire à une névralgie voyageuse, qui tantôt lui mord le sein, tantôt se manifeste par des douleurs de dents, et quelquefois même se traduit en un petit abcès dans l'épaisseur des joues, à tel point qu'un jour le docteur

N*** lui donna un coup de lancette qui fit sortir beaucoup de matière... Quant à Stéphanie, elle est consignée à la maison ; sa maladie scarlatine grince des dents de temps à autre ; le froid la saisit, et alors il faut se tenir près du feu. On nous a annoncé (le docteur Laussédat et le docteur N***, etc.) que ces symptômes lui dureraient peut-être jusqu'à la puberté. Par deux fois déjà, depuis deux mois, elle a eu un commencement de pneumonie ou catarrhe...

Quant à moi, cher grand-papa, si ce n'est que je commence à me lézarder, je suis encore le plus solide de la famille. Le plus grand de mes défauts, de mes vices, si vous aimez mieux, c'est que, pendant que l'activité de mon cerveau se soutient, le corps devient paresseux et mou. J'ai encore le feu de mes vingt-cinq ans, quant à la pensée; mais toute la lenteur d'un ci-devant. C'est surtout à la promenade et dans mes petites excursions que je m'aperçois du progrès de l'âge. J'avais autrefois des jambes de cerf, je commence à passer au tardigrade. Savez-vous, cher grand-papa Cretin, que l'année dans laquelle nous entrons formera, à partir du 15 courant, la cinquante-troisième de mon âge ? Ce n'est plus pour rire ; il faut nous hâter de produire ce qui nous reste de bonnes pensées au cœur, et achever notre testament avant que la camarde nous surprenne. De temps en temps un léger brouillard qui me passe sur les yeux me fait penser à l'apoplexie, et ce que je crains surtout, au rebours de César, ce serait de mourir s'en m'en être aperçu. Ah ! si vous pouviez me donner votre secret de manger de bon appétit, de boire de même et de rester sec et ingambe ! que je vous serais obligé ! Connaissez-vous un globule qui puisse opérer ce miracle ?

L'année ne se passera pas, j'espère, sans que nous nous revoyions tous, pour ne plus nous séparer : c'est mon sens intime qui me dit cela. J'ai fait le plus gros, j'ai posé mes jalons, mes principes ont vu le jour; je n'ai plus désormais qu'à en tirer le plus amoureusement du monde les conséquences. Je suis comme le tisserand qui a établi sa chaîne et qui prend ensuite sa navette pour passer la trame. Trouvez-vous que j'ai été jusqu'ici un bon tisserand ?

Je n'ai pas encore écrit aux amis Mathey et Guillemin, et je me le reproche. Je n'aurais pas dû leur laisser apprendre par les journaux que l'empereur me fait *grâce* (moi j'appelle cela AMNISTIE, je vous dirai un de ces jours pourquoi); mais si j'ai manqué à l'amitié par excès d'embarras, en n'avisant pas tout d'abord mes amis de l'heureux événement, je réparerai ma faute en leur faisant part de quelque chose que le public ne saura point, et j'espère que vous me pardonnerez tous, n'est-il pas vrai, grand-papa Cretin ?

Croiriez-vous qu'il est des gens qui me demandent si le gouvernement de l'empereur, en me faisant *grâce*, ne m'a pas imposé des conditions *inacceptables?*..... Les imbéciles!

Saluez de notre part à tous notre bon ami le docteur, et priez-le de me dire, dans sa première : 1º Ce qui s'est passé à la *Presse*, qu'on croyait achetée par M. de Girardin, et que je vois rédigée *en chef* par M. Solar le déconfit; 2º Quel est ce MARIE, procureur impérial dans le département de la Seine, si c'est Marie, l'ancien ministre de la République, ou son fils, ou son neveu, ou quelqu'un qui n'ait avec lui de commun que le nom ?

Je vous embrasse, cher grand-papa, ainsi que

M^{llo} Cretin, et vous souhaite à tous deux, ainsi qu'au docteur, bonne et heureuse année.

Tout vôtre.

P.-J. PROUDHON.

P.-S. — La première fois que le docteur verra MM. Nefftzer et Bourdin, qu'il les salue de ma part.

A M. BUZON JEUNE

Monsieur, j'avais le projet de répondre, à l'occasion du nouvel an, à votre joyeuse épître, mais admirez les embarras d'un philosophe en ménage, et dont la femme se sert à elle-même de cuisinière, de femme de chambre, etc. Comme je reçois beaucoup de lettres et que je suis obligé d'en serrer de temps en temps des paquets; comme, d'autre part, je n'ai ni bureau, ni tiroirs, j'ai mis votre lettre, par mégarde, avec une masse d'autres répondues au fond d'un grand coffre, parmi mes papiers et manuscrits. Sur ces papiers, ma femme a placé des pommes, provision d'hiver; pardessus le coffre, une quantité de linge lavé la veille, car il faut vous dire que ce qu'on appelle mon *cabinet* est une petite chambre dont ma femme fait son étendage de blanchisserie. En sorte que je travaille parmi les bouquins, les paperasses, la savonnade, les provisions de ménage et tout ce qui s'ensuit. Je vis dans la plus complète promiscuité. C'est très-peu édifiant, je le sais, chez un penseur, un réformateur; mais que voulez-vous? Une de mes incartades a été de vouloir me donner des enfants. J'ai profité pour ce chef-d'œuvre, dont le premier rustre venu se fût mieux acquitté que moi; des trois années de prison que le président de la République me fit autrefois passer à Sainte-Pélagie.

Maintenant le vin est tiré, il faut le boire. Je me console en pensant que le sage Socrate fut, en son temps, aussi empêtré que moi; seulement, comme il n'écrivait rien, ainsi qu'eut aussi le bon esprit de faire Jésus-Christ, il avait la ressource de sortir dès le matin et d'aller évangéliser ses amis sur *l'Agora* ou sous les colonnes du Parthénon.

Vous savez sans doute que l'empereur vient, *proprio motu*, et sans condition, de me faire *grâce*. Je ne m'y attendais guère, et depuis un an je puis bien dire que je n'ai rien fait pour cela. Au contraire, je n'ai cessé d'attaquer vigoureusement, dans la nouvelle édition de mon livre que je publie par livraisons, la politique impériale. Il faut croire que le gouvernement de Sa Majesté aime mieux que j'écrive en France que hors de France, ce que, de mon côté, je suis tout disposé à faire. *J'en ai pour tous les tons*, comme disait l'Intimé. J'opérerai donc, dès que je le pourrai, mon déménagement ; j'espère qu'alors nous aurons la chance de nous rencontrer, pour peu que les affaires vous appellent à Paris.

En attendant, je prépare quelques publications pour mes chers compatriotes, car il est évident que l'empereur, en m'autorisant à rentrer en France, se soucie fort peu de ma personne; c'est de ma prose qu'il veut avoir. Mais voilà que les éditeurs s'avisent, par pure malice, de se montrer plus sévères que la police impériale ! En dépit de l'encouragement que me donne Sa Majesté, ils ne veulent plus de mes élucubrations et refusent net de m'imprimer. Ils ont peur. Mes amis

s'ingénient à me faire paraître; je ne sais comment cela finira. Autrefois, quand on accordait à notre brave nation pour un centime de liberté, elle en prenait pour cinquante.

Fallait voir sous la Restauration et sous Louis-Philippe ! Maintenant la liberté est voiturée par des escargots, et quand M. de Persigny nous invite à parlementer, on trouve mauvais que je le veuille prendre au mot.

Décidément nous sommes aplatis. Je vous jure cependant que je n'y avais pas mis de malice, c'est de la bonne grosse philosophie de l'histoire où je parle beaucoup des Grecs et des Romains, et où il n'est question qu'une seule fois, en termes fort modérés, de Napoléon Ier et une autre fois du Pape.

Cependant, mon avocat et aristarque Chaudey m'écrit de ne pas m'inquiéter, que mon manuscrit est *inattaquable*, et qu'il ne s'agit que de rassurer les *esprits*. Mais y a-t-il encore de l'esprit? C'est ce que je me demande. Ce qui est sûr, c'est que je suis l'homme le plus tracassé qu'il y ait au monde. Que voulez-vous que j'aille faire en France si mes brochures n'y entrent pas?...

Je vous souhaite, monsieur, une année parfaite et vous demande pardon pour cette fois de répondre si mal à vos bonnes et cordiales communications. Je suis, ainsi que le disait ma mère, comme une poule couveuse qui n'a qu'un petit poussin. Tandis que mes amis me félicitent et me font l'honneur de se féliciter de mon retour, je ne sais que penser et que faire, et je suis tenté de croire, en voyant la grimace des libraires, que l'on a voulu se moquer de moi.

Quel effet ont produit sur l'opinion bordelaise le dé-

cret du 24 novembre et les petites gracieusetés qui ont suivi? Croit-on à un changement de politique? Le *veut-on* ce changement? Car toute la question est là : *Vouloir ou ne vouloir pas*, voilà toute la vie des nations! Dites-moi ce qu'il vous en semble.

Votre bien affectionné et dévoué.

P.-J. Proudhon.

Janvier 1861.

A M. ALFRED MADIER-MONTJAU

Mon cher Madier, j'ai lu le volume : *Manuel de l'Histoire belge*, que vous avez bien voulu me communiquer.
Il m'a été déjà fort utile pour la partie comprise entre
Charlemagne et les ducs de Bourgogne. J'avais besoin
d'un résumé succint de cet époque. Remerciez pour
moi le propriétaire et agréez vous-même l'expression de
ma reconnaissance, si pareil mot entre nous peut être
de mise.

Tout ceci pour arriver à autre chose.

Mon *Étude sur la guerre* est fort avancée, c'est bien
curieux. Comme je n'en fais nullement une publication
de circonstance et que la *circonstance* reviendra d'ailleurs assez, je prends mon temps, mais j'aurais besoin
de quelque chose sur le *métier*. J'ai déjà acquis des
notions assez originales et dont ne se doutent pas
MM. les militaires. Mais je voudrais contempler le
métier dans sa *théorie*. Ne pourriez-vous me procurer
un JOMINI ou tout autre écrivain moderne sur *l'art
militaire*, — vous m'entendez, — non pas de simples

analyses de batailles livrées, mais les *principes*, depuis la charge en douze temps jusqu'à la grande stratégie.

Bruxelles m'est incommode pour les livres, je ne sais encore où me tourner.

A vous de cœur.

P.-J. PROUDHON.

Ixelles, 9 janvier 1861.

A M. PETIT

Mon cher monsieur Petit, je réponds, selon votre désir, le plus tôt que je puis à votre lettre du 7 qui m'est parvenue ce matin. Elle m'a sensiblement touché, d'abord pour l'affection dont elle est pleine, puis pour le zèle qu'elle manifeste en faveur de notre malheureuse cause. Si tous les capitans matamores de la démocratie, si forts en gueule quand on n'a que faire de leurs cris, faisaient autant de besogne que vous, on pourrait arriver à quelque résultat.

En principe, je n'ai aucune répugnance de rentrer dans la carrière du journalisme. Je pense même que, puisque je dois retourner en France et qu'un semblant de liberté nous est rendu, tôt ou tard il faudra en venir là.

Ce premier point établi, reste à savoir de quelle manière je ferai ma réapparition. Naturellement vous avez conclu fort juste en pensant que je ne me soucierais guère de devenir, n'importe où, collaborateur à appointements. J'aimerais mieux, bien que j'y trouvasse moins de profit peut-être, continuer à faire des brochures.

Il faut donc que je sois rédacteur en chef, ou mieux, directeur de ma feuille ; hors de là, je refuse toutes les propositions.

Maintenant, mon opinion est qu'une occasion comme celle dont vous me parlez se présentant, il vaut mieux pour moi, pour la commodité et la rapidité de mon action, m'entendre avec un entrepreneur de journaux tel que M. Bouley, que de me charger d'un pareil fardeau. Je ne veux pas avoir à m'occuper de fonds de roulement ni de cautionnement, je ne veux pas même devenir acquéreur du journal que je dirigerais ; la propriété ne me va pas plus que l'administration. Mes conditions, fort simples, se réduiraient donc à peu près à ceci : un minimum d'appointements fixes ; une part d'intérêt croissant dans les bénéfices, ou, ce qui revient au même, une augmentation de *tant* par mille abonnés ; enfin une part dans la propriété, afin que je sois autre chose dans l'entreprise qu'un simple mercenaire ou bailleur d'industrie, et que j'aie voix dans l'administration.

A ces conditions, je prends la direction politique, littéraire, judiciaire et économique, et M. Bouley reste maître de sa chose. Le jour où nous ne nous conviendrons plus, nous résilierons, et tout sera dit.

Rien de plus simple, comme vous voyez, qu'un pareil arrangement. D'autres préféreraient obtenir du ministre une autorisation de publier un journal, comme vient de faire M. Nefftzer, qui quitte la *Presse* pour fonder le *Temps*. Je ne tiens pas à l'honneur de la fondation, et me dispenserai volontiers de recourir pour cet objet à l'obligeance du gouvernement.

Maintenant, allez-vous dire, à quand l'exécution ? C'est ici, mon cher monsieur Petit, que se trouve la difficulté. J'ai bien des considérations à faire valoir, que je vous prie de peser ; vous pouvez en faire part aussi à M. Bouley. Cela lui prouvera que je n'ai pas l'habitude de surfaire mes services.

Je ne crois pas que nous puissions compter sur un succès qui approche, même de loin, de ceux de 1848 et 1849. Le temps n'est plus le même ; le peuple est devenu *pat* et *mat;* il est indifférent à sa propre cause, et puis nous n'avons pas pour l'échauffer la ressource du haut style comme sous la République. Il nous faudra disserter froidement, être bien *sages*, ce qui ennuiera fort notre démocratique clientèle. Certainement je reparaîtrai devant le public avec des études nouvelles, des idées mieux assises et une somme précieuse d'expérience. Ce sera, bien entendu, toujours le même fond, mais la forme sera rajeunie ; le pathétique seul y manquera. Cela suffirait-il pour nous ramener le public, blasé maintenant sur le *socialisme* et toutes ses propositions ? C'est ce dont je doute fort.

Dans tous les cas, je ne veux rien faire sans avoir tâté l'opinion, sans avoir consulté mes amis, sans enfin avoir jugé, par quelques mois d'observation, de l'effet produit dans la presse et sur le public par les derniers décrets. Je tiens surtout à ne me pas presser de rentrer dans l'arène ; si, par hasard, mon œuvre de 1848 était reprise par de plus jeunes et de plus vaillants, je me garderais de faire double. Enfin je désire ne revenir que pour combler une véritable lacune et servir une pensée restée sans organe.

Ajoutez à tout cela que pour le quart d'heure je suis dans l'incapacité absolue de me rendre au poste que vous m'assignez. J'ai bon nombre de publications sur le chantier, et qu'il faut que je termine ; avant de me

remettre au journalisme, je veux débuter par quelques
œuvres sérieuses et d'une certaine force. Il faut que le
public sache, si je remets la main à la presse quotidienne, que je reviens assorti d'un nouveau capital
d'idées, et que je ne suis pas un Épiménide ressuscitant après une séquestration de douze ans.

Voilà, cher ami, quelle est la situation. Il faut laisser
un peu s'écouler le temps ; il le faut, cela m'est indispensable, même au point de vue du succès. Me presser, ce
serait me nuire et tout compromettre ; d'ailleurs, je me
refuserais à toute sollicitation.

Si vous jugez utile, après tout cela, de revoir
M. Bouley et de l'entretenir dans ses bonnes dispositions, je ne m'y oppose pas. Dans six mois nous pourrons faire ensemble quelque chose, pas avant. D'ici là,
j'aurai ressaisi le public par d'autres travaux, en sorte
que le retard ne sera pas du temps perdu.

Ne nous hâtons point, laissons courir les ardents ; telle
est aujourd'hui ma devise.

Quelle est la personne dont vous me parlez comme
étant en mon absence votre *chef de file*, et qui a si mal
répondu à vos ouvertures? En ce moment je n'ai que
des amis privés, et très-privés, à Paris ; personne,
quant aux idées, ne me représente plus. Une autre fois
expliquez-vous, je n'aime pas les sous-entendus.

J'ai lu avec intérêt votre pétition au Sénat ; elle est
dans un excellent esprit, très-bien motivée. Seulement,
je vous redirai à cette occasion ce que je vous disais
tout à l'heure. Il faut laisser agir les *conservateurs*, les
nouveaux, ceux qui, comme M. Nefftzer, peuvent décliner tout *lien de parti*. Qui sait si l'on n'attend pas quelque explosion de notre côté pour s'en faire une arme

contre nous? Ce n'est point par indolence, croyez-le, mais par calcul que je ne me presse point.

Le moment est venu pour moi de laisser à d'autres l'initiative. Nous verrons bien. Dans trois mois, vous jugerez vous-même que, si j'ai l'air en ce moment de dormir, je ne perds pas mon temps. La parole est à M. d'Haussonville et à ses amis.

J'ai placé vos deux fioles d'huile chez deux des fournisseurs que vous m'avez indiqués; je me suis assuré que c'étaient les meilleures maisons en ce genre de toute la Belgique. Gouvernet a dû vous le dire.

A-t-on des nouvelles de notre ami Panet? J'avais, dès avant de quitter Paris, médiocre opinion de l'affaire de l'isthme de Suez; maintenant il est avéré que c'était une *spéculation* saint-simonienne.

Dieu veuille que notre ami n'en soit pas victime!

Je vous serre les mains et vous recommande de voir l'ami Gouvernet, avec qui je serais bien aise que vous vous entretinssiez du projet Bouley.

Tout à vous de cœur.

P.-J. PROUDHON.

11 janvier 1861.

A M. GOUVERNET

Cher ami, j'ai reçu mon manuscrit et je vous remercie. Commission très-bien faite et promptement. Borrani, apparemment, ne comprenait pas pourquoi on lui demandait un récépissé, lui qui sert si bien son patron Lebègue!...

Ce ne sont plus seulement des commissions dont je vous charge, ce sont des lettres à affranchir. Mais pour cette fois, il le faut. Portez tout cela à mon débit.

Lisez d'abord l'incluse adressée à M. Petit, puis mettez-la sous enveloppe et envoyez-la, avec un timbre de 10 centimes, à l'adresse dudit, *rue de l'Empereur,* 64, *à Montmartre.* Le contenu de cette lettre vous fera comprendre pourquoi je désire que vous en preniez connaissance. Je désire que quelques amis prudents et avisés, connaissant à quel point de vue je me place, et instruits de ma situation particulière, puissent m'aider, dans la circonstance, à prendre une résolution tout à fait sage. *J'ai peu de confiance dans le public, je me méfie profondément de la plèbe, je regarde tout ce beau zèle, dont me parlent Petit et Duchêne, comme un feu de paille, et je ne crois pas que cette curiosité de me revoir*

*sur la brèche vaille la peine que je change mes dispositions
déjà prises.* C'est là-dessus que j'appelle votre attention ; quant à la question de réapparition et à tout ce
qui y touche, c'est affaire d'imprimerie et de police
dont il ne faut pas vous ennuyer. Un jugement sur les
hommes et sur les esprits, voilà ce que je vous demande.

Parlez-en au docteur Cretin, à Duchêne, à Chaudey,
à Massol, au papa Beslay. J'écris à la plupart en
même temps qu'à vous, et je compte, d'ici à dix ou
douze jours, avoir des informations suffisantes pour
arrêter un parti définitif.

Les Garnier sont plus négatifs que jamais. J'ai dû
prendre le parti de m'adresser à Hetzel, à qui j'ai écrit
par l'entremise de R***. Celui-ci vous tiendra au
courant de tout.

`Duchêne, à qui vous remettrez l'incluse, mais en
prenant votre temps, me *chauffe* plus vivement encore
que Petit. Je lui réponds sur le même ton. Je crois
bien qu'en prenant la direction d'un journal, je parviendrai à réunir, tout d'abord, deux ou trois mille
abonnés, mais cela ne vaut pas la peine. Du reste, je
puis me tromper, n'étant pas sur les lieux, et je ne
voudrais pas manquer à l'occasion et à ma tâche. C'est
pourquoi, cher ami, en vous donnant mes impressions,
je vous prie de me donner les vôtres, augmentées, s'il
se peut, de celles de nos amis.

Tout vôtre.

P.-J. PROUDHON.

Ixelles, 11 janvier 1861.

A M. VICTOR PILHES

Mon cher Pilhes, si je pouvais croire que vous êtes encore de mes amis, je vous dirais que vous êtes un *Jean-fesse*; mais, attendu que je ne sais plus que penser de vos sentiments, je me borne à vous demander, le plus fraternellement du monde, à quoi je dois attribuer ce silence qui date à cette heure de plus de six mois? Ma femme, mes petites filles me demandent ce que je vous ai fait que vous ne me donnez plus de vos nouvelles; que voulez-vous que je leur réponde? J'ai beau sonder ma conscience, je n'y trouve pas de péché. Est-ce par hasard que m'ayant annoncé, en juin, votre visite pour juillet, et n'ayant pu l'effectuer, vous craignez que je vous accuse de hâblerie? Comme si je ne savais pas que vous ne disposez pas absolument de vous, et que je ne connusse point les hasards de la vie de voyageur? Est-ce parce que vous avez laissé à d'autres le soin de m'apprendre que vous quittiez la capitale pour aller vivre en Bretagne? Mais je ne puis juger de vos actions que par ce que vous m'en dites; et naturellement, autant j'ai approuvé l'an passé votre résolution, autant, sur nouvel informé, je suis prêt à m'en dédire. Enfin, on ne quitte pas ses amis comme vous semblez faire de moi; je ne vous dit que cela et j'attends votre réponse.

Vous avec su par les journaux que j'étais autorisé à rentrer en France. Tous les amis me réclament à cor et à cris, et, comme si nous étions en 1848, s'occupent déjà de reformer le journal!... Moi, j'ai bien d'autres difficultés sur les bras. Je vous en parlerais si je savais seulement sur quel pied je suis avec vous.

Tout l'été et tout l'automne dernier, j'ai eu l'occasion de parler quelquefois de vous. A ce propos, je désirerais savoir de vous ce qu'il en est au juste d'un certain docteur X***, avec qui vous avez dîné, ainsi que Duchêne, et qui m'a dit être intimement lié avec M. M***. J'ai rencontré le docteur X*** à la Conciergerie, en juin 1849, et je ne l'avais plus revu depuis. Il connaît aussi très-bien M. Oddoul, enfin il connaît tout le monde. Moi, j'aurais la curiosité de le connaître un peu davantage.

R*** est établi à Paris, rue Fontaine-Saint-Georges, 9. Il est chargé de vous serrer la main pour moi, si vous ne la refusez pas.

Votre vieux.

P.-J. PROUDHON.

Ixelles, 12 janvier 1861.

A M. ALFRED DARIMON

Mon cher Darimon, j'ai reçu votre lettre tout à la fois de félicitation, de doléances et de piquants renseignements.

Je l'ai trouvée si conforme à ma propre manière de voir que j'en ai fait une large citation pour le bulletin de ma onzième livraison. Cela ne m'empêche pas de penser, et je présume que vous partagez cet avis, que, si le dessous des cartes est ignoble à connaître, les causes majeures dont la pression a déterminé tout à la fois l'agitation conservatrice et les décrets impériaux n'en sont pas moins sérieuses, et que si, en définitive, des intrigants mènent la France, ils sont menés à leur tour par les événements. C'est ce qui me fait prendre en considération le décret du 24 novembre et ma propre amnistie, et qui me fera rentrer en France dès que je le pourrai.

Je vous présente un de mes compagnons d'exil, R***, ancien représentant du peuple sous la Législative, votre voisin. R*** était à peu près le seul Français, avec Madier, que je visse à Bruxelles. Je crois que si vous avez quelquefois besoin d'une conversation politique à cœur ouvert, vous pouvez vous adresser à lui comme à un de nos anciens amis du *Peuple*.

J'ai une lettre de Langlois à laquelle je ne puis encore répondre. Serrez-lui la main si vous le voyez. Il paraît bien triste.

Je vous souhaite meilleure santé et pas trop de rage.

Tout à vous.

P.-J. PROUDHON.

Bruxelles, 13 janvier 1861.

A M. CHARLES BESLAY

Mon cher ami, j'ai reçu tout à la fois votre bonne lettre et le discours qui l'accompagnait. Le même soir j'ai lu le discours en guise de dessert. Maintenant vous voulez que je vous rende compte de cette petite œuvre, et pour m'exhorter à la franchise vous commencez par m'en dire vous-même beaucoup de mal. Pauvre père ! L'amour paternel vous tourmente. Soyez tranquille, je n'ai rien à rétracter de mon premier jugement. Seulement, je voudrais que vous fussiez un peu moins entiché des succès à la mode, moins indifférent sur les qualités essentielles qui font l'homme et le citoyen : peut-être alors trouveriez-vous mes observations plus satisfaisantes.

Je veux, à propos d'un discours d'apparat, vous dire ce qu'il y a dans le cœur et dans la tête de M. F. Beslay, votre fils ; après cela, si vous êtes mécontent de l'autopsie, je vous dirai tout net que vous n'avez pas le sens commun.

Permettez-moi d'abord un rapprochement. Notre jeune orateur a, je crois, de vingt-cinq à vingt-six ans. Par la forme, son discours n'en accuse que dix-

huit; mais, pour le fond, c'est autre chose. Il y a peu
de jeunes gens dont la pensée soit si libre, si posée, si
ferme; pour ma part, je suis obligé de déclarer qu'à cet
âge j'étais encore un gamin n'ayant pas le sens
commun. Si l'on m'avait imposé pareil thème, j'aurais
été dans l'incapacité absolue de m'en tirer autant à mon
honneur. En deux mots, je trouve dans cet opuscule,
avec une grande inexpérience de la parole écrite, une
grande précocité de raison. Je ne prétends point qu'un
jour l'auteur ne parviendra pas à écrire d'une façon
remarquable, je dis seulement que pour le moment il
n'est pas écrivain, — il est rare qu'un avocat le soit, —
et c'est ce qui fait tort au discours, plus fait pour être
écouté que pour être lu. Mais ce même auteur est incon-
testablement un penseur, et, quand je me reporte à
vingt-cinq ou trente ans en arrière, je ne puis m'empêcher d'en être émerveillé. C'est pour moi une chose
phénoménale de voir la jeunesse d'à présent mûrie de
si bonne heure, quand celle de mon temps, je parle de
moi et de mes pareils, était, sous le rapport de la raison
et du caractère, si arriérée.

A coup sûr, si, à l'âge où je suis, avec mes études,
j'avais eu à traiter le même sujet, j'y aurais répandu
tantôt plus d'éclat, tantôt plus de philosophie. En résultat, je n'eusse pas dit autre chose; je n'aurais pas
témoigné d'une raison mieux soutenue, d'une intelligence de la matière plus franche, du commencement à
la fin.

L'exorde est magnifique et des plus heureux. Il
prouve, soit dit en passant, que votre cher enfant est loin
du bonapartisme, en quoi il est déjà une preuve vivante
du progrès des générations. Libre de toute illusion, de
tout esprit de parti; sachant estimer, à sa juste valeur,

chaque époque, mais nullement sceptique, il nous dépasse l'un et l'autre par le calme et la certitude du
jugement; il domine de haut les idées et les événements.
Nous n'en étions pas là, certes, il y a trente à quarante ans !

Mais voici qui est mieux encore.

Je suppose, et j'ai le droit de supposer, que M. Fr.
Beslay, docteur en droit, avocat stagiaire, sinon déjà
plaidant, connaît la portée de ses paroles. Or, il résulte
pour moi de l'ensemble de son discours et de l'enchaînement des propositions, qu'il est, pour les opinions,
l'un des esprits les plus *avancés* (je prends le mot dans
le meilleur sens) de la génération à laquelle il appartient. Ce n'est ni un catholique, ni un éclectique, ni un
doctrinaire; je ne dis pas qu'il soit socialiste ni républicain, mais il n'est pas davantage monarchiste constitutionnel, à plus forte raison légitimiste ou absolutiste; c'est un homme qui marche à la recherche des
vrais principes, quels qu'ils soient, et qui regarde tout
ce qui s'est produit jusqu'à ce jour, en religion, politique, science sociale, morale, littérature et art, comme
des formes particulières et transitoires, des approximations de la vérité. Si parfois la fatigue, je dirai même
l'ennui d'écrire lui fait négliger sa diction, du moins il
est manifeste qu'il ne fait pas bon marché de l'idée, et
que, lorsqu'il énonce une idée, il sait à quoi l'engage
l'expression. Vrai Breton, comme son père, il a vu
jusqu'où il lui paraît bon d'aller, et pas plus loin. Ce
n'est pas devant la vérité qu'il recule, c'est devant
l'incertain. C'est pourquoi je ne me lasse point de vous
répéter, que savoir ainsi se posséder, se tenir, dans
l'âge de l'entraînement; préférer à l'éclat la mesure; à
force de jugement, ne jamais tomber dans le lieu com-

mun et le trivial, en dépit de la faiblesse fréquente du style, tout cela dénote une grande puissance et une grande force de raison, ce qui, chez le jeune homme, non moins que chez l'adolescent, est, au dire de Rousseau, le meilleur des symptômes.

Sachez donc, cher ami, que ce que nous appelons intelligence, savoir, talent, génie, éloquence, n'est pas autre chose que des *instruments;* que ce qui fait l'homme, la faculté souveraine, c'est la conscience, c'est la raison, la liberté. De tous les grands hommes, les plus grands ne sont pas ceux qui ont brillé par l'esprit, le talent ou le génie; ce sont les grands caractères, ou, comme on disait dans les temps antiques, les héros, et, plus tard, les grands citoyens. Ce sont aussi les plus rares : une preuve, c'est qu'aujourd'hui on n'en connaît pas. Or, c'est ce que me paraît comprendre à merveille M. Beslay votre fils; il y a là-dessus, dans son discours, quelques pages bien senties, quoiqu'un peu gauches, et qui m'ont causé un vrai ravissement. Ce n'est pas votre métier, à vous, de voir clair dans ces finesses; tout ce qui vous importe, est de laisser votre nom, le nom de votre père, à un brave et digne cœur. Réjouissez-vous donc, car je vous le dis, nous avons ici une volonté, nous avons un homme, que rien ne détournera de son but, et qui dépassera un jour de toute la tête ces âmes vraiment estimables, mais faibles, dont la dominante est dans l'imagination, et qui, par conséquent ne sont pas faites pour le commandement.

Au demeurant, le *Discours* de M. Beslay me paraît, quant à la partie historique, consciencieusement étudié; les caractères de chaque époque nettement distingués; sur tout cela, je n'ai rien à dire. Le *romantisme,* par lequel il caractérise l'éloquence judiciaire de la dernière époque, pourrait sembler, en tant qu'expression, équivoque : c'est seulement un point d'interrogation que je pose.

M. Beslay traite bien les avocats; il leur fait la part belle : c'était dans les convenances ; il aime sa profession; il la trouve noble : rien à dire; mais on démêle à travers son discours, qu'il prise à sa juste valeur, ce don de parole dont il fait l'éloge; on voit que sa pensée va fort au delà du beau style ; et que s'il n'a pas assez d'applaudissements pour Cicéron et Démosthène, dans le secret de sa conscience il leur préfère Caton et Phocion. Il semble que déjà l'héritier des deux Beslay se soit dit qu'en définitive ce n'est pas aux artistes à mener le chœur des sociétés, pas plus qu'aux musiciens à conduire les armées : c'est aux hommes de principes, de volonté et de vertu. Là, si je ne me trompe, est l'ambition secrète de M. F. Beslay; là, en tous cas, il me semble à moi qu'elle doit être. Il est bon et utile qu'il connaisse les lois, les affaires, et qu'il s'exerce à la parole et au style; les anciens apprenaient aussi la rhétorique. Mais, jeune homme riche et bien né, ayant un nom honorable à soutenir, je le verrais avec peine s'enterrer dans les procès, quand il peut, dans des fonctions plus hautes, servir son pays. Est-ce que vous n'aimeriez pas mieux avoir été, sous la Restauration, le ministre Richelieu, le plus honnête homme de cette époque, que Dupin, Berryer, Vatimesnil, O. Barrot, B. Constant lui-même, et tous les parleurs ? Est-ce que Casimir Périer ne vous semble pas supérieur à Mauguin, Guizot et tous les orateurs de la monarchie quasi-légitimiste?

Tâtez adroitement votre fils; vous me direz après si je m'éloigne beaucoup de la vérité. Pour moi, sa nais-

sance, sa position, la nature de son esprit, la force de
libre arbitre qui se révèle en lui, tout cela me semble
si bien en rapport avec la destinée que j'entrevois pour
lui, que je serais, je vous l'assure, fort surpris qu'il ne
pensât pas de même.

Je vous en ai dit bien long, cher ami, mais vous
voyez par mon exemple ce qu'il en est des hommes de
plume, et combien nos aïeux, un peu rudes, avaient
raison de se méfier des beaux diseurs, des beaux chanteurs et des beaux danseurs ; du fatras, du verbiage,
quand il suffirait de deux mots bien sentis, qu'un
homme de cœur saurait trouver, et qui échappent à
notre rhétorique. J'aime ce sentiment aristocratique,
commun aux bourgeois et aux paysans d'autrefois,
ainsi qu'aux grands seigneurs, et qui leur faisait dédai-
gner à tous, cette bohème d'artistes et de gens de lettres,
qui a fini par prendre le haut du pavé, signe irrécu-
sable de décadence pour une nation, quand on en vient
à estimer à ce point les talents frivoles, et que les
choses sérieuses sont prises en dédain et tournées en
dérision.

Chaudey est présentement fort occupé. Je regrette
cependant que vous n'ayez pu le voir ; il vous aurait
fait rire en vous racontant la piteuse figure que font
les frères Garnier en présence de mon livre, qu'ils
refusent d'imprimer. Je ne sais quelle pression s'exerce
sur eux ; mais il est certain qu'ils ont peur de moi
comme d'un pestiféré. Ce n'est pas l'homme qu'ils
haïssent, au contraire ; jamais je n'ai eu autant à me
louer de leur sympathie ; ils ont peur, et tous ceux
qu'ils consultent, s'étudient à augmenter leur terreur ;
en sorte que voilà deux mois et demi de retard qu'ils
me font éprouver. En ce moment, je suis en marché

avec Hetzel, qui s'est offert de lui-même, mais qui n'a déjà de bravoure que juste ce qu'il faut.

Je vous remercie de votre offre hospitalière ; bien sûr que si je vais faire un tour à Paris, en attendant le jour du déménagement, j'irai, à moins d'empêchement, m'asseoir à votre foyer. Quand déménagerai-je ? Tous les amis me réclament, et déjà ils crient au scandale. Mais ce n'est pas petite affaire.

Je vous serre les deux mains, et vous souhaite bonne année. Ma femme et mes petites filles se joignent à moi pour vous exprimer tous leurs sentiments.

Tout vôtre.

P.-J. PROUDHON.

P.-S. — Ne communiquez pas ma lettre à M. Beslay votre fils. Il y verrait de la pédanterie de ma part, tandis que je ne fais que déférer à votre volonté.

Ixelles, 17 janvier 1861.

A M. CHARLES BESLAY

Mon cher ami, j'ai traité avec Hetzel. Nous impri-
merons simultanément à Bruxelles et à Paris, et aussitôt la mise en vente, il est convenu que je serai réglé
en *bons termes*, c'est-à-dire à échéances pas éloignées.
Telle est l'hypothèque sur laquelle, cher ami, vous me
faites en ce moment les avances dont j'ai besoin. Hetzel
sait son métier et tient ses promesses; la première édition de mon livre, six mille exemplaires, me rapportera
environ 4,000 francs.

Votre exemplaire sera à votre disposition, soit chez
Gouvernet, soit chez notre ami R***, par qui j'ai été
mis en relation avec Hetzel.

Votre histoire du mariage rompu est admirable. Le
père et le fils se sont montrés dignes l'un de l'autre, et
j'ai été ravi de voir mon horoscope si promptement, si
complétement vérifié par l'événement. Votre fils est né
pour commander aux autres, je vous le répète, car il
sait se vaincre; il a triomphé de la plus redoutable des
tentations : celle de l'imagination et du cœur. Que ne
pouvez-vous maintenant espérer de lui? Qu'il s'escrime
tant qu'il voudra à déclamer et à écrire, ce n'est pas là

qu'est sa force. Sans doute il faut qu'il soit puissant aussi par le savoir et par la parole, mais il importe bien davantage qu'il le soit par la raison et la volonté. Poussez-le tout doucement dans cette direction, montrez-lui en perspective la carrière politique, et qu'il devienne une des colonnes de la France régénérée.

Faut-il que des parents soient stupides et immondes pour manquer un pareil gendre!... Mais où donc allons-nous avec ces mœurs dévergondées? Comment, on fait un contrat de mariage justement pour stipuler la séparation de l'époux et de l'épouse! Encore un peu, et nous voilà en plein concubinat. Votre fils a été sublime, quand il s'est jeté dans vos bras et qu'il vous a dit : Sauve-moi de mon cœur, sauve-moi de l'immoralité! Ce quart d'heure-là a dû vous être plus doux que le gain d'un million. Ne dites pas à votre fils que nous m'avez fait cette confidence, cela doit rester entre nous; et puis, il est bon qu'il ne s'accoutume pas à recevoir la louange du bien qu'il fait. Mais je suis heureux et je vous remercie mille fois de m'avoir confié cette anecdote de famille ; vous pouvez compter que votre fils a désormais en moi un admirateur sincère, dévoué à sa personne et à son avenir, et qui à l'occasion le lui prouvera.

Mes pressentiments me disent que nous n'aurons pas la guerre, parce que Napoléon III ne la veut pas; telle est du moins mon opinion. Ce qui l'embarrasse et le fait tergiverser, c'est qu'il ne veut point paraître favoriser la cause des dynasties légitimes en patronant le jeune roi de Naples, l'empereur d'Autriche, et se prononçant contre Kossuth et Garibaldi.

Mais il ne peut pas non plus consentir, sans manquer à son devoir et à l'intérêt français, à L'UNITÉ de l'Italie ; il ne peut pas laisser Garibaldi faire des siennes, ni Kossuth démembrer l'empire d'Autriche. C'est dans cette contradiction qu'est le nœud de la politique impériale.

Chose qui va vous surprendre, vous, vieux jacobin, vieux chauvin, vieux bonapartiste, je publie en ce moment, dans ma onzième livraison, un Bulletin où je dessine ma position en rentrant en France, et dans lequel je me prononce énergiquement pour le maintien de la paix, l'opposition à l'unité italienne, l'intégrité de l'empire d'Autriche, tout en conseillant de laisser à leur mauvais sort les dynasties des Bourbon et des Habsbourg.

Adieu, cher ami, je vous serre la main.

P.-J. PROUDHON.

Ixelles, 8 février 1861.

A M. VILLIAUMÉ

Mon cher Villiaumé, j'ai reçu votre bonne et vraiment amicale lettre. Bien des fois, depuis que je suis en Belgique, j'ai songé à vous, mais n'écrivant presque plus que pour affaires, obligé de négliger la plupart de mes amis, je ne vous ai pas écrit, n'ayant, en réalité, rien à vous dire. Je n'aurais pu que vous entretenir de mes sentiments sur les hommes et les choses, et ces correspondances-là ne peuvent ni ne doivent être suivies.

Les journaux m'ont appris que vous aviez publié un livre sous ce titre : *Esprit de la guerre*, et je songeais à le faire venir ou même à vous le demander, quand votre pensée a devancé la mienne. Envoyez-le moi par M. BORRANI, libraire, rue des Saints-Pères, 9 ou 12, à Paris, vis-à-vis le grand magasin de MM. Garnier.

Savez-vous, cher ami, que nous nous courons l'un après l'autre? Tandis que vous publiez votre *Esprit de la guerre*, j'imprime ici et à Paris, entremise de Hetzel, un livre sur *la Guerre et la Paix*, lequel est aussi un traité sur le DROIT DES GENS.

Il me tarde de voir dans quelles directions différentes

nous serons allés tous deux et si nous nous serons ren-
contrés. Mon ouvrage est sous presse. Cependant, si je
puis lire le vôtre avant l'impression de la dernière
feuille, je tâcherai d'en faire au moins mention.

Je soupçonne qu'en véritable ami de la Révolution,
vous avez voulu montrer que l'esprit bataillard n'est
pas celui de 89 ni de 93; mais ce n'est qu'une conjecture que je fais là. Pareil thème doit être bien accueilli
en France et faire honneur aux républicains.

Toutefois, et bien que je conclue en ce sens, ce n'est
pas précisément le point de vue que j'ai adopté. J'ai
repris les choses de bien plus haut, et fait une espèce
de physiologie de la chose qui paraîtra peut-être, après
tant de publications, avoir son utilité.

Vous en jugerez à votre tour. Mon éditeur Hetzel
me devant remettre des exemplaires, vous aurez des
premiers le vôtre.

Il est possible que je fasse un voyage à Paris après
la publication de mon livre, mais il est peu probable
que je sois déménagé avec ma séquelle avant le mois
d'août. Ce procès, ce voyage, ce double déménagement,
tout cela m'a obéré, et parfois je briserais ma plume et
renoncerais à écrire si je croyais trouver un gagne-
pain qui me rendît seulement autant que celui-là.

Bonjour et santé, et à bientôt.

Tout vôtre.

P.-J. PROUDHON.

Bruxelles, 14 février 1861.

A M. CHARLES BESLAY

Mon cher ami, j'ai reçu en leur temps vos deux
lettres du 24 janvier et du 12 courant. La première
n'exigeait pas de réponse immédiate, et comme je pré-
voyais pour vous un voyage en Bretagne, j'ai attendu
la seconde.

Vous voilà avec deux morts : la première, d'un oncle ;
la seconde, d'une tante. Dieu veuille que votre brave
mère supporte ce double coup. Je suppose que ces deux
personnes avaient au moins chacune quatre-vingts à
quatre-vingt-cinq ans ; c'est ce qui s'appelle, en style
biblique, mourir comblé de jours. Pour vous, vos
affections se repportent de plus en plus sur la tête de
votre fils, et chaque fois que vous m'en parlez, c'est
pour me faire voir que mon opinion sur lui n'a rien du
tout d'exagéré, au contraire.

La question des rapports de la *morale* et de l'*Économie
politique* est à l'ordre du jour dans nos académies. Il y
a eu déjà plusieurs couronnes décernées, plusieurs ouvrages publiés chez Guillaumin ; j'en possède trois ou
quatre.

Je crois pouvoir dire sans vanité que je ne suis pas

étranger à ce mouvement ; j'ai tant crié contre l'immoralité des économistes ! L'an prochain, quand je me serai réinstallé à Paris et que j'aurai fait ma rentrée dans le monde politique, je recommencerai l'attaque, et cette fois, je l'espère, avec plus de succès qu'en 1840, 1845 et 1848.

En attendant, je suis heureux d'apprendre que les malthusiens ont un antagoniste de plus en M. Beslay fils. Vous me dites qu'il se dépense trop. Moi, j'aime mieux les gens qui ont besoin du frein que ceux à qui il faut de l'éperon.

Comme vous le devinez très-bien, cher ami, je vais avoir besoin de fonds. Je vais donc faire traite sur vous, comme la dernière fois, à *trois jours de vue*, et pour la somme de *trois cents francs*, qui me conduiront presque jusqu'à la fin de l'impression de mon nouveau livre.

Je suis enfin sous presse. Avant Pâques ce sera fini. Mon ouvrage formera deux jolis volumes, pas trop gros ; Hetzel ne compte pas sur un produit moindre de 10,000 francs pour chacun de nous. Je suis content de mon travail ; c'est profond, c'est neuf, c'est accessible à toutes les intelligences, et ne peut contrarier personne, ni l'Église, ni le gouvernement. Je crois que tout militaire instruit, tout étudiant en droit, tout publiciste, tout homme de lettres, tout philosophe et curieux sera tenu de me lire. Ce sera le premier chaînon d'une série nouvelle de brochures sur laquelle je compte pour radouber ma pauvre barque. Je compte aussi que je n'aurai plus, à l'avenir, *d'aventures*.

Vous êtes bien bon, cher ami, de vouloir m'héberger, me nourrir, en me faisant déjà crédit. Comment oserais-je aller vous encombrer quand vous avez déjà tant de tracas? Cinq ou six jours à passer à Paris pour préparer ma rentrée ne valent pas la peine que je vous dérange, sans compter que le quartier que vous habitez m'éloignerait peut-être un peu de mes affaires.

Au reste, j'ignore quand je ferai mon premier voyage. Ma publication exige ici ma présence jusque fin mars; après, je ferai quelques excursions en Belgique pour études, puis, quand j'aurai recueilli toutes mes notes, je préparerai mes paquets.

Il ne m'est pas possible de vous rien expédier *par la poste* en fait de livraisons. On a essayé, on a été saisi. Je mettrai de côté un exemplaire complet pour vous, et quand je trouverai une occasion sûre je vous le ferai passer. Mon ouvrage vaut 60 % de plus qu'à la première édition. Quand me sera-t-il permis de le remettre en vente à Paris?

Ma femme travaille et souffre comme un diable. Cette vie sans éclaircie lui gâte par moments l'humeur, mais elle revient vite et, en somme, le cœur la domine et ne la trompe pas.

Vous savez, cher ami, quelle part vous avez dans nos affections à tous. A notre retour, nous croyons que vous n'aurez pas pour nous de refroidissement. En tout cas, nous n'en resterons pas moins vos reconnaissants.

P.-J. PROUDHON.

Ixelles, 15 février 1861.

A M. MAURICE

Mon cher Maurice, j'ai reçu en son temps votre lettre du 8 janvier.

Pourquoi, m'allez-vous dire, avez-vous été si long-temps avant de me répondre?

Parce que votre lettre a eu le malheur de venir avec quarante autres auxquelles il fallait répondre de suite, et que je n'ai répondu à aucune.

Parce que, pendant un mois, j'ai été dans un affaiblissement de tête énorme, et que cependant je devais travailler comme si de rien n'était, pressé que j'étais par l'imprimeur et l'éditeur.

Parce que j'aurais voulu vous dire quelque chose de positif et que je n'avais rien à vous répondre.

Parce que.... En voilà assez.

Je rentrerai en France, c'est sûr; mais quand? Voilà, cher ami, ce que je ne saurais encore vous dire.

Je termine, ces jours-ci, la réimpression de mon livre *De la Justice*, douze livraisons de 200 pages chacune. Mon œuvre est augmentée d'un tiers.

J'ai sous presse, depuis huit jours, un autre ouvrage

qui doit paraître simultanément à Paris et à Bruxelles,
par le libraire Hetzel (les frères Garnier ayant refusé,
sous l'impulsion de leur avocat, leur entremise). Cet
ouvrage formera deux jolis volumes et me tiendra jusque fin mars.

Puis, j'aurai à faire quelques tournées en Belgique
pour y ramasser des documents et matériaux pour
d'autres études; cela me servira de récréation.

Puis, enfin, je me propose de préparer quelques
opuscules pour ma rentrée à Paris, de manière à travailler tout de suite.

Tout cela peut me conduire jusqu'au mois d'août.
Peut-être, d'ici là, irai-je faire une tournée, afin de
prendre l'air de la capitale et préparer les logements.
Si j'y vais, vous en serez probablement prévenu,
en sorte que nous pourrons nous rencontrer chez
Mme Savoye, que je reverrai avec un vif plaisir.

Telle est, cher ami, ma situation.

Vous comprenez qu'on ne déménage pas comme
cela avec une femme, des enfants, un ménage; qu'en
regagnant le pays, je dois aviser aussi à ne pas y retomber comme des nues, et que le plus sûr moyen de
m'y reconstituer, c'est de m'y prendre de Bruxelles
même.

Toutes les nouvelles pour moi sont excellentes. A
moins que vingt personnes, prises de tous les côtés, au
hasard, ne s'entendent pour me tromper, je dois croire
que mon nom inspire aujourd'hui bien moins de défa-
veur qu'il y a dix ans, et qu'en y mettant un peu du
mien j'ai encore le temps de tout réparer. Je vous l'ai
toujours dit, j'aurai mon jour. Ce jour-là approche,
je ne serai ni ministre, ni millionnaire : je resterai indépendant et philosophe; mais j'arriverai au repos, à

la considération et à la tranquillité. Il est trop tard pour que je porte au delà mes espérances.

Tous les journaux me font entrepreneur, soit d'une *revue*, soit d'un *journal;* il n'en est rien. Je suis las de la vie politique et journalistique; je veux laisser la bataille aux jeunes et me tenir à la galerie. J'ai fait à peu près ce que je devais faire, je veux conclure dignement.

Ma belle-sœur m'a écrit; elle ne m'a pas parlé des 300 francs qu'elle devait toucher au 1er janvier. D'où je conclus, ou qu'elle ne les avait pas touchés, ou qu'elle n'a pas jugé à propos de m'en faire part.

Quand son jeune fils aura rejoint l'aîné, il faudra bien qu'elle se décide à se rapprocher d'eux; jusque là, je crois inutile de la pousser hors de Burgille. Mais vous avez bien fait de ne pas repousser absolument l'homme qui demande la maison; on pourra s'entendre. Je crois que cette maison, joliment située, trouvera facilement acquéreur. Si elle n'était qu'à trois kilomètres de Besançon, je ferais des pieds et des mains pour l'avoir.

Depuis que j'ai passé la cinquantaine, j'ai des retours de jeunesse. Je rêve Besançon où je n'ai pas un centime d'intérêt, plus un parent et plus d'amis, sinon vous et Mathey. Je voudrais revivre dans ce pays où s'est formée ma raison, où mon imagination a pris caractère, où j'ai eu le premier sentiment du bien et du mal. Ce n'est qu'un rêve, car, hélas! qu'y ferais-je? Je m'y trouverais bientôt plus solitaire qu'à Bruxelles. Ce n'est pas encore demain que mes compatriotes m'accueilleront.

Je vous serre la main, cher ami, et suis votre tout dévoué.

P.-J. PROUDHON.

Bruxelles, 12 mars 1861.

A M. GUSTAVE CHAUDEY

Mon cher ami, M. Delhasse, avec qui vous vous êtes
rencontré à Spa, fait le voyage de Paris et ne sera pas
faché de vous revoir. Je lui remets, en conséquence,
la présente, qui lui fournira l'occasion qu'il souhaite.
L'intention de M. Delhasse est de ne pas vous faire
perdre votre temps, qu'il sait ne pas vous appartenir;
si donc, après avoir reçu ses premières salutations,
vous pouvez lui donner rendez-vous n'importe où et
quand vous voudrez, pour causer de tout un peu, en
fumant un cigare, — vous ferez une chose qui lui sera
fort agréable et à moi aussi.

Vos conseils, cher ami, ont été les bien venus; j'ai
revu mon manuscrit de fond en comble; je l'ai augmenté de plusieurs chapitres intéressants, j'ai réformé
ce qui était de mauvais goût, éclairci ce qui était douteux, et donné plus de force à l'ensemble. Le tout formera deux jolis volumes in-18, de dix à onze feuilles
chacun (ensemble 750 pages). Le premier est tiré, le
deuxième est presque fini; l'édition de Paris va commencer incessamment.

Ce sera peut-être un peu long; peut-être aussi me

reprochera-t-on quelques redites. Mais la chose est d'un haut intérêt, et il importe que rien ne paraisse faible; ce qui abonde ne nuit pas.

Je vous lis toujours avec un vif intérêt. En général le *Courrier* se tient parfaitement. Ce que j'y ai vu de plus mauvais jusqu'ici, ce sont les articles d'Alphonse Karr. Le dernier de F. Morin, sur la brochure de Laguéronnière, était bien, très-bien; celui de Paradol d'avant-hier, sur la séance du sénat, très-bien aussi. Ceux qui veulent voir aujourd'hui, peuvent voir. Mais qu'attendre de cette affreuse démagogie faisant *chorus* à Plouplon?

Quand je vois ces imbéciles demander l'abolition du *temporel* au nom de l'Évangile et de la foi chrétienne, je me mords les poings de rage.

Quand je les vois faire des amendements pour l'abandon de Rome et l'unité italienne, je me dis qu'ils méritent la lanterne.

Quand je vois.... mais je m'aperçois que je fais la parodie de Petit-Jean des *Plaideurs.*

Songez bien, cher ami, que les vérités les plus importantes à dire aujourd'hui sont à l'adresse de la démocratie. Mais quel homme osera les dire? *Si non alius, certe ego.*

Le discours de M. Barthe était bien lancé; mais comme le Sénat s'est dépêché de voter la clôture!... Au reste, il est évident que la majorité n'a pas voulu affaiblir par son vote le gouvernement, mais la moitié au moins de cette majorité pense comme Barthe.

Quel tas de drôles que ces Dupin, ces Baroche, ces Troplong, ces Siméon et cet imbécile de Boissy!...

J'attends nos démoc. soc.

Si je ne me trompe, mon cher ami, je crois le moment venu de développer toutes nos grandes thèses, en dehors et même contre la vieille démocratie. Nous pouvons désormais rallier tout ce qu'il y a d'intelligent dans le peuple et la bourgeoisie; que nous importe le reste? Il faut que les questions soient nettement posées. La chute de la papauté, par exemple, entraîne la destruction de tout le spirituel dans la société. Donc, il faut substituer à ce spirituel une autre croyance, la croyance à la Révolution. Pas d'équivoque, pas de moyens termes, pas d'hypocrisie! Si on ne nous trouve pas assez mûrs pour la vertu gratuite et la morale philosophique, eh bien! qu'on le dise et qu'on garde le pape encore un quart de siècle; mais moi je ne veux pas de ces baisers Lamourette, je ne veux pas de prostitution.

J'ai été ravi pour vous, en lisant votre dernier article à l'adresse de Guéroult. Vous avez été courtois pour l'*Opinion nationale;* elle ne daigne pas vous apercevoir. Cher ami, vous avez oublié qu'en politique il ne faut jamais faire d'avances à l'ennemi ni lui accorder un éloge. Ce que vous avez fait prouve votre excellente nature, et c'est pourquoi j'ai été content. Mais avec ces gens-là n'y revenez plus.

Laissons passer cette session parlementaire. Attendons la prochaine. D'ici là, je prendrai mon assise par des publications, et après, hourrah sur les corrompus! Ce que je vois depuis trois mois m'a rendu plus que jamais irréconciliable avec le système....

Adieu, cher ami, je compte vous voir courant mai.

Tout vôtre.

P.-J. PROUDHON.

Bruxelles, 15 mars 1861.

A M. DELARAGEAZ

Cher monsieur Delarageaz, j'ai bien reçu vos deux
lettres, la première du commencement de l'année, la seconde du 22 février dernier, et je vous remercie infiniment des renseignements qu'elles m'apportent, ainsi
que de la bonne amitié dont elles témoignent pour moi.
Je n'ai pas répondu à la première parce qu'elle ne me
semblait pas exiger une réponse immédiate, et si j'ai
tardé quelque temps de vous accuser réception de la
seconde, c'est qu'elle m'est arrivée dans une telle presse
de travail, accompagnée de grippe et catarrhe, que
je n'avais réellement pas l'esprit libre ni la force
d'écrire.

Aujourd'hui, j'ai le plaisir de vous annoncer que je
commence à me déblayer un peu. La douzième livraison
de mon livre paraîtra dans trois jours : alors M. Lebègue, l'éditeur, vous complétera vos exemplaires et
profitera de votre autorisation de tirer sur lui.

Je vois par vos lettres que je n'ai pas grand chose à
espérer de ma tentative de concours auprès du jury de
Lausanne. C'est un petit malheur dont il faut, cher
monsieur Delarageaz, que nous prenions notre parti.
J'ai concouru deux fois dans ma vie sur des projets

académiques, je n'ai jamais été heureux ; que je sois évincé une fois de plus, il n'y aura rien qui m'étonne. Il est fort difficile de réussir dans ces sortes de luttes. Il faut y apporter tout à la fois de l'érudition, de l'invention, de l'urbanité encore plus que du style, le tout sans se trop écarter des idées reçues.

J'ai cru, d'après le programme, que le jury ou Conseil d'État du canton de Vaud demandait avant tout des *principes*, une théorie rationnelle et applicable, sauf les modifications exigées en tout. Cette théorie n'existant nulle part, j'ai essayé de la donner, et je crois franchement avoir touché le but.

Maintenant, il est possible que le jury ne trouve pas mon travail assez riche de *détails ;* assez chargé d'*exemples ;* assez rembourré de *citations ;* il est possible qu'il hésite devant une *idée*, et comme mon travail ne se recommande que par son idée, il s'ensuivrait que le jury ne le pourrait couronner ; il est possible enfin que le jury regrette que je ne sois pas entré assez avant dans l'examen du système de contributions vaudoises, ce qu'il ne m'appartenait pas de faire, et ce que je n'avais nul besoin de faire après avoir donné la théorie demandée. Vous voyez que de raisons il peut y avoir de me refuser le prix, sans compter qu'après tout il est fort possible qu'un autre ait fait mieux que je n'ai fait.

Je suis donc tout préparé à mon sort. Seulement, comme je n'ai pas travaillé exclusivement pour le concours, je profiterai de votre obligeance pour rentrer en possession de mon manuscrit, ou tout au moins d'une copie, que je me réserve, après correction, révision et augmentation, de livrer au public.

A cette fin, je vous demanderai encore, de me

procurer, s'il vous est possible, le *compte rendu* du jury afin que je puisse profiter de ses observations. Quant au Mémoire couronné, je présume que l'auteur ne manquera pas de le publier, et je me le procurera soit à Bruxelles, soit à Paris.

A l'aide de tous ces moyens, je présume que je ferai un travail instructif et utile, et qui pourra supporter, après sa défaite, le regard du public.

En conséquence, vous pouvez me renvoyer à Bruxelles ledit ouvrage en ayant soin de déclarer une valeur de 2,000 francs et d'indiquer la voie d'Allemagne. Il est bien entendu que le port sera payé par moi à la réception du paquet.

Je compte faire une tournée à Paris courant mai et opérer mon déménagement en août ou septembre. Les circonstances ne me permettent pas d'user de plus de célérité.

Les journaux ont dit et répété que je fondais une Revue ou quelque chose de semblable. Rien de tout cela n'est vrai.

J'ai seulement remercié deux entrepreneurs qui m'ont demandé une collaboration, en déclarant que je ne pouvais de sitôt rentrer dans la politique quotidienne. Je commence d'ailleurs à me fatiguer, j'ai besoin de repos, et je ne me sens que des dispositions très-médiocres à rentrer dans la bataille. Je suis dégoûté passablement des hommes et des choses, et je vous avoue qu'en présence de tout ce qui se passe, j'aurais peine à supporter, si je rentrais dans le journalisme, l'imbécillité du peuple français. Un homme seul n'y peut rien, il faut le grand jour de la liberté; alors je pourrai dire, avec chance d'être compris, ce que je pense de tous et de chacun.

D'après vos lettres, il paraîtrait que votre démocratie vaudoise ne sait pas plus ce qu'elle fait ni où elle va que la nôtre. Elle ne comprend pas que le mal des petits États, à l'heure où nous sommes, c'est le désordre qui règne dans les grands, et que vous aurez beau remanier et votre constitution et vos impôts, vous ne ferez que vous retourner sur le lit de douleur, aggraver vos frais et envenimer vos querelles. Ce qu'il vous faut, c'est une large expansion de libertés sur tout le continent, une rénovation morale et une bonne direction économique. Avec cela, en conservant votre nationalité, vous avez devant vous un monde sympathique perméable, et qui offre à votre active jeunesse un vaste champ d'opérations, et d'entreprises avec les joies de la retraite au pays pour y terminer une carrière honorable et laborieuse.

Je ne vous dis rien de la politique. Le vieux monde craque partout.

Le gouvernement impérial tâche de se raccrocher à ce qu'il croit jeune et fort; il est ce qui s'appelle dérouté. Partout le jeu de bascule, la contradiction des idées, la dissimulation, l'équivoque.

La marche des événements est grandiose; je ne crois pas que les hommes aient jamais été si petits. Voilà le nouveau roi de Prusse encore plus toqué que son frère; il fera le malheur de l'Allemagne. L'Autriche va bien, la Russie ne sait de quel côté donner de la tête, l'Angleterre plane sur tout.

Je vous serre la main et vous prie d'excuser mon retard.

Tout vôtre.

P.-J. PROUDHON.

Ixelles, 26 mars 1861.

A M. VICTOR PILHES

Mon brave Pilhes, votre dernière du 22 courant nous annonce votre arrivée pour samedi matin, 30. Comme les affaires prennent toujours plus de temps qu'on ne suppose, ce que prouve précisément votre lettre qui, après que vous nous aviez annoncé votre bonne venue pour le 28, la recule au 30 ; je vous attendrai sans faute samedi soir ou au plus tard dimanche matin.

Donnez encore samedi aux affaires et au voyage, et que nous disposions de dimanche et lundi. De cette manière, vous ne ferez point de tort à votre maison ; on ne travaille nulle part, vous le savez bien, ni le jour de Pâques, ni le lundi de Pâques.

Vous retrouverez votre *vieux* littéralement épuisé, sur les dents et toujours grondant. Ma nouvelle publication est terminée. A-t-elle été assez épluchée par Hetzel, mon nouvel éditeur ! Et que mon nom produit d'angoisse ! Vous verrez que ce sera une presse pour se procurer ces deux volumes, tant on aura peur d'une nouvelle saisie !

Jamais génération n'aura couru plus volontiers au-devant du joug.

Les dernières feuilles m'ont coûté un peu plus de peine que je m'y attendais. Comme je suis très-médiocrement satisfait de l'attitude de nos représentants démocratiques au Corps législatif, j'ai voulu leur adresser çà et là quelque petite monition, mais sans fâcher le gouvernement. Ce qui m'irrite, c'est que ces pauvres représentants, malgré leur adhésion assez peu déguisée, font aussi mal les affaires du gouvernement impérial que les nôtres.

En sorte que la démocratie accomplit son œuvre de fornication sur une question absurde.

Ma femme vous saura un gré infini de venir la voir. Une femme croit toujours que les amis qui viennent voir son mari, viennent aussi pour elle. Telle est, mon cher, la vanité de ce sexe. Toutefois, elle a conçu pour dimanche un autre projet : c'est de faire la plus grande partie de sa cuisine la veille afin de tenir plus longtemps sa place à table. Lors de la visite de nos amis Cretin et Gouvernet, elle a passé tout son temps au coin du poêle, ce qui l'a vexée. Maintenant elle se révolutionne. Ce que c'est pourtant que d'avoir épousé un révolutionnaire ! Ma femme s'insurge à sa manière, et pour les choses qui l'intéressent, vous verrez qu'un jour mon autorité paternelle et conjugale sera démolie. Ah ! que je m'en consolerais vite si je voyais le bon peuple de Paris animé de ces sentiments.

Adieu donc, et à bientôt.

P.-J. PROUDHON.

Ixelles, 5 avril 1861.

A M. CHARLES BESLAY

Mon cher ami, je réponds à votre lettre du 3 mars dernier. Je ne crois pas en avoir reçu de vous aucune depuis.

Commençons par régler nos comptes.

Vous me dites que vous avez acquitté mes deux traites, l'une du 17 janvier, l'autre du 20 février, chacune de 300 francs, ce qui fait, avec les traites antérieures, une avance de 1,250 francs, sauf erreur. — Je vous remercie, cher ami, de votre obligeance, et je viens vous prier, d'après l'invitation contenue dans votre lettre du 3 écoulé, de vouloir bien acquitter encore la traite que j'ai faite aujourd'hui même sur vous, à *trois jours de vue*, et de la somme de 300 francs. Je vous préviens que Lebègue n'ayant pas de timbre chez lui, je l'ai faite sur papier libre, portant le nom de cette maison. — Je vous devrai ainsi 1,550 francs que je compte vous rembourser par le premier argent qui m'arrivera.

Ma publication est à peu près terminée, quant à ce qui est de l'édition belge. Celle de Paris suit de près : 2 vol. ordinaires, chacun de 11 feuilles, soit 400 pages.

J'ai sué sang et eau pour ce livre, pour lequel il m'a fallu m'aventurer dans un pays inconnu, sans guides et sans lisières. Je ne compte pas les écrivains, fort nombreux qui, avant moi, ont traité la matière ; car il m'a fallu tout réfuter, tout refaire, tout reconstruire de fond en comble. Dieu veuille que le public me sache gré de mon dévouement.

Je suis ravi que vous ayez été satisfait de ma petite manifestation à propos de mon *Amnistie*, et encore plus que mon article sur les *Jacobins* vous ait plu. J'ose croire que vous seriez tout à fait satisfait si vous pouviez lire ma *Bourgeoisie* et ma *Plèbe*. Qu'il serait utile que de pareilles bluettes parvinssent à notre brave public français ! Les uns m'écrivent qu'il est dégoûté de tout ; les autres qu'il ne veut plus que des principes. J'ai tâché, dans la publication qui va paraître, de le servir en *principes* : je ne pourrais danser, pour l'égayer, une carmagnole.

Je vois que les séances du Sénat et du Corps législatif vous ont réjoui, et qu'elles ont ouvert votre cœur à l'espérance.

Je partage jusqu'à certain point votre opinion, ainsi que vous avez pu en juger d'ailleurs d'après *mon amnistie*. Si peu que vaille le décret du 24 novembre, il constitue une petite amélioration due à la pression des circonstances.

Ceci entendu, je suis loin d'être content de tous ces discours. A l'exception de celui de Barthe, au Sénat, lequel est allé plus qu'un autre au fond des choses, et des avis paternels de M. Gouin, au Corps législatif, tout le reste m'a paru du parlage. Le discours du prince Napoléon est un coup monté, un vrai boniment démagogique. Ce qu'a dit Jules Favre est sans profondeur ;

des lieux communs traînés sous les bureaux du *Siècle*, et absence de sens politique. J'aurais trop à vous dire sur toutes ces choses; je me borne à un seul point.

Il est prouvé, pour tout homme qui ne ferme pas les yeux à la lumière, que *l'unité italienne* est une intrigue montée par M. de Cavour et par l'Angleterre, d'abord en vue d'éliminer Napoléon III de toute participation dans la Péninsule, et éventuellement contre la France, dont on craint toujours l'esprit de conquête. Je conçois fort bien que des démocrates, tels que nous sommes vous et moi, protestent contre les intentions conquérantes qu'on nous prête; je comprends que le gouvernement s'abstienne, en conséquence, de prendre pour lui-même aucune portion de l'Italie émancipée. Mais je ne puis admettre que des patriotes prêtent leur appui à la constitution d'un grand État à nos portes; qu'ils secondent ainsi des vues hostiles et se fassent les complaisants de l'ingratitude italienne et de la rivalité anglaise. Quelle rage d'unifier l'Italie! On ne fait pas même grâce au gros Murat, dont je permets à chacun de penser ce qu'il lui plaira, mais qui, en définitive, prince français, aussi constitutionnel que Victor-Emmanuel, aurait sauvegardé la *nationalité* napolitaine, et, par sa rivalité avec le Piémont, aurait maintenu l'influence française. Tout pour le roi de Sardaigne!... Après avoir crié quarante ans contre les traités de 1815, qui avaient établi, à notre frontière du Nord, le royaume des Pays-Bas, 8 millions d'âmes, et à l'Est la Prusse, 18 millions, nos patriotes se démènent pour nous donner une garde de 26 millions!

Et notez que cette manie de centralisation est d'autant plus étrange qu'elle est aujourd'hui repoussée par tous les vrais libéraux ; que c'est contre elle que nous nous débattons en France ; qu'ainsi, pour grandir Victor-Emmanuel, non-seulement on sacrifie la sécurité de la France, on manque aux principes de la Révolution ; bien plus, on méconnaît le génie de l'Italie elle-même, qui de toute éternité est fédéraliste. — Vous qui rôdez un peu partout, ne pourriez-vous me donner le mot de cette manigance ? Toute la rédaction du *Siècle* est allée à Turin, à propos de la statue de Marius, fricoter avec M. de Cavour : jamais les *alliés* de 1815 ne furent autant caressés par les royalistes que nos futurs rivaux de Turin ne le sont par nos démocrates.....

Puisque M. Babaud-Laribière est votre voisin et qu'il a bien voulu vous charger de me transmettre son salut amical, demandez-lui, en lui serrant pour moi la main, ce qu'il pense de tout cela. Avec la franchise que je lui ai vue à l'Assemblée Constituante, il me semble qu'il doit être médiocrement satisfait de voir la démocratie ainsi gouvernée et ralliée à l'empereur.

Il me semble que si le parti de la Révolution devait finir par là, il pouvait opérer sa conversion sur un terrain mieux choisi, et surtout exiger plus de garanties. Quoi ! les *cinq* ont fait toutes les avances, et le gouvernement n'a pas eu la générosité d'accepter d'eux le plus pauvre petit amendement ! Il se sont livrés pour rien !...

La vérité sur la situation est dans les discours des Barthe, des Gouin, des Keller, des Kolb-Bernard, des Plichon et autres conservateurs. Le gouvernement se noyait sous leurs attaques redoublées : la démocratie tant parlière qu'écrivacière lui a tendu la perche. Quelle sera sa récompense ? Vous êtes sur les lieux : dites-le moi.

Je compte faire ma première apparition à Paris

courant mai. Je passerai une huitaine; puis je rentrerai
en Belgique pour préparer mon déménagement, qui
aura lieu courant septembre. D'ici là, nous avons le
temps de chercher un logement.

Je vous serre la main bien affectueusement.

'P.-J. Proudhon.

Ixelles, 7 avril 1861.

A M. GUSTAVE CHAUDEY

Mon cher ami, j'ai reçu la vôtre du 31 mars, et comme toujours elle m'a fait grand bien. Maintenant que vous m'avez servi une première fois d'Aristarque, il pourra se faire que je vous mette à l'avenir en réquisition. Bon conseil et bienfait obligent, mon cher. J'ai assez d'âge et de personnalité pour n'avoir rien à redouter des influences, et j'apprécie trop votre manière sympathique de me conseiller pour ne pas vous mettre à contribution.

Mon livre est fait; les deux dernières feuilles du tome II sont sous presse ; chaque volume aura environ quatre cents pages. Comme les pages sont de grandeur raisonnable, vous pouvez juger que j'ai allongé mon manuscrit d'un tiers environ, et refait ou refondu une quantité à peu près égale. Vous y trouverez des choses entièrement neuves, divers points mieux élucidés, et la fin plus explicite, plus énergique, plus élevée. Quant aux passages qui avaient effrayé les Garnier, il n'en reste pas vestige. Enfin Hetzel, qui m'épluche, me dit que jusqu'à la page 144 du tome II

il n'a pas découvert un iota suspect; il attend la suite.
On imprime à Paris.

J'arriverai avant la guerre, à laquelle je persiste à ne
pas croire encore et que je trouve de moins en moins
rationnelle. J'appuie sur le mot, entendez-moi.

Je ne vois absolument en Europe qu'un ferment de
guerre, c'est le Piémont. M. de Cavour, aux abois, manigance, avec l'aide du *Siècle*, de la *Presse*, de l'*Opinion
nationale*, de l'*Indépendance belge*, à l'aide de la coterie
pseudo-démocrate de Paris, une nouvelle descente des
Français. Voilà le parti qui pousse à la guerre. Le
gouvernement impérial ne peut pas la vouloir, surtout
dans les conditions qu'on lui pose par avance de
l'unité de l'Italie. Cette unité, il est évident qu'il la re-
pousse, qu'elle est sa plaie, le prix de sa complaisance
aveugle de 1859. Il y a plus, cette unité est une utopie,
une création de coterie franco-sarde, aussi contraire aux
vrais intérêts, aux traditions et aux tendances de
l'Italie, qu'aux vrais principes du libéralisme français.
Comment l'empereur céderait-il? Aussi, remarquez
qu'il dit au Piémont de *savoir attendre.* Que si le Piémont, si Garibaldi n'attendent pas et se font rosser par
les Autrichiens, alors il est possible que la France in-
tervienne de nouveau; mais ce ne serait pas pour rien,
elle aurait droit de réclamer sa part de la péninsule;
alors on n'aurait plus *l'unité italienne.*

Voilà où nous en sommes; tout le reste est exagération
et mensonge, et c'est ce qui me scandalise. Comment, il
ne se trouve pas une plume patriote un peu accréditée
pour rompre cette glace et montrer à nu la situation du
Piémont, la fausse route dans laquelle on a engagé l'Italie,
et le travail infernal de cette misérable coterie du *Siècle*
et consorts! Faudra-t-il que j'avance mon voyage à

Paris pour vous montrer comment on discute avec ce monde-là? La rédaction du *Siècle* est allée se pavaner à Turin, et elle revient avec des bourdes que le bon public gobe comme les pierrots avalent les mouches. Tout cela est honteux. Les temps de la Pompadour sont revenus. En 1755, la guerre de sept ans se décidait dans le boudoir d'une courtisane royale; aujourd'hui, une guerre européenne se trame dans l'officine d'un journal. Et il n'y a plus de pavés !...

Je lis attentivement votre *Courrier*, je tâche de deviner ce qu'il y a entre les lignes; je crois, qu'en somme, je marche avec vous, au moins pour ce qui concerne les affaires extérieures. Sur ce point, ma profession de foi est nette : Je me moque de *l'unité* italienne, je ne crois pas à la solidité du royaume italien, je nie que cette unité soit favorable à la France, je soutiens que c'est tout le contraire. Je ne puis attribuer qu'à un effet de coterie l'acharnement avec lequel le *Siècle* et les *cinq* poursuivent cette unité, moins patriotes en cela que les conservateurs qu'ils insultent. Quant à l'Autriche, il se peut qu'à force de tiraillements elle se débarrasse de la vieille dynastie aussi usée que nos Bourbons, mais ne croyez pas que cet empire soit à la veille de se dissoudre; ni les Hongrois, ni les Croates n'y songent. Ce qu'ils veulent, c'est, en restant unis à l'empire, de conserver d'une part leurs franchises nationales, et d'obtenir de l'autre une extension des droits et des libertés politiques. Cette agitation autrichienne me paraît, à moi, féconde, autant que notre marasme me semble mortel. — En Russie, il règne depuis le décret d'émancipation une concorde formidable. Toute la noblesse est prise d'un zèle extraordinaire pour l'instruction du peuple : les dames, les

jeunes filles, les jeunes gens, tout se fait instituteur.
Le gouvernement, la noblesse (elle dit elle-même
qu'elle n'est pas une noblesse), les paysans, tout le
monde est unanime. La Russie est un pays qui marche,
ainsi que l'Autriche, tandis que nous croupissons sur
notre derrière. Je ne crois pas au sérieux de l'agitation
polonaise. Là aussi on demande des libertés, ce qui est
juste, mais il n'y a pas d'éléments de reconstitution nationale ; *la nationalité*, là comme ailleurs, est un prétexte, et plus que jamais la Pologne est devenue impossible, incapable.

Vous dirai-je maintenant un mot de notre situation
intérieure? Je crois, cher ami, malgré tout, que nous
aurons à débattre sérieusement la question de savoir si,
avec le régime électoral existant, il convient de se présenter au scrutin ou de s'en éloigner. Je sais que vous
n'êtes point partisan des abstentions, ni moi non plus.
Mais il y a fagots et fagots, et, croyez-moi, tout n'est pas
dit encore à cet égard; bien plus, la situation actuelle
est peut-être telle que le parti du silence, d'un *silence
motivé*, bien entendu, soit le meilleur. J'ai mon plan tout
fait, nous le discuterons ensemble ; je n'y veux pas apporter d'obstination, il ne s'agit là ni de principes, ni de
cas de conscience, ni de complot. C'est une question de
conduite, et comme j'en aurais trop long pour une
lettre, je vous supplie de ne pas vous hâter de prononcer, pas plus que je ne me prononce irrévocablement
moi-même. Oui, il y a réveil, quoique la faiblesse soit
grande encore, et c'est justement parce qu'il y a réveil
que nous aurons peut-être à changer notre mode
d'action.

J'ai vu avec plaisir, dans votre dernier numéro, que
vous aviez relevé un peu vivement l'*Opinion Nationale*.

Vous avez dû reconnaître, en écrivant votre article, la vérité de mon observation, qu'avec des adversaires déclarés il ne faut jamais avoir la main molle. Persévérez.

J'ai quelques petits reproches à faire à vos collaborateurs. Ils ont trop soin de se *réclamer* l'un l'autre, de dire sans cesse *notre ami*. Cela fait d'un journal une église, moins que cela, une coterie. Vous devez être la *liberté*, tout simplement. C'est surtout à Frédéric Morin que j'adresse cette observation. Il est parfois trop impitoyable pour des gens qui ne sont pas avec nous, et trop favorable pour d'autres qui lui agréent. Comment peut-il, lui qui a pris à tâche de défendre la morale publique contre les romanciers, faire une exception en faveur de G. Sand?

Je vous écris, cher ami, avec l'abandon d'un ami causant avec son ami. Il est bien entendu, et j'en fais une condition expresse, que vous ne devez absolument rien communiquer de tout ceci. Mais je me croirais fautif envers vous, si je vous cachais rien de ce que je sens. Je crois voir se dessiner, en dehors de la coterie du *Siècle*, de celle de l'*Opinion*, de celle de nos vieux républicains du *National*, une coterie nouvelle que j'appellerai celle des *normaliens*. Tous écrivent du même style, ont le même fond d'idées, la même froideur de tempérament, le même scepticisme ; incapables de commettre une erreur grossière contre la prudence politique pas plus que contre le goût, mais incapables aussi d'un élan énergique, d'un acte *viril* (Morin parle souvent de *virilité*, mais il a beau faire je ne lui trouve pas de germes).

Un de mes amis de Moscovie, l'excellent Alexandre Herzen, proscrit depuis quinze ans, va retourner à

Pétersbourg. Toute la Russie est dans la joie. C'est d'accord avec les boyards, et après avoir consulté *tout le monde*, que le tsar a rendu son oukase d'émancipation. Aussi faut-il voir l'orgueil de ces ex-nobles. Un homme fort instruit, M. Tolstoï, avec qui je causais ces jours derniers, me disait : Voilà qui peut s'appeler une émancipation. Nous ne renvoyons pas nos serfs les mains vides, nous leur donnons, avec la liberté, la propriété! Il me disait encore : « On vous lit beaucoup en Russie, mais on ne comprend pas l'importance que vous attachez à votre catholicisme. Il a fallu que je visitasse l'Angleterre et la France pour comprendre à quel point vous aviez raison. En Russie, l'Église est zéro. »

Je regretterais que le *Courrier* échappât à votre direction et à l'esprit qui l'a jusqu'à présent animé. Mais nous nous en consolerons, pourvu qu'il reste dans une bonne ligne d'opposition...

Sur ce, je vous serre la main de bon cœur, et me crois plus que jamais, non-seulement votre ami, mais votre *unanime*. Je compte vous voir en mai prochain. D'ici-là vous aurez lu mon livre. J'espère que vous ne laisserez pas à d'autre le soin d'en parler. Point de vaines louanges, faites ressortir *l'esprit, l'idée, les conclusions*, et dès à présent, s'il y a lieu, servez-vous de moi contre tout ce que je n'aime pas.

Amitiés à tous les vôtres.

P.-J. PROUDHON.

Ixelles, 7 avril 1861.

A M. GOUVERNET

Cher ami, j'ai la vôtre du 1er courant et toutes celles qui l'accompagnaient.

Tous mes amis, toutes les personnes qui m'écrivent de France ou qui en arrivent, sont d'accord à me dire que la situation est toujours défavorable; que si je ne rentrais en France que pour reprendre mon œuvre de 1848, je serais dans une complète erreur, que sous ce rapport, je ne dois pas me presser, etc., etc.

Devant cette unanimité d'opinion, vous pensez bien, cher ami, que je conserve tout mon calme, sans compter que je suis loin d'être dans les dispositions qu'on me suppose.

Depuis quinze ans, la génération s'est renouvelée, ses sentiments, ses idées ne sont plus les nôtres; elle marche à sa guise, et pour ma part, je sens fort bien que si une fraction du public me juge encore bon à consulter, je n'ai plus à prétendre au pouvoir délibératif, encore moins à l'exécutif.

C'est dans cet esprit que j'ai remercié M. d'Avigdor de ses propositions. Je suppose que ce monsieur est le même dont a voulu me parler M. Gauthier.

C'est dans cet esprit, enfin, que je me propose, après la publication de mon livre, de faire ma première visite au pays et d'opérer mon déménagement. Alors je rentrerai tout à fait dans le courant français, dans la vie française, et je tâcherai de m'accommoder du sort commun.

Tout à vous.

P.-J. PROUDHON.

Bruxelles, 10 avril 1861.

A M. MATHEY

Mon cher Mathey, votre commission est faite. Les quatre exemplaires que vous demandez, plus trois *Mémoires*, vous ont été expédiés, il y a une huitaine de jours, à l'adresse indiquée par vous aux *Verrières suisses*, par voie d'Allemagne. Le destinataire doit avoir reçu le paquet, et vous devez être déjà avisé.

L'ouvrage que j'ai sous presse s'imprime à Paris en même temps qu'à Bruxelles, par les soins de Hetzel, et vous êtes noté avec Guillemin pour deux exemplaires, que vous recevrez je ne puis vous dire encore comment. Ainsi, ne vous montez pas l'imagination. Hetzel et ses conseils m'épluchent à quatre, comme on fait pour tout écrivain suspect, et si cet honorable éditeur a consenti à se charger de mon livre, vous pouvez penser *qu'il n'y a rien*, comme on dit, c'est-à-dire rien, qui puisse raisonnablement mécontenter le gouvernement.

Je suis entièrement de votre avis, et tous nos amis de Paris partagent ces sentiments sur la partie libérale du décret du 24 novembre et sur l'aplatissement du pays.

Je reconnais O*** au langage que vous me rappor-

tez. Ce garçon-là, pourri par l'avocasserie, n'a jamais
eu de principes, ni même de conscience. Il a vu dans
la République une occasion de se montrer, et, comme
il n'était pas homme à prévoir une réaction, il a saisi
cette occasion et il lui en a cuit. Il tient à la considération de l'opinion, parce que sans cela un homme se
perd, mais il se moque de l'opinion comme du reste.
Aujourd'hui, il est bonapartiste parce que le pays est
aplati et qu'il prend cela pour un consentement; que,
d'ailleurs, le vernis de gloriole et de voltairianisme
dont s'entoure, à cette heure, le gouvernement impérial, est un excellent prétexte à la défection, et qu'il
suffit, aux âmes de cette espèce, d'un *prétexte*.

Supposons qu'une nouvelle révolution politique ait
lieu en France, vous verrez O***, surpris par les événements, préparer sa transition nouvelle. C'est un
homme à marquer au crayon rouge. Malheureusement
ce n'est pas à moi qu'il conviendrait d'être son exécuteur.

Je crois, mon cher ami, notre pauvre nation bien
malade. C'est pourtant chez elle que s'élabore le nouvel ordre des choses. Mais cette révolution, toute intellectuelle et morale, n'atteint pas, en ce moment, l'établissement politique; elle laisse indifférente la majorité
et se renferme dans une élite de citoyens dont l'influence, l'esprit et l'action vont toujours grandissant,
et finiront par dominer, mais qui, dans ce moment,
sont complétement neutralisées.

Dans cette annihilation de la pensée collective, vous
jugez s'il y a beau jeu pour les hâbleurs, les intrigants,
la police et le bon plaisir gouvernemental. Ce qu'il y a
de curieux, c'est de voir tous les partis, toutes les cote-
ries, imiter de leur mieux les façons impériales. Haro

sur la vérité et la liberté! Au Sénat, le discours de
M. Barthe répandait un jour formidable sur la situation; vite, le Sénat, en majorité, demande la clôture et
vote contre l'amendement. La presse démagogique
échine le malencontreux Barthe. Au Corps législatif,
les *Cinq*, entendant dire par les Barthe, les Keller, les
Plichon, etc., que l'unité italienne est une idée anglaise
dirigée contre la France et l'empereur, se hâtent de
proposer un amendement pour demander l'évacuation
de Rome. Ce qu'il y a de plus triste, c'est que tandis
que l'intrigue cavourienne fait ainsi parler le *Siècle*, la
Presse, l'*Opinion nationale* et les CINQ du corps législatif, l'ancien parti du *National* se remue, à ce que l'on
m'écrit, pour arriver au même but, non pas par amour
de l'Italie, mais pour créer des embarras à l'empereur, et avoir contre lui un texte d'accusation de plus.
Nous en sommes là; la haine de tous ces partis, les
uns contre les autres et contre le gouvernement, fera
dissoudre le pays, déshonorer le nom français, entas-
sera fautes sur fautes, malheurs sur malheurs. Et
quand on voit la bêtise des masses et l'égoïsme bourgeois, on se prend à mépriser la France et à souhaiter
quelque grande catastrophe qui la corrige, la retrempe,
la réveille et lui serve de leçon pour l'avenir. Mais,
chose qui met le comble à la tristesse, l'Europe entière, moins la Russie peut-être, en est à ce niveau. La
même corruption, la même bêtise, le même égoïsme
sont partout: Angleterre, Belgique, Italie, Allemagne,
Hongrie, je ne vois partout que jésuitisme, machiavélisme, intrigue et immoralité.

Le monde civilisé est livré, quant à présent, au
crime.

Savez-vous que le fils de M. Baroche, véhémente-

ment compromis dans les affaires Mirès, vient d'être
envoyé en mission en Amérique ?

A propos des derniers débats politiques, on a rap-
pelé que La Rochejacquelin, si maltraité au Sénat par le
prince Napoléon, avait voté le 10 décembre 1848
ostensiblement, et s'était vanté d'avoir voté pour *Abdel-
Kader*. Il voulait ainsi faire honte à la réaction qui
alors accueillait le prince Louis-Napoléon. Depuis, il a
accepté dudit prince la sénatorerie. Regardez autour de
vous.

En politique tout est taillé sur ce modèle, comme en
fait de vie privée tout est taillé sur le patron des Mirès
et consorts.

Dites, n'est-ce pas la fin du monde?

Il y a trente ans, quand j'étais jeune, on pouvait se
permettre certaines peccadilles qui ne tiraient pas à
conséquence. Aujourd'hui, pour le moindre *écart*, on
se voit de pair avec les fornicateurs, les assassins et les
grecs. Il n'y a plus de milieu : il faut être puritain ou
coquin.

J'ai reçu une longue lettre de Félix. C'est un bien
brave garçon, avec qui je me réserve de vider, en votre
compagnie, encore plus d'une chope de bière. Remettez-lui, en attendant, de ma part, l'incluse qui lui
prouvera combien son affection pour moi est payée de
retour.

Je compte faire à Paris un premier voyage courant
mai, après la publication de mon livre. Si l'état de mes
affaires le permet, nous rentrerons tous courant septembre. Je sais qu'à me replacer sous la main de la
police française je cours bien quelques risques, mais
je suis contraint d'en agir ainsi. Tous les amis me rap-
pellent, non pour me voir rentrer dans l'arène politi-

que, au contraire ; mais parce qu'ils comprennent tous comme moi qu'il n'y a plus rien à faire par cette voie, et que pour faire de la science, de la morale, un peu de littérature au métier, pour élever mes enfants et gagner notre vie, je suis mieux à Paris qu'à Bruxelles.

J'ai fait ici d'excellentes connaissances ; j'ose dire que j'emporterai la faveur du public belge (dans la mesure, s'entend, que peut l'obtenir un Français révolutionnaire) ; mais, hors de là, vous ne sauriez croire combien la qualité de réfugié ou proscrit nuit à l'autorité de l'écrivain.

Le réfugié ne compte plus, n'est plus de ce monde. Ce ne sera qu'après plusieurs publications faites à Paris que j'aurai ressaisi aux gens de l'Europe tout le crédit et l'ascendant auquel mon individualité peut prétendre.

Tout ce que je demande, cher ami, c'est de triompher de mon tempérament et de me renfermer dans la sagesse.

Je vous serre la main.

P.-J. PROUDHON.

P.-S. Un monsieur d'Avigdor, qui avait cherché ma collaboration pour un journal qu'il se proposait de fonder, et que j'ai remercié, m'écrit que l'autorisation qu'il avait d'abord obtenue lui était maintenant refusée parce qu'on avait appris que je devais écrire dans son journal.

Bruxelles, 11 avril 1861.

A M. AUGUSTE DEFONTAINE

Monsieur, j'ai votre lettre du 4 mars; le temps passe si vite pour moi que je croyais ce matin encore ne l'avoir reçue que depuis huit jours. Je ne vous donnerai pas d'autre raison du retard que j'ai mis à y répondre.

Certes, monsieur, des témoignages comme celui-là récompensent un homme de bien des peines, et, quelque ennui qui me poursuive, je ne sais vraiment pas, en comptant le nombre de mes amis anciens et nouveaux, en parcourant mon dossier de lettres, si, après tout, je ne suis pas encore l'un des heureux mortels de notre époque.

Depuis que je suis entré dans cette carrière de publiciste, d'écrivain politique, de littérateur économiste ou de spéculateur moraliste, comme il vous conviendra de m'appeler, j'ai commis mille maladresses; j'ai fourni des preuves nombreuses d'ignorance, d'incapacité, de mauvais goût, de violence, etc. Mais, parce qu'avant tout je me suis dévoué, sans regarder rien, à ce que je croyais juste et vrai, on m'a tout pardonné, on oublie mes fautes et mes erreurs, et l'on ne songe qu'à ma bonne volonté. Ne parlez pas de moi, cher monsieur, d'un style si pompeux, ni de vous avec tant de modestie : vous auriez deux fois tort.

Vous ne saurez jamais quel pauvre homme je suis ; et je vois par votre lettre que vous êtes d'une vaillance de cœur et d'entendement dont je n'ai jamais approché. Un certain amour de la justice, aidé de beaucoup de passion, m'a fait tout ce que je suis. Je n'aurais probablement songé jamais à écrire sans cela ; la preuve, c'est que je suis incapable de rien faire de passable si je ne l'ai pensé tout seul. Mais vous! Quelle verve, quelle vertueuse indignation! Comme vous savez bien juger et bien dire!... N'êtes-vous pas un peu sévère, entre nous, pour l'empereur et pour les républicains?

Ceux-ci pouvaient-ils réellement être, en 1848, plus savants qu'ils ne l'ont été; et n'est-ce pas beaucoup, n'est-ce pas une grande gloire à eux, placés qu'ils seront dans l'histoire entre la royauté de Louis-Philippe et l'empire de Napoléon III, d'avoir été *honnêtes gens?*

Quant à l'empereur, est-ce que vous ne reconnaissez pas en sa personne une sorte d'incarnation de toutes les fatalités mauvaises qui troublent et déshonorent notre pays : l'idolâtrie impériale, le militarisme, le chauvinisme, l'idée de conquêtes, l'omnipotence de l'État, l'autorité appuyée sur la foi, l'alliance de l'Empire et de l'Église, et puis, par l'incompatibilité naturelle des principes et des situations, l'antagonisme irrémédiable de ces deux puissances : Charlemagne et Henri IV (d'Allemagne) réunis dans le même homme; la bancocratie, l'autocratie, la dissolution, etc., etc.

La France, certes, est malade, bien malade. Mais la transformation est commencée; la Révolution marche, non pas précisément comme la voudraient faire aller le

droit, la liberté et la raison, mais en zigzag, poussée
qu'elle est par la foule des préjugés et de cupidités
que 1851 a déchaînés et mis en plein antagonisme.

En regardant avec attention la marche des choses,
je suis toujours prêt à pardonner à l'ineptie des hu-
mains et à me réconcilier avec eux. Mes colères, mes
mépris, ne durent jamais que l'espace d'un lever à un
coucher de soleil. Sous ce rapport, je n'ai pas plus de
caractère qu'un enfant. J'ai été vingt fois régicide en
mon cœur; en ce moment, le rôle de Napoléon III me
semble si déplorale, si humiliant, que je ferais volontiers comme M. Jules Favre, je lui tendrais la perche
au risque d'en être repoussé.

Nous touchons au moment où le sens commun rem-
portera une immense victoire. Que parlez-vous de
génie? Il n'y en a nulle part, et je n'ai, pour ma part,
jamais rencontré rien qui répondit à l'idée que fait
naître ce mot. Du bon sens, du bon sens, de même que
de la justice et des bonnes mœurs, voilà dans quelle
direction va le progrès. Il y a de quoi nous féliciter
tous, mais rien qui puisse enorgueillir personne.

Je regrette fort, cher monsieur, que vous ayez fait la
dépense d'acheter et pris la peine de lire *tous* mes ouvrages. Assurément ce sont livres de bonne foi et de
bonne volonté, comme je vous l'ai dit; mais la plupart
mal faits, mal conçus, insuffisants, et dont je rougis à
cette heure. Combien je regrette, notamment, la première édition de mon livre *De la Justice* que vous avez
lu peut-être. Je viens de consacrer quinze mois à refaire cet ouvrage: j'y ai fait force corrections, augmentations, changements; j'y ai joint des notes nombreuses, etc. Et je ne suis pas toujours content.

Je vais publier, sous quinze jours, deux nouveaux

volumes, une application nouvelle, éclatante, du principe de la justice réalisée dans l'humanité. Comme dans tout ce que j'ai fait, il y a çà et là de bonnes pages, force vérités de bon sens. A présent que j'ai lu la dernière feuille, je m'aperçois que l'ensemble est plat et mauvais.

J'ai eu la vanité de vouloir être à mon tour un écrivain. Mais je me connais à cette heure : je ne suis ni écrivain, ni penseur ; je suis une voix d'honnête homme qui crie dans le désert. Il est vrai que ce désert, comme celui où prêchait Jean-Baptiste, commence à être fort peuplé : cela prouve que le sens commun gagne, mais non pas que je sois un *génie*.

Je compte rentrer sous quelques mois en France. Alors, si vous venez à Paris, je pourrai avoir le plaisir de vous serrer la main.

Recevez en attendant, cher monsieur, mes salutations bien affectueuses.

P.-J. PROUDHON.

Ixelles, 14 avril 1861.

A M. DELHASSE

Cher monsieur Delhasse, quand vous me faites espérer que vous viendrez me prendre quelquefois le soir et que je ne vous vois point apparaître, j'irais volontiers vous relancer moi-même si je ne savais que vous êtes retenu par mille petits soins domestiques et par les devoirs encore plus étendus que vous impose, envers une foule de personnes, votre obligeante amitié. Je reste donc chez moi, chagrin de jouir si rarement de la société du meilleur hôte et ami que j'aie rencontré en Belgique, en attendant toujours une occasion plus favorable.

Aujourd'hui, cependant, je ne puis résister au plaisir de vous annoncer qu'une lettre venue de Lausanne vient de m'apprendre que le Conseil d'État du canton de Vaud vient de m'accorder le premier prix dans le concours ouvert par lui sur la question de l'impôt.

Comme je sais toute la part que vous prenez à ce qui m'arrive, j'ai cru qu'il vous serait agréable d'apprendre ce petit succès.

Dites maintenant que le *progrès* est un mot et que la Révolution ne marche pas. Voilà M. Proudhon couronné par le Conseil d'État (très-bourgeois) d'une république voisine de la France. Qui sait si quelque jour je ne serai pas nommé par mes propres compatriotes!

Un gros et vilain rhume me retient à la maison, sans quoi je serais allé gloser avec vous sur cet événement.

Mille respects affectueux à M. d'Haujegard et à toutes ces dames.

Votre bien dévoué.

P.-J. PROUDHON.

APPENDICE

Paris, 9 mai 1855.

A M. SALIÈRES

Citoyen Salières, je vous remercie cordialement de l'intérêt que vous prenez à ma *Biographie*, et surtout à ma justification.

Comme vous, en lisant cette *Étude* de M. de Mirecourt (il appelle ses diffamations des *Études*), j'y avais fait quelques notes marginales, et je me proposais même de faire une réponse. J'y ai depuis à peu près renoncé, je veux vous dire pourquoi.

La *Biographie* que vient de faire de moi le sieur de Mirecourt est à l'usage des dévots : elle a pour but de leur expliquer, d'après les principes chrétiens, ce phénomène étrange, scandaleux, tendant à la ruine de toutes les idées religieuses et gouvernementales d'un homme *pauvre*, *révolutionnaire*, *anti-chrétien* et cependant HONNÊTE HOMME.

L'auteur, qui est en correspondance avec les évêques, est donc allé aux *sources*; il a pris ses informations près du clergé bisontin, et il lui a été répondu par l'archevêque du lieu, Mgr Matthieu, que c'était l'ORGUEIL qui m'avait perdu, comme l'ancien Satan ; que par un miracle de l'enfer, toute la dépravation de mon âme s'était concentrée chez moi dans ce vice unique, afin de me laisser plus de liberté et de prestige pour séduire les fidèles imprudents; mais que je n'en valais pas mieux, etc., etc.

Tel est le thème essentiellement ecclésiastique, developpé et brodé par de Mirecourt, pour l'édification des chrétiens et à la plus grande gloire de Dieu, *ad majorem Dei gloriam*, comme disent les jésuites.

Je n'ai pas besoin d'ajouter que dans cette biographie, le faux et le vrai sont mêlés d'une étrange manière, et toujours dans l'intérêt de la thèse.

Ainsi, l'on me fait marier à l'église et baptiser mes enfants, ce qui n'est pas vrai. Mais vous sentez combien il est utile que les chrétiens sachent qu'au fond j'ai gardé la foi, et que l'orgueil seul, la manie de faire parler de moi, m'a fait prendre ce rôle.

A propos du procès que j'avais gagné devant le tribunal de commerce de Besançon et qui avait indigné les juges, mais que la Cour a jugé plus chrétien de me faire perdre, on a dit que j'avais supprimé la première édition de mon opuscule linguistique, à cause des passages favorables à la Bible et à la révélation qui s'y trouvaient. Le fait est que cet opuscule est plein d'erreurs grossières, aujourd'hui réprouvées par tous les linguistes, notamment par l'abbé CHAVÉ lui-même, et que s'il résulte de cette correction nécessaire que la tradition biblique s'en trouve compromise, c'est la faute de la tradition, non la mienne.

Je laisse de côté les charges sur ma personne, ma famille, mes habitudes, etc., etc. Ceci est du grotesque: jamais honnête homme ne s'est cru insulté par les caricatures de Dantan.

Je passe également sous silence le soin que prend Mirecourt de rappeler, en les envenimant, les débats qui ont eu lieu entre le *Peuple* et la Montagne, les soupçons injustes auxquels j'ai été parfois exposé de la part des démocrates, les fausses interprétations de quelques actes de ma vie publique et privée, dont on ne pénétrait pas la raison ou le secret. L'intention de l'écrivain est trop évidente pour que je la relève.

Une réponse à cette biographie serait donc, comme vous voyez, une prise à partie de l'Église et du Christianisme même, encore plus qu'une justification. Il s'agit de savoir si *un ennemi de Dieu* peut être honnête homme, et surtout si, par la tendance de mes idées, ma vie, ou celle de tout autre à ma place, n'est pas meilleure que si je fusse resté dans le giron de l'Église.

Je doute que je puisse aujourd'hui me permettre une pareille discussion, attendu que l'influence des prêtres qui, en ce moment, règnent et gouvernent, ne lui laisserait peut-être pas voir le jour ; puis je répugne à ce travail, où, pour rester dans le cadre anti-biographique, il me faudrait, bon gré, mal gré, parler fréquemment de moi.

J'aime mieux me résigner au silence quoiqu'il m'en coûte.

En attendant que nous puissions prendre une revanche, je vous remercie encore une fois de votre bon vouloir, et vous prie de croire, comme vous en avez fait vous même la remarque, que je ne suis ni *penaud* ni *déconfit*.

Je vous serre la main.

P.-J. PROUDHON.

Paris, 24 juin 1857

A M. JEAN-AUGUSTE BOURGÈS

Mon cher Bourgès, puisque vous avez au ministère un ami qui a bien voulu vous offrir ses services pour tous les renseignements statistiques dont je pourrais avoir besoin, auriez-vous l'obligeance de lui faire part de la présente, sur le contenu de laquelle il me serait utile d'avoir son sentiment.

C'est dans un but de philosophie morale que je pose cette question qui, au premier abord, semble toute politique.

Élections du département de la Seine pour 1857.

La population du département de la Seine, d'après le dernier recensement, est d'environ 1,730,000 habitants.

Sur ce nombre, plus de la moitié de la population mâle, plus forte que la population féminine, serait en âge d'exercer ses droits politiques, soit 450,000 habitants (c'est la donnée même du gouvernement, qui porte à 9,521,220 le chiffre des électeurs, pour une population de 36,000,000 d'âmes).

Mais, d'après le nombre des députés à élire, le corps électoral de la Seine n'est que de 350,000, soit 100,000 *non-inscrits.*

Aux élections, la masse électorale se divise naturellement, et toujours, en deux parties : le parti du *gouvernement* et le parti de *l'opposition*.

Voïci comment, d'après mes appréciations personnelles, je fais la répartition :

1º *Parti du gouvernement.*

Attachés à l'ordre établi, ou croyant l'être.	80.000
Populace, ou vile multitude	50.000
Monde dévot, clergé, couvents, etc. .	30.000
Fonctionnaires.	10.000
Armée	60.000
TOTAL. . . .	230.000

Reste donc :

2º *Opposition* (de toute classe). . .	120.000
ENSEMBLE. . . .	350.000

Au scrutin, ces deux nombres se modifient, par les défections et abstentions, de la manière suivante :

Gouvernement.

Abstensions, 20 %.	46.000
Défections, 10 %.	23.000
	69.000

Opposition.

Abstensions, 10 %.	13.000
Défections, 5 %.	5.000
	18.000

Soit donc, en faisant les équations :

Pour le gouvernement	167:000
Pour l'opposition.	125.000
TOTAL de votants. . .	292.000

D'après ce calcul, fondé sur la *marche ordinaire des choses*, il peut arriver que les voix du gouvernement étant toutes accumulées dans les mêmes circonscriptions, l'opposition obtiendrait quatre élections sur dix ; mais elle ne pourrait, dans le cas le plus favorable, en obtenir davantage, puisque chaque circonscription étant en moyenne de 35,000 électeurs, six circonscriptions ne suffiraient pas à épuiser le nombre des voix du gouvernement : $35,000 \times 6 = 210,000$.

D'où il suit que pour que l'opposition triomphe, il faut que le gouvernement soit ABANDONNÉ DES SIENS ; ce qui me semble peu probable.

Je voudrais donc savoir comment, en réalité, les choses se passent et ce qu'il y a de fautif dans mes évaluations.

J'en aurais besoin pour mes études de philosophie morale et pour évaluer le degré d'énergie de la conscience publique dans sa résistance aux intérêts.

Mes salutations à Mme ainsi qu'à Mlle Bourgès.

Je vous serre la main et aux amis. Ma tête ne vaut toujours rien.

P.-J. PROUDHON.

Jeudi, 27 novembre 1857.

A M. JEAN-AUGUSTE BOURGÈS

Mon cher Bourgès, je suis tout honteux de la scène
que je vous ai faite hier soir, et je supplie votre
bonne amitié, en considération du motif et de mon état,
de l'oublier. Je suis vraiment malheureux. Depuis six
ans, l'état des choses me consume lentement; je lui dois
une attaque violente de choléra, une maladie cérébrale
à laquelle la médecine ne peut rien; je lui devrai, si cela
persiste, infailliblement la mort. Songez que toutes les
passions les plus violentes de la démocratie bouillonnent
en moi, que chaque jour mon cœur est froissé, ma
conscience outragée, par le spectacle des hommes et
des affaires. Il est des instants où il suffit qu'un homme
comme vous, mon cher Bourgès, qui êtes quelque chose
dans notre démocratie, à qui je tiens par le cœur et
l'opinion, me vienne apporter le témoignage d'une
bévue démocratique, pour que ma fureur éclate en
imprécations et en grossièretés. Je vous le répète, je
suis malheureux.

J'avais envie de vous aller dire tout cela ; j'aime mieux que vous ayez entre vos mains cette marque de mon estime, afin que vous me le rappeliez au besoin.

Tout à vous de cœur et d'esprit.

P.-J. PROUDHON.

Paris, 22 juin 1858.

A M. JEAN-AUGUSTE BOURGÈS

Mon cher ami, c'est à Garnier frères que vous avez affaire pour le payement des exemplaires que vous avez eus de mon livre : toutefois, comme vous ne devez payer que le prix de souscription, 8 francs, je me charge de régler ce compte en votre nom, quitte à vous rembourser l'excédant.

Quant à moi, j'ai mis ordre à mes affaires. A cette heure, mon amende payée, mon compte courant réglé, il me restera, de cette malheureuse publication, de quoi sustenter ma famille à peu près un an. Mieux vaut, croyez-moi, vendre des tapis que de travailler au progrès de l'esprit humain. On vient de décerner le prix Fobert : il me semblait, il y a six mois, que j'avais droit d'en obtenir une petite part. Point du tout : on me *flanque*, ou l'on me *fiche*, comme il vous plaira, trois ans de prison, 4,000 francs d'amende, la destruction de mon livre, la privation de mes droits d'électeur et d'éligible, l'exclusion de la garde nationale, etc.

Ma femme est bien sensible à votre souvenir ; de votre côté, assurez Mme Bourgès que, tout obstiné que je sois dans mon système de domination à l'égard du sexe, je suis l'homme qui l'idolâtre le plus; ce que j'aurai l'honneur de lui prouver quelque jour sans réplique en lui baisant respectueusement la main.

Bonjour, cher ami, j'ai bien mal à la tête, et je travaille à mon Mémoire d'appel.

Tout vôtre.

P.-J. PROUDHON.

Bruxelles, 27 octobre 1858.

A M. JEAN-AUGUSTE BOURGÈS

Mon cher Bourgès, que je ne laisse pas partir ma femme sans vous donner un souvenir et sans vous prier de me faire tenir par elle de vos nouvelles et de celles de Mme et Mlle Bourgès. J'ai su que mes filles avaient dîné chez vous avec leur mère ; je vous remercie, cher ami, de cette gracieuse invitation qui m'a comblé de joie. Je sais quel est votre cœur, votre dévouement à la cause de la liberté et à vos amis ; mais une marque d'amitié donnée à des enfants, à une femme, touche, vous le savez, bien plus profondément le cœur des papas et des maris. A ce titre, mettez-moi, je vous prie, aux pieds de Mme Bourgès et de votre Léonie.

Je présume que vous aurez eu de temps à autre de mes nouvelles par ma femme.

A part douze jours de courses à travers la Belgique, je n'ai cessé de travailler. J'ai fait un Mémoire de deux cents pages in-8° qui a produit ici, surtout dans le monde légiste, une sensation plus profonde encore que le livre, et que le ministre de l'empire, M. Delangle, se gardera de laisser entrer. J'espère toutefois que vous pourrez le lire.

Puis, je viens de publier deux articles énormes, plus de *trente colonnes*, ensemble, sur le *Congrès littéraire*.

Comme l'imprimeur se propose de faire un tirage à part, je pourrai, je crois, faire parvenir cet opuscule à Paris, bien que la police l'ait interdit avec la même sé· vérité que mon Mémoire.

Maintenant je m'occupe d'une autre publication qui verra bientôt le jour.

Avez-vous entendu dire là-bas que je passais à l'orléanisme? On l'a imprimé ici dans un journal rouge. Je vous préviens que dans trois semaines ou un mois on dira que je suis pour la dynastie impériale, pour le roi de Rome, ou la régence Plonplon, ou la république de Cavaignac : peut-être tout cela à la fois. Qui sait? N'ai-je pas eu toujours un âne bridé et sellé pour tous les partis?... Mais, quand il s'agit de vos amis, vous êtes bon cheval de trompette, et ne vous effrayez pas du bruit. Donc, vous laisserez crier et vous direz simplement que j'ai bien fait.

Peut-être m'aviserai-je aussi de proposer le bannissement à perpétuité de tous les socialistes; laissez crier encore. S'ils s'avisent de réclamer, les socialistes, c'est qu'alors ils l'auront mérité.

Mon cher ami, je suis sur la terre des batailles, et cela me donne une démangeaison incroyable de guerroyer. Mais, il y a des précautions à prendre, et je ne serais pas surpris qu'un beau matin on priât votre ami, l'orléaniste, le bonapartiste, le modéré, le catholique peut-être (j'ai reçu de New-York un journal, le *Libérateur*, où l'on m'appelle *anarchiste juste-milieu*); on me priât, dis-je, de passer la frontière et d'aller chercher asile ailleurs. On se méfie des Protée en ce monde, et l'on n'a pas tous les torts. Aussi je n'en veux pas aux amis que je fais crier, je vous avouerai seulement que, dans la situation où je me trouve, si je les voyais m'applaudir, je craindrais d'avoir commis quelque sottise.

Je voudrais bien, mon cher ami, causer avec vous de beaucoup de choses : j'aurais trop à dire. Je me bornerai donc à une toute petite nouvelle : F***, évadé de la Roquette, vient d'arriver à Bruxelles. Il donne pour explication de cette fugue qu'on l'avait menacé de le renvoyer en Corse, ce qui ne me paraît pas tout à fait suffisant. Son séjour à Paris était une gracieuseté ; on le regardait comme prisonnier sur parole ; je souhaiterais donc qu'il pût se purger radicalement du reproche de manque de foi. Il faut que nous ayons aujourd'hui double vertu, cher ami, ou nous ne sommes pas républicains. — C'est une mauvaise maxime de dire : avec des fripons on n'est pas tenu de respecter sa promesse. Cela déprave, et si F*** n'a rien de mieux à dire, je le rai sincèrement,

Mes amitiés à MM. Double, s'il vous plaît.

Je vais écrire aussi à Boutteville et à Neveu.

Mille amitiés.

P.-J. PROUDHON.

P.-S. J'ai reçu l'*Espérance*, journal publié à Jersey par Pierre Leroux, et dans lequel je ne suis pas ménagé. Naturellement cette *Espérance*-là n'est pas tout à fait la mienne ; ce qui n'est cependant pas une raison de désespérer.

Bruxelles, 2 novembre 1858.

A M. JEAN-AUGUSTE BOURGÈS

Mon cher Bourgès, merci de votre bonne lettre datée
du 31 octobre et qui me parvient ce matin, 2 novembre.
Mais vous ne m'accusez pas réception de la mienne,
datée, je crois, du 30, et qui a dû vous parvenir par ma
femme.

J'écrivais en même temps à Boutteville et à Neveu,
et vous demandais à tous trois de vos nouvelles. Vous
me répondez *tretous*.

Votre M. C*** est un farceur en qui j'ai encore
moins de confiance qu'en son art. Mes deux filles, que
je connais à fond, seront deux bonnes petites femmes
de ménage ; leur capacité ne va pas au-delà et je m'en
félicite. Elles s'en marieront mieux et seront plus aisément heureuses.

Je fais passer un ou deux exemplaires de mon Mémoire à ma femme pour les mettre en lecture parmi les
amis. C'est tout ce que je puis faire, tant il y a de sévé-
rité à la frontière et de peur pour les passeurs menacés
de Cayenne. Prenez seulement patience, tout arrivera
à point. Mon Mémoire est le complément indispensable
de mon livre ; tout le monde finira par l'avoir.

J'ai lu déjà la plus grande partie de l'article Montalembert. Cela m'a tout l'air d'un coup monté. La vieille

réaction s'aperçoit que l'édifice brûle, et qu'au point
où en sont les choses, le salut par Bonaparte devient
une damnation éternelle. Et l'on s'agite pour secouer le
sauveur.

Au fond, nous pouvons nous réjouir franchement de
l'aventure, et pour un double motif : pour le mal qu'il
fait au système régnant et pour le mal qu'il révèle dans
la vieille réaction.

Du reste, il n'y a rien dans cet article à quoi nous
puissions franchement applaudir. A côté de l'excitation
à la haine de l'Empire, il y a l'*appel à l'étranger;* à côté
de l'éloge à l'Angleterre, le dénigrement de la France.
C'est l'émigré, toujours.

Je ne vous dis rien, mon cher ami, de ce dont vous
me défendez de vous parler, mais j'en garde le souvenir
dans le cœur. Mon procès, ruinant mes espérances, m'a
rejeté au *p a, pa :* cela est vrai. Je crois bien qu'à l'heure
où je vous écris, mon compte chez Garnier frères est
balancé, ce qui veut dire qu'il n'y a plus rien. Mais
j'ai commencé déjà à rattacher ma toile en Belgique; à
la place de Garnier, Lebègue consent à m'ouvrir un
compte dans les mêmes conditions. En sorte que, sauf
le déménagement, il y aura peu de chose de changé
dans la situation de mon ménage. Trouvez bon, en conséquence, que je ne profite pas de votre offre amicale :
je puis m'en passer, je le dois. Dans quelques semaines,
j'ouvrirai une nouvelle campagne, et je me flatte de
montrer au triumvirat L. Rollin, Mazzini et Kossuth
comment doit se mener la politique européenne.

Bonjour à MM. Double et *tutti quanti.*

Respects à Mme et Mlle Bourgès.

A vous de cœur.

P.-J. PROUDHON.

Bruxelles, 16 janvier 1859.

A M. JEAN-AUGUSTE BOURGÈS

Mon cher ami, Boutteville m'écrit que vous êtes en inventaire, trop occupé pour m'écrire. Il vous dira que, de mon côté, j'ai aussi mes petites charges, et que depuis quinze jours je remets au lendemain toute ma correspondance. Mais il faut que cela ait une fin, et je viens vous souhaiter la bonne année, ainsi qu'à Mme Bourgès et à sa Léonie.

Comment vous portez-vous tous trois?

J'ai laissé Mme Bourgès en voie de santé et rajeunissement; où en est-elle?

Et vous, cher ami, êtes-vous content de votre inventaire?

Il y a eu, depuis quinze jours, sur la place de Paris, une grande agitation, force exécutions et de grandes terreurs. Auriez-vous quelque fait particulier instructif à m'en apprendre?

Qu'est-ce que l'histoire nouvelle de M. de Morny, dont la fortune, dit-on, si ébranlée naguère, n'est plus *à refaire*; elle est refaite? Que devient la banque Calley Saint-Paul? Je ne suis plus au courant de rien, je ne sais rien; de grâce, instruisez-moi.

Voilà le prince Napoléon qui va épouser la fille du roi de Sardaigne : seize ans contre trente-neuf.

Les loustics de la Bourse ont osé dire que toute cette panique de guerre avec l'Autriche avait eu pour but de faire la dot de Son Altesse Impériale. Ne serait-ce pas précisément la fortune de M. de Morny qu'on a voulu refaire ? Je n'y vois goutte.

Le prince Napoléon n'est jamais, à ma connaissance, entré dans aucun tripotage. Il ne commencerait pas aujourd'hui qu'il est au pouvoir. Son mariage est une réponse à celui de la fille de Victoria avec l'héritier présomptif de Prusse. Enfin, faites-moi part, quand vous le pourrez, des canards qui circulent ; je puis toujours en trouver l'emploi.

Pardonnez-moi, cher ami, de joindre, selon mon habitude, mes lettres pour Boutteville et Neveu à celle que je vous adresse. Cela m'épargne non-seulement des frais de poste, mais des pages d'écriture. Je sais que vous vous communiquez les nouvelles de la ville, par conséquent celles que vous recevez du dehors, et ce m'est un plaisir de songer qu'en vous rencontrant vous causerez un peu de moi.

Que dites-vous du parquet, qui ne songe plus à appeler mon affaire et qui me laisse là en plan ?...

L'idée n'est pas trop maladroite, il leur faudrait ou plaider sur mon Mémoire, et par conséquent le laisser entrer en France et en autoriser la distribution, ou bien discuter et statuer sur le fait même de ce Mémoire, ou bien encore juger par défaut et malgré mes protestations formelles. Aucun de ces partis ne peut convenir. Mais, me voilà dehors, mon livre supprimé, que peut-on demander de plus ? Il n'y a qu'à laisser l'affaire, pense-t-on, jusqu'à ce que je vienne en personne ré-

clamer une solution; alors on me répondra... En sorte
que je me trouve à cette heure, en droit, ni condamné,
ni absous; de fait, banni à perpétuité.

Croit-on que cela m'arrange?

Je suis en train de chercher une issue, mais le moment n'est pas favorable.

Adieu, cher ami; serrez la main à MM. Double, et
permettez-moi, à raison du nouvel an et de la part de
mes petites filles, d'embrasser Mmes Bourgès.

Tout vôtre.

P.-J. Proudhon.

Ixelles, 18 juillet 1860.

A M. ALTMEYER

Mon cher maître, je viens de recevoir une bien triste nouvelle : notre pauvre jeune ami Jonquières est mort à Arles, son lieu de naissance, le 28 juin dernier. Ainsi les bons s'en vont les uns après les autres ; les mauvais fleurissent et prospèrent. Je n'ai pas connu de plus noble caractère, de cœur plus dévoué, d'âme plus généreuse et voulant plus délibérément, plus gratuitement le bien que cet excellent Jonquières. La mélancolie, autant que la maladie, l'a emporté. Comment vivre, quand on se sent quelque vaillance, quand on a le sentiment de l'honneur un peu développé, sous cet infâme régime de Napoléon III? Comment voir de sang-froid sa patrie dépravée, avilie, jetée en pâture aux sifflets des nations et aux gémonies de l'histoire? Nous y passerons tous : le poison qui nous ronge triomphe des plus fortes constitutions et des courages les plus énergiques.

Voici un passage de la lettre que m'écrit la pauvre jeune veuve :

« Mon pauvre Henri a succombé le 28 du mois der-
« nier à la terible maladie dont il souffrait depuis si

« longtemps : c'était une maladie qui, pendant plu-
« sieurs années, avait fait des progrès insensibles, et
« qui, depuis trois mois, suivait une marche effrayante.
« Depuis quinze jours surtout, notre pauvre malade
« s'affaiblissait de jour en jour, et cependant, jusqu'au
« dernier moment, où il a perdu tout à fait connais-
« sance, il n'a cessé de parler de vous et de l'attache-
« ment qu'il vous avait voué.....

« J'avais en vain espéré que l'air natal, qui, il y a
« deux ans, lui avait rendu la santé, arrêterait encore
« les progrès du mal ; les médecins l'avaient condamné,
« et il est mort sans pouvoir même me dire un dernier
« adieu.

« Je vous prie, monsieur, de vouloir bien apprendre
« cette triste nouvelle à la famille Altmeyer, à tous
« ceux qui, à Bruxelles, ont connu et aimé mon mal-
« heureux mari... »

Je n'ai pas connu cette jeune femme; mais tous ceux
qui ont pu la voir à Paris en font un portrait tout à
fait attrayant. Jamais homme plus digne ne fut aimé
d'une créature plus charmante, plus dévouée à son
mari, plus attachée à ses devoirs et plus simple. Son
intérieur faisait sa joie et était son triomphe.

Jonquières laisse deux petits enfants : un petit
garçon de trois ans et une petite fille de six mois, deux
amours, à ce que rapporte ma femme. Ils feront la consolation de leur mère.

Je suis de l'âge où les morts commencent à s'échelonner. A cinquante ans on ne fait plus guère de
nouveaux amis ; aussi, comme le vide devient effrayant
quand les anciens partent! Je crains peu de voir
arriver ma dernière heure, mais je me cramponne à
la vie; il me semble que je n'ai pas tout dit, et que

quelques rudes vérités que je pourrai publier encore,
seront pour tous nos défunts un vrai sacrifice de vengeance, et pour moi la plus douce réparation de leur
perte.

Bonsoir, cher maître; mettez-moi aux pieds de
Mme et de Mlle Altmeyer.

Tout vôtre.

P.-J. Proudhon.

Ixelles, 31 décembre 1860.

A M. JEAN-AUGUSTE BOURGÈS

Mon cher monsieur Bourgès, la première phrase de votre lettre a quelque chose d'équivoque. Vous me dites que, *malgré tout ce qui s'est passé*, votre amitié n'a pas faibli un instant pour moi. Cela m'a presque effrayé. Eh! que s'est-il donc passé, cher ami, pour que j'aie jamais pu douter de votre amitié ou bien vous de la mienne? De quoi sommes-nous coupables l'un ou l'autre pour que nous ayons besoin d'une absolution mutuelle? Dans ma dernière à Neveu, dont il me semble que vous avez eu connaissance, je le chargeais, si j'ai bonne mémoire, de vous transmettre mes sentiments d'affection et de vous dire, ainsi qu'à tous ceux de nos amis qu'il aurait occasion de rencontrer, que si j'étais très-négligent en fait de correspondance, ni mes souvenirs, ni mon cœur n'y perdaient rien. Pourquoi ne vous êtes-vous pas inspiré de mes paroles, et de quel *passé* me parlez-vous? vous me devez une explication, cher ami, et je vous la demande formellement.

J'ai su, de mon côté, que vous aviez transformé votre commerce, et je n'ai pas laissé que d'en concevoir quelques inquiétudes, bien que je ne vous en aie rien fait savoir. Ces sortes de revirements sont toujours dangereux, pénibles, et puisque vous avez, le premier, commencé de m'en parler, vous m'obligeriez fort, cher ami, de m'en dire encore, d'ici à six semaines, quelques mots.

Dernièrement, j'ai échangé une lettre avec l'abbé Lenoir, et, bien qu'il ne vous eût pas vu lui-même depuis bien longtemps, nous avons parlé de vous. L'abbé Lenoir me mandait qu'il avait eu un frère malade et qu'il s'était vu obligé de faire la cuisine, le ménage et de soigner son frère, absolument comme j'ai fait, il y a un an, pendant la maladie de ma femme et de mes filles.

Enfin, j'ai pris connaissance, l'automne dernier, de l'ouvrage de M. C***, sur la phrénologie, et vous pensez que ce n'a pas été sans penser plus d'une fois à vous, puisque c'est vous qui m'avez procuré la connaissance, bien passagère, il est vrai, de M. C***.

Que vous dirai-je encore? Est-ce que, depuis 1852, vous n'êtes pas un des amis qui me sont restés le plus attachés et dont le nom, par conséquent, remplit mon souvenir? Est-ce que vous n'avez pas fait, pendant six ans, partie du petit cercle de connaissances auquel j'ai dû de mener une vie moins désolée et moins amère?

Que voulez-vous donc dire, encore une fois, avec votre *malgré ce qui s'est passé*? Plus j'y pense, plus cette malheureuse phrase me trouble la cervelle.

Voici que l'empereur, de son propre mouvement, au moment où je m'y attendais le moins (car depuis un an je lui fais bonne guerre), s'avise de m'amnistier, *sans conditions*, bien entendu; c'est du moins ce que dit la lettre de M. Thouvenel au chargé d'affaires de la légation française en Belgique. Je vais donc me retrouver au milieu des *miens*, et naturellement, vous comptez parmi les huit ou dix premiers. Je rentre dans mon cercle, en un mot; qu'y aura-t-il de changé dans nos sentiments? rien du tout, je suppose; je suis aujourd'hui ce que j'étais hier, comme disait Siéyès, et je présume que vous ne voudriez pas me revoir autrement. Touchez donc là, mon cher monsieur Bourgès, et croyez que je n'ai pas démérité de votre affection, pas plus que de votre estime.

Voilà une bien longue tartine pour un *lapsus calami*, auquel je suis sûr que vous ne comprenez rien. Parlons donc d'autre chose.

Un de nos amis qui a *soif* de m'embrasser, à ce qu'il me mande, m'écrit que je ne saurais, de Bruxelles, me faire la moindre idée de la situation politique actuelle de notre pays. J'ai bien envie de lui répondre que c'est vous autres, Parisiens, qui n'y voyez pas plus que dans un sac. Aussi me garderai-je de vous dire sur combien de points je diffère d'opinion avec nos excellents patriotes; ce sera matière à nos prochaines conversations. Qu'il me suffise de vous dire, sans parler de la France, que le vieux monde est définitivement vaincu, et que nous pourrions bien, d'ici à dix ans, assister à l'immense débâcle. Le jour approche où les hommes qui portent en eux des idées de mort vont saisir le gouvernail, car il en sera cette fois comme de l'autre : la Révolution nous arrivera à l'improviste, et personne ne sera prêt...

Quel chemin fait depuis douze ans! En 1848, nous appelions les masses à la liberté, non-seulement politique, mais économique. Les masses ne pouvaient nous comprendre; après s'être fait massacrer et transporter, elles ont voté pour Napoléon. Maintenant la petite bourgeoisie est aux trois quarts ruinée, et personne, ni dans le pouvoir qui la dédaigne, ni dans l'aristocratie financière, industrielle, commerçante, propriétaire, ne lui adresse une parole de consolation et de salut. La petite bourgeoisie décline, décline vers le gouffre du prolétariat ; c'est la grande plaie de la France ; mais tandis que l'*Opinion nationale*, par une vieille réminiscence, parle de l'émancipation ouvrière ; tandis que le gouvernement fait patte de velours au suffrage universel, personne ne prend souci de ces pauvres petits bourgeois. C'est pourtant de ce côté qu'il faut tourner l'aile ; mais qui y songe ? Qui sait seulement ce qu'il convient de dire à cette petite bourgeoisie ?...

Cher ami Bourgès, vous devez comprendre maintenant aussi bien que moi ce que l'Évangile a voulu dire avec sa parabole du *petit nombre des élus*. Oui, ils sont peu nombreux les heureux de la terre, les élus de la Providence, et plus nous avançons, plus leurs rangs s'éclaircissent. Du prolétariat, du salariat, de la gêne, du paupérisme, voilà ce qui foisonne, surtout depuis que la France a été sauvée du spectre rouge et de la république sociale.

C'est sur la petite bourgeoisie que votre serviteur amnistié, *gracié*, comme il vous plaira, va tabler maintenant, sans préjudice des opérations à faire avec la *vile multitude*, cela va sans dire. Vous verrez cela ; je ne vous en dis pas davantage.

Pourquoi vous aviser de faire des cadeaux à mes deux polissonnes ? Je ne dis pas qu'elles vous aimeraient autant sans cela, ce n'est pas encore de leur âge ; mais il est temps de le leur apprendre, et je compte, cher ami, que ce sera pour la dernière fois.

Mes respects et amitiés bien sincères à Mme Bourgès, que nous espérons revoir en parfaite santé; à Mlle Bourgès, que je m'attends à ne pas reconnaître, et à vous, cher ami, une vigoureuse poignée de main. Tout vôtre.

P.-J. Proudhon.

FIN DU TOME DIXIÈME.

TABLE DES MATIÈRES

Appendice.
1855

1857

1858

1859

1860

Paris. — Imp. Moderne (Barthier, dr), rue J.-J. Rousseau, 61

HISTOIRE DU DROIT DES GENS

ÉTUDES
SUR
L'HISTOIRE DE L'HUMANITÉ
Par Fr. LAURENT
Professeur à l'Université de Gand

Cet ouvrage forme 18 beaux et forts volumes grand in-8°, du prix de 7 fr. 50 chacun. — Chaque volume se vend séparément.

Du même auteur. — **L'Église et l'État.**
1re et 2e parties : *Le Moyen Âge, La Réforme.* 1 fort v. in-8° ... 7 50
3e partie : *La Révolution.* 1 fort vol. in-8° 7 50
Le même ouvrage, pour la 1re et 2e partie, 2 vol. gr. in-18. 7 »
— **Lettres sur les cimetières.** 2 vol. gr. in-18............ 5 »
— **Lettres sur les Jésuites.** 1 vol. gr. in-18 .... 3 50
— **Van Espen.** — **L'Église et l'État en Belgique.** 1 vol. gr. in-18................................ 3 50
BODICHON. — **De l'Humanité.** 2 vol. in-8° .... 10 »
BRUCK. — **L'Humanité, son développement, sa durée.** 2 vol. in-8°............................... 20 »
HERDER. — **Philosophie de l'Histoire de l'humanité.** 3 vol. in-8°............................. 18 »
ÉMERSON. — **Les Représentants de l'humanité.** 1 vol. gr. in-18................................. 3 50

WEBER. — **Histoire universelle.** Ouvrage formant 12 vol gr. in-18 jésus. Prix...... 40 50
Histoire ancienne, 1 vol. gr. in-18... 2 »
Histoire grecque, 1 vol. gr. in-18.... 3 50
Histoire romaine, 1 vol. gr. in-18. .. 3 50
Histoire du moyen âge, 2 v. gr. in-18 7 »
Histoire moderne, 4 vol. gr. in-18... 14 »
Histoire contemporaine, 3 v. gr. in-18 10 50

Paris.—Imprimerie Moderne (Barthier, dr), rue Jean-Jacques-Rousseau, 64

www.ingramcontent.com/pod-product-compliance
Lightning Source LLC
Chambersburg PA
CBHW071618270326
41928CB00010B/1681